山岳名著読書ノート

山の世界を広げる名著60冊

布川欣一

ヤマケイ新書

目次

●本書は、「山と溪谷」一九八七年一月号〜一九九五年四月号に百回連載した「山岳名著の風景」から六十篇を選び、補筆訂正して、取り上げた書籍の刊行年順に再構成したものです。
●再構成にあたり、書名、人名を除き、常用漢字表に掲げられている漢字は新字体に改めました。また、書名、文語文、詩歌以外の引用文の旧仮名遣いは、基本的に現代仮名遣いに改めました。

装丁 尾崎行欧デザイン事務所
本文レイアウト 渡邊 怜

野中 至『富士案内』

一八九五（明治二十八）年、野中到は妻の千代子とともに冬の富士山頂で気象観測にあたり、越冬可能を実証しようとした。当時野中は二十八歳、二児の母となっていた妻は四歳年下。同年夏、剣ヶ峰西側岩壁に、私費を投じ自ら指揮して観測小屋を建設した野中は、十月一日に、千代子は同月十二日に、それぞれ小屋に入った。夫妻は、酷寒と強風、音信不通に耐えて困難な観測作業を続けた。しかし、高山なるがゆえの低気圧、寒気、また運動不足、栄養失調などのため、ともに浮腫、発熱の状態で十二月二十二日に救出された。〈万一運拙《つたな》くして斃《たお》れなば飲料用の氷桶になりと死体を入れて置くべし〉と覚悟した危機もあったが、野中到の隔時（二時間ごと）観測は、一度の遅滞もなく八十二日間に及んだ。いまから百二十年余も前のことである。

野中夫妻のこの冬富士滞岳は、「登山の気風を興作すべし」とアピールした志賀重昂の『日本風景論』刊行の翌年であり、日本山岳会設立から遡れば、十年を算する。同会会誌「山岳」に冬富士登頂の報告が登場するのは、佐藤順一らによる一九〇七（明治四十）年一月のものが最初だが、これとても気象観測所設立のための調査登山である。スポーツ登山としての積雪期富士登頂は、一一（明治四十四）年春、

オーストリア軍人レルヒらによるスキー登山まで待たねばならない。

すでに一八九五（明治二十八）年二月十六日、富士山頂に気象観測小屋設立を決意した野中は、頂上の積雪状況確認を目的にしながら厳冬期初登頂を達成し、それをさらに発展させた野中夫妻によるこの挑戦。高山の山頂に長期滞在する、ましてや山頂で越冬するなどはもちろん、冬季登山の概念さえ存しなかった時代である。それは、近代日本登山史のなかにきわだった先駆性をそなえて屹立している。だからこそ、野中夫妻による富士山頂冬季八十二日間滞在は、陸軍中佐・福島安正による単騎シベリア横断（一八九二〜三年）、海軍大尉・郡司成忠らによる北千島探検（九三年）とならぶ〝壮挙〟として話題になり、小説や芝居の題材にもなった。落合直文は『高嶺の雪』と題する小説を刊行し、石塚正治の脚本『野中至』による芝居が伊井蓉峰、山口定雄らによって上演され、千代子の『芙蓉日記』も出版された。いずれも九六年中のことである。

その後は一九〇一（明治三十四）年の本書刊行に至るのだが、ブームといってもよい野中夫妻下山直後の大きな反響に、当時の大衆的心理状況を推測することもできよう。野中夫妻が富士山頂に越冬観測を挑んだ一八九五年には、また、いわゆる三国干渉が生じていた。それは、自由民権を押しつぶした強力な国権のもと、富国強兵策によってアジアの軍事的盟主たらんとして東洋の大国・清に勝利し、戦勝に酔う大衆に、ヨーロッパの強国から浴びせられた〝屈辱〟だった。世論は沸騰し反発したが、強大な独・仏・露の三国には抗しきれぬはがゆさ。いったんは割譲させた遼東半島を返還し、〝臥薪嘗胆《がしんしょうたん》〟を余儀なくされた大衆にとって、野中夫妻の壮挙は、当事者の意図のいかんを問わず、鬱積した不満を解消し、溜飲を下げる役割を果たすものだったと考えられないだろうか。——欧米の有名な「観象台」のうち、〈ミスチー（註：エル・ミスティ、五八四二メートル、ペルー）、モン、ブラン（註：モン・ブラン、四八〇七メートル、フランス・イタリア）を除けば其高さに於て富士山を凌駕するもの一もあらざるは勿論、此の二山と雖《いへど》も二三年来建築に着手中にして未だ一年を通じて観測を継続したることなし〉の状況だったから、野中は、世界最高点での通年観測を逸したわけである。にもかかわらず、それはまさしく堂々と〝世界〟に挑戦し、〝国威発揚〟した壮挙であり、しかもそれが、これぞ〝夫婦愛の精華〟ともいうべきかたちで行なわれて、世の讃嘆・感動のブームを呼び起したのだ、と。

約半世紀後、野中夫妻の壮挙は再び甦る。一九四八（昭和二十三）年に刊行された橋本英吉の小説

野中至（のなか　いたる）本名・到。一八六七（慶応三）年〜一九五五（昭和三十）年。福岡県早良郡鳥飼村（現、福岡市中央区）の黒田藩士の家に生まれる。父・勝良は維新後、東京控訴院（現、東京高等裁判所）判事を務める。医学を志し、独逸協会学校（現、独協高校）から大学予備門（旧制第一高等学校の前身。現、東京大学に併合）に進むが、高層気象学に強い関心を抱いて八九（明治二十二）年に退学。以来、富士山頂に気象観測所設立をめざす生涯を貫く。九五（明治二十八）年二月、富士山に厳冬期初登頂を記録。同年夏、富士山頂剣ヶ峰西側岩壁に気象観測小屋を建て、十月一日から八十二日間滞在して、気象観測を敢行。次いで、東京を離れて山麓の御殿場市滝ヶ原に居を移し、九九（明治三十二）年に富士観象会を設立して世論に訴え、大正初期から山頂東安河原に第二野中観測所を建て、再挙を期すが果たせず。一九三二（昭和七）年七月にようやく開設した国の山頂気象観測所を訪れるなどして余生を送る。享年八十八。

『富士山頂』は、今度は、太平洋戦争敗北に打ちのめされ、インフレ下の生活苦にあえぎ、虚脱状態を脱しきれずにいる大衆を鼓舞する役割を担って登場した。千代子は、すでに二三（大正十二）年、関東大震災の年に他界していたが、到は八十一歳で健在だった。そして三度目は一九七一（昭和四十六）年、新田次郎の小説『芙蓉の人』である。新田は、主として千代子の『芙蓉日記』に拠って、野中到の妻として夫への信頼と愛情、〝明治の女〟としての情熱と勇気と忍耐とを描いた。

　高層気象学を専門とする野中の富士山に対する姿勢は、当然のことながら、登山家のそれとは大いに趣を異にする。〈富士山の如く海岸より突起して一万余尺に及び、眼界は東西南北五十余里に達し、而《し》かも樹林の風衝なく登山に容易にして、山麓に人家密接し、南に沼津測候所あり、北に甲府測候所あるが如き、高層気象の研究所としては恐らく之に優るもの他にあらざるべし〉――つまり、富士が美しく、惹きつけるから登るのでもなければ、征服欲にかられて登るのでもない。自分の研究目的にとって最適の場所だから登るのである。そこで山岳の美しさに感動し、さまざまな想念を抱くことは、あくまで派生的な問題にすぎない。だから、地質学や動植物学など山岳を研究対象とし、あるいは研究の場とする科学者と同様、野中にとって、登頂はけっして目的ではない。それは、高層の気象観測のための手段である。しかし、目的としてであれ手段としてであれ、登頂行為それ自体には、相違するところはまったくない。冬富士はだれに対しても同じ相貌をもって立ちはだかり、登る者をけっして差別しはしない。

　冬富士が、その登頂に求める装備・技術・体力のすべてを、野中はみごとにクリアした。「第一回冬期登山記」「第二回冬期登山記」は、失敗も率直に記す、その貴重で詳細な報告である。科学者らしい的確な叙述から、近代登山の黎明期にすら達していない時期の手さぐりの準備と行動とが鮮明に浮かびあがる。

〈玄冬の候、富士山巓の光景は、果して如何なるものなるべきや。吾人の想像以上なるべきか、之を探検して以て世に紹介せんことは、強《あなが》ち無益の挙にあらざるべし〉として、滞岳中の体験と具体的で豊富な気象データの提示もある。夏富士登山の懇切なガイドから始めた本書を、アルピニズムの将来を見透かすように「寒中登岳を勧む」で結んだ先見の明——ページを進めるほどに驚異と畏敬の念を深くさせる、偉大な先覚者の書である。

『富士案内』 一九〇一（明治三十四）年八月、春陽堂刊。B6判。本文は百五十六ページだが前付がきわめて多く、全体では二百五十ページにも達しよう。前付は、黒田清隆の書と末永純の短歌二十首とが表裏の三つ折を巻頭に、山頂五千分ノ一地形図に山頂展観を巡らせた図、「富士山附近実測図」（約二十万分ノ一）を折込み、富士周辺の湖沼八と山頂平面図の写真版九点五ページ、中村不折らによるスケッチに古今の短歌や詩を添えるなどした単色刷の口絵二十八点。本文中、書名に直接対応するのは、冒頭の三十三ページ（「富士山の位置」に始まり、「各登口」ごとにその概要を述べ、登山時期・登降時間・登山準備・登山費用・土産などを説明し、頂上や御中道、下山についてガイドする）と末尾の「寒中登岳を勧む」七ページ程度。ほかは、富士山頂に気象観測所設立をめざす富士観象会の趣旨、観象台建設計画および自身の冬季登山記二篇、山頂観測所建設と滞岳観測の経過報告・記録など。また、著者が黒田清隆を案内した際の大橋乙羽による紀行も収めている。なお、一九七八年、本書の完全復刻版が大修館書店から刊行されている。二〇〇六年、野中千代子「芙蓉日記」（一八九六年一月、報知新聞連載）を併せた『富士案内　芙蓉日記』が平凡社ライブラリーから刊行された。

河口慧海
『西蔵旅行記』

河口慧海はヒマラヤを、南から北へ、北から南へ、それぞれ二回ずつ、都合四回越えた。だが慧海は本書の「序」にこう記している。

〈余の此地に進入せしは勇敢なる冒険家諸士に倣《なら》うて、探検の功を全うし、広く世界の文明に資せんとの大志願ありしに非《あら》ず。仏教未伝の経典の、彼国に蔵せられ居るを聞き、之を求むるの外、他意あらざりしかば、探検家としての資格に於ては、殆《ほとん》ど欠如せるものあり〉。つまり、僧・慧海にとってヒマラヤ越えは、たとえそれが日本人最初のパイオニアワークであったとしても、鎖国政策をとるチベットへ潜入する手段にすぎなかった。

ヒマラヤ越えは、慧海の求道の旅路にたちはだかる二大障害のひとつであった。他のひとつは、鎖国のチベットで外国人であることが露見せぬよう、また、経典が読解できるよう言葉や生活習慣を身につける学習。これらは、インドのダージリンやネパールのツァーランなどにそれぞれ一年前後ずつ滞在して、十分に準備を調えた。そして、正規ルートをたどるべくもない密入国のルート探索。諸種の情報を検討した結果、〈ドーラギリー雪峰《せっぽう》の山北《さんぼく》を横ぎってトルボへ出てから道のない山の間を三日路ばかり辿《たど》ツて行くと遊牧民の来て居る西北原《せいほくげん》に出られる道筋がある〉のを利用してマナサロワール湖・カイラス山への巡礼路に入る計画を固め、実行に移す。

慧海の最初のヒマラヤ越えは一九〇〇（明治三十三）年六〜七月に敢行された。この年は、ウェストン『日本アルプス　登山と探検』刊行（ロンドン）の四年後、小島烏水と岡野金次郎による槍ヶ岳登頂の二年前、日本山岳会設立に先立つこと五年に当たる。日本では、三千メートル級のピークをめざす無雪期の登山活動がようやく始まったばかりの時期である。こうした状況と慧海の行動との間には、それこそ雲泥の差を認めざるをえない。

〈段々登ツて行く間に雲に映ずる日光の反射の為《た》めに眼を打たれて其《その》痛さが甚《はなは》だしいのみならず如何《いか》にも空気の稀薄なる為めに呼吸をすることが困難で胸膈《むないた》を圧迫されて居るのか或は胸膈が突出るのか訳が分らぬが今思い出しても竦然《ぞっ》とする位苦しかった……勇《ゆう》を鼓《こ》して上に登れば登る程空気が希薄になりますので動悸は劇《はげ》しく打ち出し呼吸《いき》は迫《せま》ツて気管が変な気合になり其上頭脳の半面は発火したかの如く感じてドウにも為《し》て見ようがない〉〈八貫匁《かんめ》（約三十キロ）許《ばか》りの荷物を脊負《せお》い……北方の山の間へ進ンで参りました……実に言語に尽《つく》し難《がた》い程困難を極めたけれども山は夫程《それほど》厳しくなかツたです、突兀《とっこつ》たる岩抔《いわなど》は誠に少なかツたから割合に安楽でありましたけれども何分雪の中許《ばか》り一人で進ンで行くのですから堪《たま》らない、夜は雪の中へ寝た事もあり又幸《さいわい》に岩影でもありますと其処《そこ》へ泊り込むことにして唯《ただ》磁石を便りに予《かね》て聞いてある山の形を見ては段々北へ北へと進んで行きましたが聞いた通り少しも違《たが》わず……三日路《かじ》を経てドーラギリーの北方の雪峯《せっぽう》を蹈破《とうは》しいよいよ西蔵《チベット》とネパールの国境たる高き雪山の頂

上に到達することが出来ました〉

一九三五年と五八年、川喜田二郎らは、慧海の記述に従って、ネパール国内を踏査した。

『ネパール王国探検記』に、川喜田はその報告を記す――〈間道の間道を求めてカリガンダキをさかのぼった慧海師は、ガグベニの上流のツァーランという村に一カ年滞在、完全にチベット語とチベット人の生活習慣を身につけた、それからいったん南方にもどると見せかけて、さらに間道の間道のまた間道を求めて……けわしい山坂をただ一人の案内人とともに越えたのだった。それから山を越えてもう一つの寒村にたどりつくと、その案内人も解雇してしまい、山のような荷をかついで、まったく道のない鞍部を越えてチベットに越境してしまったのである。つまり師の最後のコースは間道のまた間道の、またまた間道のまたまたまた間道であった〉と。

慧海が越えたヒマラヤは、〝世界の屋根〟である。この時期、この山域は、登山先進国・イギリス山岳会のエリートたちが、すでに席捲し尽くしたヨーロッパ・アルプスに代わる新しい活動の場とし、まさに黄金時代を迎えようとしていた。最高峰・エヴェレストへの挑戦は一九二一年に開始される。だが、当時の日本人の多くにとってヒマラヤは、とうてい達すること能わぬ〝唐天竺の果て〟であり、未知の世界だった。慧海の壮挙は、少なからざる疑問を投げかけられ、中傷さえされたりした。

だが慧海が自ら眼のあたりにしたダウラギリ周辺の山岳景観は――〈起伏蜒蜿《えんえん》、突兀《とっこつ》として四端《あたり》に聳《そび》えて居る群雪峯《ぐんせっぽう》は互《たがい》に相映じて宇宙の真美を現わし其東南に泰然として安坐《あんざ》せる如く聳えて居る高雪峯は是れぞドーラギリーであります、恰《あたか》も毘盧沙那《びるしゃな》大仏の虚空に蟠《わだかま》ツて居るが如き雪峯にて其四方に聳えて居る群峯は菩薩の如き姿を現わして居ります〉。

国境稜線に立った慧海は、積年の目的地・チベットを見はるかす――〈遥かに北を眺めて見ると西蔵《チベット》高原の山々が波を打ツた如くに見えて居るです其間には蜿蜒《えんえん》たる河が幾筋か流れて居りまして其由ツて遠く来る所を知らず又其去る所をも見ることが出来ない雲の裡《うち》に隠れて居ると云う有様〉で、〈実に其景色を見た時には何となく愉快なる感に打たれ〉る。慧海は「雪中旅行」を続け、「山中の艱難《かんなん》」「渇水の難風砂の難」「氷河に溺る」「山上積雪中の難」「女難」「剽盗の難」「眼病の難」などを克服して、ついに目的を達する。

慧海が日本人として初めての足跡をとどめたチベットは、ヤングハズバンド、ヘディン、スタイン

河口慧海（かわぐち　えかい）幼名・定治郎。一八六六（慶応二）年～一九四五（昭和二十）年。大阪府堺市生まれ。釈迦伝を読んで仏門に入る志をたて、八八（明治二十一）年に上京、東京哲学館（現、東洋大学）入学。九〇年、本所の黄檗宗五百羅漢寺で得度を受け慧海広仁と名付けられる。九二年、梵語（サンスクリット語）、チベット語研究とチベット語経典入手のためインド・チベット行を決意。パーリ語習得に努め、また宗門浄化の活動を展開。九七～一九〇三年に第一回の、〇四～一五（大正四）年に第二回のインド・ネパール・チベット旅行。帰国後、仏典研究を深め、東洋大学、立正大学などでチベット語を教授。またパンチェン・ラマと再三中国で会談し、蔵経を譲り受けて東洋文庫に寄贈する。二六（大正十五）年、還暦を機に還俗したが在家仏教者の生活を通し、晩年は蔵和辞典の編纂に専心、仏教書多数を著わす。享年七十九。

らが精力的な探検活動を展開していた〝地図の空白部〟（中央アジア深奥部）に重なり、連なっていた。だからこそ、慧海の壮挙と、それにチベットの宗教組織、社会制度、生活習慣など多岐にわたる精細で鋭い観察を加えて綴った本書とは、慧海の想念をはるかに超える意義をもち、国際的にも高い評価を得て今日に至っている。

「西蔵旅行記」上・下　上巻は一九〇四（明治三十七）年三月、下巻は同年五月、博文館刊。Ａ５判・上巻四百十二ページ、下巻四百五十六ページ。厚表紙、クロス装、函入り。本書は、著者第一回のインド・ネパール・チベット旅行帰国直後、東京の「時事新報」、大阪の「毎日新聞」に連載した口述による「西蔵旅行記」百五十五話を集成したもので、上巻に第一〜七十七回、下巻に第七十八〜百五十五回を収める。上下各巻頭に写真版の口絵（著者や主要登場人物の肖像、ヒマラヤ山景、通行証明書）と地図を配し、各三十点ずつの挿画は中村不折の筆になる。本書には、四一年の山喜房版、六〇年の筑摩書房版（「世界ノンフィクション全集」６）があるがいずれも抄録。七八年刊の講談社学術文庫版（全五巻）は挿画も含め全文を収録。〇九年、本書の英訳本がインドで刊行された。二〇〇四年、白水Ｕブックス版（上下巻）、同年中公文庫ＢＩＢＬＩＯ版（抄）、〇五年、講談社学術文庫版（上下巻）刊行。

田部重治 『日本アルプスと秩父巡禮』

田部重治が『ワーズワス詩集』（岩波文庫、一九三八・昭和十三年刊）の訳者であることは意外に知られていない。田部は、一九〇五（明治三十八）年九月、旧制第四高校（金沢）から東京帝大文学部英文科に進む。それは、日露戦争に勝利を収めたはずなのに、ポーツマス条約によって、期待した権益のすべてが獲得できない状況に苛立つ人々が、日比谷焼打ち事件を起こした時期である。また、反戦の思想や文学や運動が、わが国でほとんど初めて顕在化した時期でもある。そしてこの年十月、日本山岳会が設立される。

文学趣味の田部の関心は、自然に向かい、それはいよいよ強くなってゆく。国木田独歩の『武蔵野』（一八九八・明治三十一年刊）を手に武蔵野や奥多摩を逍遥し、ワーズワースに心酔する。ワーズワースは、十九世紀初頭のイギリスで、単純な表現によって自然と人間との内面的交感を真摯に謳いあげ、コールリッジ、サウジーとともに湖畔詩人、自然詩人と呼ばれ、一八四三年、桂冠詩人となった。このワーズワースの詩と思想は、その後の田部の研究と登山活動に、決定的ともいえる格別深いかかわりをもつに至る。

朝に夕に立山の峰々を仰いで幼・少年期を過ごし、自然に深く傾倒する田部は、十一歳年長の木暮理太郎と知りあい、やがて下宿をともにして登山活動に入る。詩を中心とする英文学の学究・田部と、旧制第二高校（仙台）野球部のスラッガーとして鳴らし、東京帝大で哲学と史学を学んだスポーツマン木暮との、まったく対照的なコンビである。二人は、北アルプスと奥秩父を主要舞台として、明治末期〜大正前期、日本山岳界にとってのパイオニアワークを積み重ね、日本登山史上に黄金時代と呼ばれる時期の担い手となった。

本書に収められている二十七篇を、それぞれの末尾に付された年月に従って配列し直すと、一九〇八（明治四十一）年八月から一八（大正七）年十二月までの〝田部重治登山年譜〟ができあがる。それは、東大を卒業した夏の帰省の途次、甲州御岳・姨捨山・妙高山に草履《ぞうり》ばきで単身登った（「初めての山旅」）のに始まり、同年秋、木暮と初めて行をともにした高尾山登山へと続く。その際の約束に従い、翌年五月（「明治四十三年五月」とあるが、本文の記述から明らかに「四十二年」）、浅川（高尾）〜景信山〜三頭山〜七石山〜雲取山〜氷川（奥多摩）を木暮とともに踏破する（「甲武国境と雲取山と多摩川」）。七月、太郎兵衛平から薬師岳に登頂（「薬師岳と有峯」）、十月には木暮と三峰山〜十文字峠〜甲武信ヶ岳〜金峰山〜甲州御岳へ（「十文字峠より甲府まで」）……といったぐあいである。

一九一〇（明治四十三）年から、田部の登山活動はいちだんとオクターブを高める。夏、薬師岳、奥大日岳登頂後、針ノ木峠越えで大町に至り、さらに白馬岳に登って、越中から信州への山岳縦走を達成し（「奥大日岳より白馬岳まで」）、翌一一年夏には「烏帽子岳から立山温泉まで」。一二年三月、中村清太郎と飛竜山から大菩薩峠に至り、帰途大黒茂谷に迷いこんで雪中に一夜を過ごし、疲労凍死寸前の危機に見舞われる（「甲州丹波山の滞在と大黒茂谷の遭難」）。七月には、木暮と雁坂峠越えで甲武信ヶ岳まで縦走したのち、単身「梓山より富山まで」、赤岳・木曽御嶽・槍ヶ岳・安房峠・平湯を経て帰郷。

一九一三（大正二）年には、さらに画期的な山行が続く。五月、木暮・中村と昇仙峡から金峰山〜甲武信ヶ岳の奥秩父主脈を完全に縦走して梓山に下り、再び甲武信ヶ岳に登り返して雁坂峠を経て栃本へ

田部重治（たなべ　じゅうじ）　一八八四（明治十七）年〜一九七二（昭和四十七）年。富山県山室村（現、富山市）生まれ。富山中学（旧制）在学中から大町桂月、田山花袋、小島烏水らの紀行などに親しむ。第四高校（旧制・金沢）を経て東京帝大に進む。教授に夏目漱石、級友に中勘助、野上豊一郎らがいた。私立中学や大学夜間部などの英語教師を勤めたのち、一九一二（明治四十五）年、東洋大教授となり、以後、立正大、法政大、日本大などで教鞭をとる。帝大卒業後、木暮理太郎、中村清太郎らと本格的登山活動に入り、明治末期〜大正期、多彩なパイオニアワーク実践の一方、奥秩父の山岳・森林・渓谷に親しみ、日本登山史に〝秩父時代〟をもたらす。しだいに静観派的登山活動に傾き、森林や渓谷にそれ自体の価値を見い出し、スキー登山に対して「最もよく自然の鑑賞とスポーツを調和させるもの」と評価する。英文学を専攻しながら日本的な旅に憧れ、自らの登山活動は〝山旅〟と呼ぶ。日本山岳会名誉会員。雲取山に短歌を刻んだレリーフがある。著書は『峠と高原』『山行く心』『わが山旅五十年』のほか、専門研究書、訳書など多数。享年八十八。

（「金峯より雁坂峠まで」）。下山後の七月、中村の提唱で「秩父会」をつくる。八月には、木暮と上高地～槍ヶ岳～双六岳～三俣蓮華岳～黒部五郎岳～薬師岳～五色ヶ原～ザラ峠～立山の大縦走をガイドなしで達成、さらに宇治長次郎の案内で剱岳に登頂。「槍ヶ岳より日本海まで」全行程二週間におよんだ。

まばゆいばかりの山行経験から田部は学問に対する自信を深め、一四年夏は、上高地にこもってウォルター・ペーター『文芸復興』の翻訳（一九一五・大正四年刊）に没頭。翌一五年五月、高揚した「訳者序」を書きあげるとすぐ、初めて「笛吹川を溯る」。八月には、毛勝山～剱沢～立山～黒部川東沢～赤牛岳～黒岳～野口五郎岳～三ツ岳～濁沢～葛ノ湯を踏破する（「毛勝山から大町まで」）。

しかし、このころを境に、田部の登山活動は変化を見せ始める。一九一六（大正五）年夏、二十日間も上高地に滞在して〈最も強い音楽に魅せられた瞬間を引き延ばされたものであった〉と、「上高地」と題する一文を結ぶ田部。翌一七年、「小川谷から針ノ木峠まで」後立山連峰北部の稜線を踏破し、「中房より」、燕岳に発する〝表銀座コース〟を槍ヶ岳まで縦走するが、上高地～野麦街道を行き、「藪原まで」足を延ばす。他方、笛吹川や荒川筋をたどるなど奥秩父に親しむ機会が多くなる。一八年には「新緑の印象」「深林と渓谷」「晩秋の奥秩父」「冬の丹波山」を書く。

それは、日本アルプスのピークハンティングがほぼ尽くされてしまった状況によるというよりは、田部の登山観の変化に根ざすとみるべきであろう。このことは、本書を刊行したまさにその時期、慶応義塾山岳部で行なった田部の講演によっても立証できる。田部は、自身の山に対する感情を、第一は山に憧れながら恐怖を感じたとき、第二は自己と自然とを同一化して、その自己が狭く小さかったとき、第三はその狭さを超越した自己を意識するようになったとき、の三段階に分ける。そして第二の段階は、〈私の登山は乱暴だった。……登山は絶頂に登る事に意義がある。……従って途中は頂上の付属物としてのみ意義があると考えた〉とする。これに対して第三の段階は、自己と自然との融合と特徴づけ、〈山に一つの宗教を見出しつつある〉とさえ言いきる。

ワーズワースに発してワーズワースに回帰した、田部における登山観の転回。本書は、近代日本登山史の黄金時代を語るだけではなく、まさにその転回に至るまでの、登山家・田部の精神史でもある。

『日本アルプスと秩父巡禮』 一九一九（大正八）年六月、北星堂刊。新書判・三四二ページ。著者最初の単行本で、一九〇八（明治四十一）年〜一八（大正七）年の山岳紀行、随想集。三部構成で、「日本アルプスの部」十篇、「秩父の部」十二篇、「其他の部」五篇。著者の「自序」のほかに岳友・木暮理太郎の「序」がある。巻頭に、辻本満丸、石崎光瑤、辻村伊助、三枝威之助ら当時の代表的登山家の撮影になる北アルプス景観八葉の写真を口絵とする。各表題のわきにコースを併記しているだけでなく、巻末に、各論稿ごとの詳細な「登山行程表」「五万分の一陸地測量部地図参照表」を付し、さらに「登山の注意」を添えたうえ、「秩父山岳概略図」「日本北アルプス概略図」を折り込むなど、ガイドブックとしても活用できるよう配慮している。「日本山岳名著」第二巻（一九六二年、あかね書房刊）に収録。一九七五年、「覆刻日本の山岳名著」（大修館書店刊）として覆刻。なお、一九二九（昭和四）年、第一書房刊の『山と渓谷』は、本書収録のもの七篇に、新たに七篇を書き加えて構成。『山と渓谷』は新潮文庫（紀行篇）、角川文庫（紀行編／随筆編）に収められ、現在は岩波文庫『新編山と渓谷』、ヤマケイ文庫『山と渓谷』（主な紀行と「生い立ちの記」、一九四四年までの随筆を収録）がある。

辻村伊助『スウィス日記』

辻村伊助がヨーロッパへ向けて敦賀を船出したのは、一九一三（大正二）年、伊助二十七歳の十月である。それは、一高・東大在学中の五年間、通いつめて慣れ親しみ、強い愛着心を抱いていた上高地とその周辺の山々・飛驒山脈（辻村は「日本アルプス」という呼称を「不快な流行語」――二一年八月発表の「登山の流行」――として決して用いなかった）など、日本の山岳と訣別する旅立ちでもあった。

辻村は渡欧の前年、「山岳」第七年第三号（一九一二年十月刊）に「神河内と常念山脈」を発表しているが、それに〈くれぐれも云う、神河内ならぬ『上高地』は不快なところである〉と記して、その観光開発と登山ブームに強い反発の情を露わにしている。さらに帰国後の一八（大正七）年二月刊行の「山岳」第十二年第一号の「嘉門治《ママ》を憶う」では、〈神河内の美しい森林はすでに失われ、そこに住んだなつかしい心も、もう求められない。ここに、嘉門治の死を聞くと同時に、何等か追憶の外に、私の心をひきつける何物かが、尚《な》おあの渓谷に存し得るかを疑う。私は渓を見まい、すでに得て胸に画いた印象を打ち破るに忍びない。私はもうそこの人達と語るまい、彼によって得たなつかしい思い出を失うに忍びない〉と記して、自らの胸中に蓄積した〃古き良き山と人〃を守るべく、日本の山岳にはっきりと

別れを告げる。この最初の渡欧以後、辻村は日本の山岳に足を踏み入れることはいっさいなかった。

さて、園芸の研究とアルプス登山を主目的とする辻村の旅路は——日本海を渡り、ウラジオストックからシベリア鉄道でヨーロッパに至り、ドイツ・オランダ滞在後、イギリスに留学中の武田久吉を訪ねる。一九一四年一月から二月、スイスにあって憧れのアルプスをたどり、ユングフラウとメンヒに日本人による厳冬期初登頂を果たす。オーストリアをへて再びイギリスに向かい、南英のニューフォレスト、スコットランドのハイランドを跋渉し、スカンジナビア、ドイツを回って近藤茂吉と落ち合う。ともにスイスにもどり、運命の山、グロース・シュレックホルン登頂をめざす。この年もすでに七月を過ぎようとしていた。

『スウィス日記』は、右のうちのスイス、それもアルプスをめぐって豊穣な実りを得た逍遥と登頂とを主内容とする日録風紀行である。抒情的で幸福感あふれる文に写真を添えた本書は、アルプスに対する尽きせぬ憧憬をそそってやまない。それが醸し出す雰囲気をよく伝える絶品として、その「序」は広く知られている——〈忘却は人間の有する最大の幸福である〉。だから〈雑然たる生活の断行を紙に残すのは、……明らかに矛盾である。しかもそれを敢えてするのは私の過去に於てアルプスの雪の間に送った月日が、そのいずれの瞬間を思い出しても何の悔ゆることのない、白日に露すとも何等不安を感じない生活であったのを確かめているからである〉〈山に対する時私は云い知らぬ喜びを覚える。しかし読者はこの日記によって同じ感じを得ることが無いかもしれない、がそれはあながち私の負うべき責ではあるまい。何となれば、山のささやくは自然の声であって、言葉は竟《つい》に人の心に過ぎないからである。

私は明らかにその声を聴く、しかしそれを表わす言葉の無いのを如何にしよう〉。

『スウィス日記』は、フランスのリヨンからジュネーヴへ向かう汽車の旅から始まる。窓外に流れる異国風景を綴るやわらかでのびやかな筆遣い。読む者は、辻村とともに旅を行く。シャモニ、ローヌの谷、インターラーケン、そして、厳冬期のユングフラウ登頂、メンヒ登頂――〈二三年この近所にうろついて、山と云う山をのこらずきわめてしまいたくなるのは、あながち私一人ではあるまい〉。辻村の旅は、さらにルツェルン、リギ、チューリヒ、マジョレ湖、コモ湖へと続き、サン・モリッツではセガンティーニ美術館を訪れ、さらにエンガディンなどチロルへとのびていく。アルプスは、辻村を捉えて離さない。

七月二十九日、辻村と近藤はガイドのヘスラー（一九一〇年八月、加賀正太郎のユングフラウ登頂に同行している）とフォイツに伴われてグロース・シュレックホルン登頂を開始。一行は、シュレック・フィルン（三三〇〇メートル）の上まで来て登山小屋へ引き返す。そして八月一日、スイス開国記念の日、頂上をめざす。

〈カチカチに凍りついた雪を踏みしめて、サック、サック、一足ごとに杖《シュトック》をついて、星明りに蒼く光る雪の斜面にかかった時、曽《かつ》て覚えない緊張した気持ちになった。先登はヘッスラーで、次が私、フォイツは後殿である。ガイドの持ったランターンが、踏み固めた雪路に赤く滲んで、東へ東へと揺れて行く〉〈シュレック・フィルンから、三時間半も登って、やっといくらか岩の表われた、山稜に近い急斜まで来た〉〈岩角にはまだ氷が下っている。私達は手袋をはずして、いよいよ岩登り《クレッテライ》をはじめた。……

ヘッスラーが這いずってゆくのを、ただ見ていてもはらはらする。……岩壁の下は、深い底の方から、雪の急斜になって、手をゆるめればそれっきりだ……石は落ち易いし手がかりはなし、両手を拡げて、蝙蝠《こうもり》みたいに岩に喰いつくような格構で、登ったり降りたりするのは随分たまらない〉。

十一時三十分、グロース・シュレックホルンの絶頂に立つ――〈私は仰のいて、冷たい山の空気を思うがままに吸い込んだ。海抜四千八十米突《メートル》の尖峯を、更に高く覆う大空には、塵ばかりの曇りもない〉。登頂を果たして下降中の一行を突然雪崩《アヴァランシュ》が襲う――〈私は二年後の今日、八月一日、この『山岳』の原稿を書きながら、まだ鼓動の高まるのを覚える〉〈誰とも知らないが、わっ！というけたたましい叫

辻村伊助（つじむら　いすけ）一八八六（明治十九）年～一九二三（大正十二）年。小田原市生まれ。第一高等学校（旧制、東京）から東京帝国大学農科大学（現、農学部）に進み、一九一二（明治四十五）年卒業。一高在学中、河田黙を識って植物採集と本格的登山を開始。〇六（明治三十九）年、従弟・太郎（のちに地理学者）とともに日本山岳会入会。この年、河田と宝剱岳でタカネスミレの新産地を発見。〇八年以来、日本アルプス各地に〝登頂と探検の時代〟を担う活動を意欲的に展開し、紀行を「山岳」に発表。一四（大正三）年、スイスでアルプス、イギリスでハイランドに親しむが、グロース・シュレックホルン登頂後に遭難、重傷を負う。治癒後、スイス人の妻ローザを伴って帰国、小田原で辻村農園を経営。二〇年、スイス再旅行後、箱根湯本に高山植物園を開くが、二三年九月一日、関東大震災で家屋・庭園とも土石流に埋まり一家五人全滅。三年後に遺体発見。遺稿集『ハイランド』。享年三十六。

び声を聞いた。どきっとして振りかえるとたんに、私と近藤君の間に、雪の塊が二間ばかり頭の方から、烟《けむり》をあげて、湯滝のようにどっと崩れ落ちるのを認めた、が、それは一瞬間で、もうその時、私達はアヴァランシュの上に乗っていたのである〉

辻村は全身打撲、ヘスラーと近藤は右足骨折、九死に一生を得た辻村は、インターラーケンの病院で治療中、看護婦のローザ・カレンを識り、やがてふたりは恋に落ち、結婚する。マッターホルン、ヴァリスなど、その後の登頂計画は夢消したが、辻村のアルプス熱は高まるばかりであった。

『スウィス日記』 一九二二（大正十一）年八月、横山書店刊。A5判・二百六十八ページ。装丁・茨木猪之吉、ワットマン表紙、仮綴じ製本。巻頭に著者の道程入り「スウィス略図」「シュレックホルン群峰地図」を置き、本文中に著者撮影の写真二十四点をコロタイプ印刷で挿入。本文は、著者が「山岳」第十年第一号の「日本山岳会設立十周年記念号」（一九一五年・大正四年九月刊）から四号にわたって連載した「スウィス日記」のうち、第一回目の部分を除く三回分に補訂を施したもの。これが、著者存命中の唯一の著書で、通称・横山版。次に三〇（昭和五）年九月、梓書房刊の版がある。これは、横山版の割愛部分をすべて加え、著者がスイス再旅行を綴った遺稿（土中から発見）「続スウィス日記」を併せている。戦後の、日本文芸社「日本岳人全集」第三巻、大修館書店「覆刻・日本の山岳名著」第十二巻、講談社文庫版などは、この梓版を底本とする。一九九八年、平凡社ライブラリーに収められた。

槇 有恒
『山行』

〈私等は勝った。其処《そこ》の岩壁にストイリは千九百二十一年九月十日と刻した。二百米突《メートル》を八時間の登攀は、私等四人には一時間程の印象も残らない。緊張して仕事に向う精神は時間の観念から離れて活躍する。私等は勝った。併《しか》しブラヴォーを叫んだ訳でもない。只《ただ》四人互に手を固く握り合った、そしてストイリが只《ただ》一言『ヘルは之れで世界の人となった』と云った。雲が一時晴れた東方に大シュレックホルンが赫々《かくかく》と夕陽を浴みて聳《そび》える。東南にフィンスターアールホルンが雲を吐いている。その西の面の白雪が洩れた光に輝く。メンヒが白光と化する。歌え、歌え、声を限りに歌え、すれば心は光りの如くに打ち震うて爽やかに躍るであろう〉〈相当に険しいがもう其後は惰勢にまかせて登り続け、午后七時十五分前遂にアイガーの絶嶺に立った。頂は鋭い雪の稜に過ぎない。日は沈み去った。雲がいら立っている。メンヒの頭に近く半月が輝く。西方足元の千六百米突余の崖下にクライネシャイデックとアイガーグレッチャースタツィオンとの灯火が見える。フュレル三人は声を合わせてエホーをする。かすかなエホーが下の灯火から答えた〉——アルプス登攀史上に光芒を放つ快挙達成の一瞬を、槇有恒はこう記している（第三章・登高記中の「五、アイガー東山稜の初登攀」）。

アイガーはスイスのベルナー・オーバーラントに位置するユングフラウ山群中の峻峰で、標高三九七〇メートル。一八五八年にイギリス人バリントンが西山稜から初登頂に、九〇年にはウッドラフが冬季初登頂にそれぞれ成功したが、その東山稜（ミッテルレギ山稜）は、七四年以来、各国トップクライマーによる前後十二回もの挑戦を、ことごとく退けていた。一九二一（大正十）年、槇は、ガイド（フュレルはそのドイツ語）のアマター、ブラヴァンドおよびストイリと、その東山稜を初登攀。その後、アイガーへの挑戦は、二四年のアーノルド・ランらによるスキー初登頂、三二年のラウパーらによる北東壁初登攀、三八年のハラーらによる北壁初登攀、六〇年のヒーベラーらによる北壁冬季初登攀、六六年の独・米・英合同隊による北壁冬季直登と続く。

　槇は、先人未登の「険難の登攀」にあたって、アマターらと綿密な協議を重ね、〈在来のものとは趣を異にした〉用具を調える。一方、〈独り座して赤黄金色に夕映えするアイガーの頂を仰いでは、……深き不安と寂寥とが犇々《ひしひし》と胸に迫〉り、自らの行為は〈虚栄か、非《あら》ず、野心か、非ず。只《ただ》無限の前に真実の命を尽さんとする努力、之れのみである〉と自問し自答する——一方で周到な準備を調えながら、他方、自ら決断した挑戦に戦《おのの》く槇有恒、二十七歳の赤裸々な姿をここに見る。

　槇が初めてアルプスで登山活動を展開した時期（一九一九年十二月〜二十一年九月）、ヨーロッパ登山界はアルプスの峰々へ初登頂をめざした〝黄金時代《ゴールデン・エイジ》〟、バリエーション・ルートを求めて登攀した〝銀の時代《シルバー・エイジ》〟とを経て、より困難な岩壁登攀に挑戦する〝鉄の時代《アイアン・エイジ》〟を迎えようとしていた。槇は、より困難な登攀をめざす登山思想に直接ふれ、それを実践して吸収した。また、雪線以上の山岳における岩と雪と氷とに対処する技術（ロック・クライミング、氷雪技術）を学び、そのための用具（ピッケル、シュタイク・アイゼン、ザイル、キスリング・ザック、トリコニー鋲靴）の使用に習熟して、これらを日本に持ち帰った。かくして槇の帰国（二一年十二月）とその後の彼の活動は、日本山岳界に画期的な転換をもたらすに至る。つまり、明治期に始まった〝探検の時代〟を終え、新しい展開を求めて模索する山岳界の状況を、〝岩と雪の時代〟へ向けて打開する最も有力な契機となったのである。

〈私は昨年来、屢々《しばしば》岩登りを勧めているのである。山の新らしい方面の開拓として、冬の登山と岩登り

槇有恒（まき　ありつね）一八九四（明治二十七）年〜一九八九（平成元年）。仙台市生まれ。少年時代から登山に親しみ、一九〇六（明治三十九）年、十二歳で富士山、一九〇九年に羊蹄山、一〇年に阿蘇山、一二年に白馬岳に登る。仙台二中（旧制、現・仙台第二高校）から慶応義塾予科に進学。一九一五（大正四）年、慶応義塾大学に山岳部を設立。翌一六年夏、穂高〜槍〜薬師を縦走。一七年に慶応大学法学部卒業、翌一八年からアメリカ留学。一九年一月にイギリスに渡りウェストンに会う。十一月、スイスに向かい、ウェストンのすすめでグリンデルワルトをベースにアルプス諸峰に登る。二一年九月、アイガー東山稜初登攀、周年十二月帰国。翌二二年三月、槍ヶ岳積雪期初登頂。八月、涸沢で岩登り合宿を主宰。二三年一月、立山・松尾峠で遭難、生還。二五（大正十四）年、日本初の海外遠征で、カナダのアルバータ初登頂。四四〜四六年、五一〜五五年、日本山岳会会長。五六（昭和三十一）年、第三次マナスル登山隊長、登頂成功。六五年、動三等旭日中綬章。著書に『マナスル登頂記』『わたしの山旅』など。享年九十五。

の二方面のあることを伝えているのである〉〈両者は……雪と氷との山稜や斜面に就いての技術及び断崖を上下する技術の二つである〉〈此の両者を会得せぬ限りは雪線以上の山、例えばアルペンとかヒマラヤに向っての試みは不可能である〉(第七章・岩登りに就いて)。

これは、〝岩登り〟に関する本邦最初の文献である。槙はこの論稿で、ヨーロッパ・アルプスだけでなくヒマラヤをも見据えつつ、登山における新しい活動を方向づけたうえで、〝岩登り〟に関する総合的な解説を試みる。そして、その実践的指導にも情熱を注ぐ。一九二二(大正十一)年八月、槙は慶応・学習院の山岳部員らを穂高岳涸沢の岩小屋に集め、穂高の岩壁を放射状に登攀する合宿を指導した。これに参加した大島亮吉の「涸沢の岩小屋の或る夜のこと」は、合宿の雰囲気をよく伝えている。

槙はまた、〝雪山登山〟も積極的に実践し、右の涸沢合宿に先立つ三月、同じく慶応・学習院の合同パーティを率いて槍ヶ岳に積雪期初登頂を果たす。この成功は、板倉勝宣が前年までに重ねた偵察の成果に負うところ大であった。

だが、日本登山界の最先端を担う槙の登山活動は、思わぬ挫折を強いられる。一九二三(大正十二)年一月、槙は三田幸夫、板倉勝宣と三人で雪の立山にスキー登山を試み、猛吹雪に遭って板倉を失う。登山史上に名高い〝立山・松尾峠の遭難〟である。「第六章・板倉勝宣君の死」は、当事者によるその精細な報告である。〈私等の此度の行は破れた。そして尊い友人の死を前にして生き残ったと云うことは、如何ともし難いとは云いながら心苦しい。私は此行の責任者として其登山前後の準備考慮等を記し、尚《な》お遭難の記事は最も注意を以て赤裸々に諸君の前に披瀝して高見に供したいと思う〉。このような意図で、槇は山行の一部始終を綴り、板倉の追憶で結ぶ前に、次のように述べる――〈私等は破れた。だが此事だけは誇を以て云おうとする。それは死する程に疲労困憊した板倉も自ら死を以て救援を求めに下った、三田も此の四十時間に亘る艱難《かんなん》の中に在って、徹頭徹尾協同と友の安危のために終始した。只の一度すら自己の気儘を洩らした事は無かった。私等は死に至る迄一つであったのだ〉。

本書は、若き槇有恒の〝栄光と挫折〟を軸にしつつも、「第一章・山と或る男」で登山哲学を披歴し、「第二章・アルペンに於ける登山の発達」でアルプス登山史を究め、「第三章・登高記」で自らのアルプス登山活動を報告し、「第四章・南側よりのアルペン」でアルプスをめぐる紀行と歴史を語り、「第五章・山村の人と四季」で山村の生活を探り、さらに岩登り技術と遭難報告を加えた、まさに総合的山岳書である。槇は〈この微《ち》いさき書を板倉勝宣君の霊に捧〉げ、アルバータ（一九二五年七月）へ、マナスル（五六年五月）へと、再び前進を続ける。

『山行』 一九二三（大正十二）年七月、改造社刊。A５判・二百六十六ページ。厚表紙、函入り。一九二三年一月、立山・松尾峠の遭難の際に負った足の凍傷治療で入院中、恩師・鹿子木員信のすすめによって刊行に至った。本文は全七章からなるが、本文中に著者撮影の写真三十五点、挿画六点を挿入（各、裏白）。ほかに、アイガー登攀に使用した用具、岩登り技術のザイルの結び方、操作について図解がある。一九四八年、第三章に「六、マウント・アルバータの登攀」「七、マウント・アルバータの印象」を加えた版を岡書院が刊行、これの限定版（三百部）が五二年刊。その後、「山溪山岳新書」（山と溪谷社刊）、「日本山岳名著全集」（第四巻、六二年、あかね書房刊）に抄録され、七三年に旺文社文庫に収められる。また七五年には「覆刻・日本の山岳名著」第六巻として大修館書店から刊行された。二〇一二年、中公文庫（現在絶版）。

冠松次郎
『黒部谿谷』

冠松次郎が「山岳」（第二十一年第二号）「黒部号」（一九二七年六月刊）に収めた「黒部川探勝の経過」に、〈さしも峻嶮を以て、敬畏せられていた黒部川〉の〈神秘の扉が愛山家の前にかかげられ、雄麗な岩壁も、豪壮なる流水の姿態も、私等自然児の前に開放せられた〉という一文がある。これは、彼が〈大正十四（一九二五）年に到って（黒部川が）殆《ほとん》ど探勝せられ〉たとの判断を根拠としている。

この「黒部号」は「山岳」通常号の約二倍、百九十四ページもある大冊の〝黒部特集号〟である。「山岳」がこの特集号を刊行したことのもつ、近代日本登山史上の意義は、次の二点――冠が指摘したように、飛騨山脈を穿《うが》つ秘境・黒部渓谷の全容がほぼ明らかにされたこと。いまひとつは、この事実を日本山岳会が公認し、渓谷探勝の活動を登山の一分野として認知したこと――にある。とくに後者は、ピーク・ハンティングを主流とする探検期の山岳界にあって、画期的な出来事である。

さて、冠の「黒部川探勝の経過」では、黒部川についての知識が、岳人の踏査行によって〝点〟から〝線〟へ、そして〝面〟へと拡大してきた経過が要領よくまとめてある。

明治〜大正期、黒部川については、鐘釣や祖母谷《ばばだに》の温泉、大町〜立山ルートの要衝で籠渡しのあった平《だいら》（現在は黒部湖の湖底に沈む）、猟師や岩魚釣りが通ったり、拠点とする小屋を営んだ平上流の東沢、源流地から薬師沢の川筋、黒部五郎岳に発する五郎沢など、ほとんど〝点〟しか明らかではなかった。それとても、遠山品右衛門や上條嘉門次ら、伝説的あるいは仙人的山人のみにしか知られない部分も少なくなかった。この黒部川へ、大正初期以来、大別してふたつの立場――岳人による探検的活動と電源・資源開発のための調査活動――からの踏査が並行して進められる。

冠が岳人による踏査について具体的に述べるのは、一九一八（大正七）年七月の彼自身による、立山・雄山から御山沢下降、黒部川を平まで遡行してもどり、さらに御前沢落口まで下降してもどり、御山沢を遡行して、タンボ沢経由で雄山に帰着した踏査行が最初である。以後、自身の三回の踏査行を含めて、日本山岳会の近藤茂吉、木暮理太郎、中村清太郎、沼井鉄太郎、伊藤孝一、沢本千代次郎、田中喜左衛門、岩永信雄、山崎和一らの活動を列挙する。

さて、冒頭に記した〈大正十四年に到って殆んど探勝せられ〉た結果、黒部川が〈開放せられた〉とする判断の根拠は何か。その具体的な内容は、同年八月二十五日から九月一日に敢行した、冠と前記の沼井鉄太郎、岩永信雄の三人による、〈鐘釣温泉から東谷を過ぎ、棒小屋沢落口に達し、尚上流を溯って遂に下廊下の未踏境を突破して、平の小屋まで溯った〉踏査である。富山県大山村の宇治長次郎ら八人の案内人を伴った、この下ノ廊下初遡行の記録は、「黒部号」では沼井鉄太郎が「黒部川」と題して執筆し、『黒部谿谷』では「黒部川溯行記」として収められている。棒小屋沢落口から上流はまったく前人未踏で、無名の深淵に、冠は神潭《かみぶち》と命名する。月光を浴びて神潭に一夜を過ごした三人は「谷を知らない奴は馬鹿だ！　黒部を見ない奴は馬鹿だ！」と気焔をあげたと、冠は記す。じつは、この三人こそ、自他ともに許す。〝谷狂《たにきち》三人衆〟で、例の「黒部号」は、ほとんどこの三人の論稿で埋め尽くされている。とくに冠の場合、四篇の紀行中二篇を執筆し、「雑録」の部六篇中、五篇を書く執着ぶりである。

冠は、下ノ廊下初遡行に成功する前年、一九二四（大正十三）年八月、双六谷を遡り、黒部乗越～五郎沢～上ノ廊下、赤牛岳～東沢～平を踏査していたので、彼にとって、黒部川は源流地帯から鐘釣温泉まで、完全に結ばれたことになる。したがって、黒部川が「殆ど探勝せられ」たのも、「開放せられた」のも、決して誇張や強がりではなく、冠自身の踏査による判断であり、真実であった。

冠をして、これほどまでに執着させたものは何だったのだろうか。『黒部谿谷』冒頭の「黒部川の概観」は、彼の〝黒部賛美〟で始まる。

〈明るい然《しか》し奥深い谷、それを私は黒部川に於て初めて見た。それはクラシカルやロマンチックの美しさではなく、寧《むし》ろ自然の種々相を明かに啓示しているナチュラリズム風貌を備えているものと思えた〉

〈この川は源流地から約三十里を日本海に至る迄《まで》、殆ど絶景と美観との連続であって、少しの弛怠《したい》がない。その山勢の極まる処《ところ》、堅岩相迫って陵高壮麗の廊下を形造り、その峡間に圧縮せられた渓水は驚くべき落差をもって奔落して行く。然《しか》し両岸の山脚が緩やかに相接する処は、積翠漲《せきすいみなぎ》り、白砂を点綴し、高原連亙して優麗濶達なる大河の趣きを呈している。この剛軟の対照の美はすばらしいものである〉

〈それだから飛脚のような山旅をせずに、この渓谷を中心にして、天幕生活を営み、ある時は上廊下へ、或時は下廊下を探り、支流の美しいものを溯って、この谷を囲繞している山々を訪ねたならば随分に楽しい印象の深い山旅にひたることができる〉

　さればこそ、尾根歩きのピーク・ハンティングが主流だった時代に、断崖、急流の瀑を攀じ、側壁をへつり、下る行為に敢て挑みえたのであろう。長次郎ら、案内人ともども登攀技術や用具の工夫を進め、極度の精神的緊張をも克服しえたのであろう。あせらず気取らず、淡々飄々と歩み続けた骨太い人間像

冠松次郎（かんむり　まつじろう）　一八八三（明治十六）年～一九七〇（昭和四十五）年。東京生まれ。一九〇二（明治三十五）年十九歳のとき夏の富士登頂、以来登山に親しみ、一九〇九（明治四十二）年七月、初めての北アルプスは上高地から槍ヶ岳登頂。この年、辻村伊助の紹介で日本山岳会入会。家業の質屋を継ぐ一方、旺盛な登山活動を展開し、探検時代の日本山岳界に頭角を現わす。一九一一（明治四十四）年、白馬岳から祖母谷を下り、初めて黒部の渓谷美に接する。一九一七（大正六）年七月、剱岳早月尾根初登を記録、剱・立山から平へ、さらに東沢から赤牛・双六・槍に至る。一八（大正七）年から精力的な黒部渓谷踏査を継続し、渓谷を探勝する活動を登山の一分野として確立。一ノ越～御山沢下降・平まで遡行、黒部川下ノ廊下の探査、双六谷遡行～黒部川上ノ廊下の下降を経て、二五（大正十四）年、鐘釣から平まで下ノ廊下の完全遡行に成功。さらに黒薙川・剱沢にも足をのばし、二七（昭和二）年八月には、幻とされていた剱大滝直下に達して黒部渓谷の全貌を明らかにする。『山溪記』全五巻をはじめ著書多数。享年八十七。

を思い描かずにはいられない。

そんな「冠松次郎におくる詩」を室生犀星が献じた（一九三〇年）。三聯二十二行から成るが、その後半——冠松は行く、／黒部の上廊下、下廊下、奥廊下、／鉄でつくったカンヂキをはいて、／鉄できたへた友情をかついで、／剱岳、立山、双六谷、黒部、／あんな大きい奴を友だちにしている冠松、／あんな大きい奴がよってたかって言ふのだ、／冠松ほどおれを知ってゐる男はないといふのだ、／あんな巨大な奴の懐中で、／粉ダイヤの星の下で、／冠松は鼾《いびき》をかいて野営するのだ。〉

『黒部谿谷』 冠松次郎の記念碑的な処女出版で一九二八（昭和三）年七月、アルス刊。黒部川本流全域にわたる、初めてのまとまった研究と案内の書。本文は「黒部川の概観」と題する全域の説明と、「下廊下の記」「双六谷から黒部川へ」「黒部川溯行記」「紅葉と新雪の黒部流域」と題する詳細な紀行のほかに四篇を収める。さらに、著者自身の撮影になる写真を巻頭（八点）と本文中（十点）に別刷で挿入し、七点の説明図を添え、縮尺十五万分の一「立山附近略圖」を付録とする。一九二〇（大正九）年から二七（昭和二）年までの自らの探査に基づくだけに、記述は精細をきわめ、記録・資料としての価値も非常に高い。内容は、本書刊行の前年六月に発行された、著者と沼井鉄太郎・岩永信雄の執筆になる日本山岳会機関誌「山岳」の「黒部号」を発展させたもの。また、一九三〇（昭和五）年刊行の『黒部』（第一書房）は、アルス版を補正改題したものである。一九九六年平凡社ライブラリーに収められたが、現在は品切れ。

石川欣一『山へ入る日』

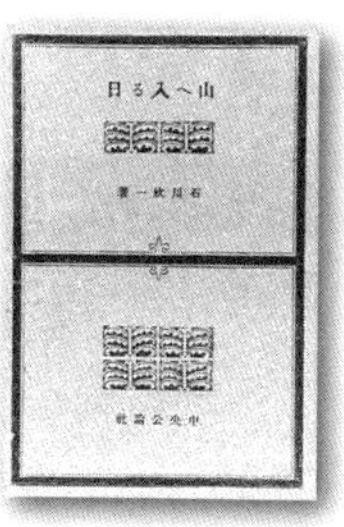

〈山へ入る日の私は、決して陽気ではない。むしろ憂鬱な位である〉――石川は、読む者の期待をはぐらかしかねない感懐を大胆に披瀝する。そのような感懐を抱く理由は、〈私は大して臆病ではないいつもりだが、山へ入る前には不思議に山のアクシデントを考える。何か悪いことが起りそうな気がしてならぬのである。……一種のアドヴェンチュアをやっている気なのだから〉だ。

本書の題名に直接かかわる文言を抜き出してみたのだが、やや唐突にすぎたかもしれない。「山へ入る日・山を出る日」の文脈を正確にたどると――〈山へ入る日の朝は、あわただしいものである〉〈いくら前から準備していても、前の晩にルックサックを詰めて置いても、いざ出発となると、きっと何か忘れ物があったのに気がつく。忘れ物ではなくとも、数の足りぬ物があるような気がしたりする〉〈それもまア、どうにかこうにか片づいて、いよいよ歩き出す〉が、〈二、三時間も歩くと、草疲《くたび》れて了《しま》う。一つには身体の鍛錬が出来ていないからで、二つには暑いからである〉。

〈かくて一歩一歩、山へ入って行くのだが、比較的路《みち》が容易なので連れがあれば話をするし、無ければ何か考えながら行く。連れがあっても、そう立て続けに喋舌《しゃべ》る訳には行かない。時々は考え込んで了う〉。そして、冒頭の引用へと続くのだ。「憂鬱な」私は、〈最初の夜は、殊《こと》にそれが野営であれば、とても淋しく、パイプをくわえた儘《まま》吸いもしないで、ボンヤリ焚火《たきび》の火を見つめては、子供のことを考えたりする〉のである。なんという率直な感懐の表明だろう。

では、なぜ、石川は山へ入るのか。「序」で〈私は山に入る日をたのしみに、一年中仕事をしているといってもよい〉と述べる石川は、山に入ることが、自分にとって最高の「ダイヴァーション（気晴らし）」だと位置づけたうえで、〈山に入るということは、私にとっては逃げることである。氷と岩の殿堂を攀じることでもなければ、処女峰を征服することでもない。……夏の山、冬の山、とにかく私は、山を唯一の逃げ場としている〉と言いきる。さらに石川は、〈山に入る日は、今迄に何十回かあった。今後も何回かあろう。山は、今迄よりも、もっと親しい微笑を以て私を迎えてくれることであろう。私自身が今迄よりも、もっと穏やかな、逃避的な、大人しい気持で山へ向うからである〉と記して「序」を結ぶ。十代後半から登山に親しみ続けて十五年、三十代なかばにして到達した石川独自の登山観である。

一方、石川は、「山に登る理由」のなかで、〈自分は一体何をしに登山するのだろうかと〉〈つくづくと考えて〉みるのだが、宗教的でも科学的探究でもなく、また遊覧でも精神修養でもなく、さらに山岳通になるためでもない自分の行為は、〈要するに何の目的もない〉登山だということになってしまう。なのに〈常に登山がしたい。絶えず山を思っている〉のはなぜか。「最初に登った高山」が白馬岳であることと、その登頂以来の「よき友、百瀬慎太郎」が大町に住んでいることから、石川の登山域は〈信州大町から針ノ木峠、五色ヶ原、立山温泉と線を引いた、その線の北の方ばかり〉――これこそ、石川が「序」に記す〈逃げ込む私をむかえてくれる山々と人々〉だ――だから、〈知っている山はすくないが、山を愛する心は人一倍深い。何故であらうか〉。石川はかく自問して根拠を二つあげる。〈第一に完全なる休息を楽しまんが為〉に、〈ありとあらゆる苦しみをして山を登って行く。平素運動をすこしもしていないのだから、ひどく疲れる。日光と風と雲の反射だけでも疲れる。……咽喉は乾く、ルックサックが肩に喰い入る。かかる時、……てっぺんに着いて……ルックサックを投げ出し、横手に生えた偃松《はいまつ》に、ドサリと大の字になった気持。あれこそは完全な休息、Complete restである〉。これは〈自宅の縁側や、カフェーの椅子では得られない〉。

石川欣一（いしかわ　きんいち）一八九五（明治二十八）年～一九五九（昭和三十四）年。動物学者・石川千代松の長男として、東京市麹町（現・東京都千代田区）で生まれる。東京・四谷で育ち、東京高等師範付属中学から第二高等学校（旧制・仙台）に進む。在学中の一九一四（大正三）年、二高山岳会を設立。同年夏、白馬岳に登頂。以来、大町・対山館の百瀬慎太郎と親交を結ぶ。翌一五年、針ノ木峠～立山～剱岳を踏破。以後、後立山を中心に登山活動を続ける。東京帝国大学文学部英文学科に進むが、一八（大正七）年、中退して渡米、プリンストン大学に学ぶ。留学中に大阪毎日新聞社に入社、特派員としてワシントン海軍軍縮会議を取材。二八（昭和三）年、東京日日新聞社（現、東京毎日新聞社）に転じ、ロンドン支局長、大阪毎日文化部長、東京毎日出版局長などを歴任。三六（昭和十一）年の立教大ナンダ・コット遠征（後援・記者派遣）、関西山岳界の発展に尽力。日本山岳会会員。著書に『旅から旅へ』『山・都会・スキー』『チャーチル』など、訳書にモース『日本その日その日』、グルー『滞日十年』など。享年六十四。

第二には、〈野蛮な真似、……原始的な行為を行いたい希望が、私の心の中にひそんでいるから〉だ。〈一度だけ山に入ると、……『文明人なるが故《ゆえ》に必要な条件』が、ことごとく不必要になる。単純に生きること丈《だけ》を営めばよい〉〈瀬戸引《せとひき》のコップ一つが水飲みになり、汁椀になり、茶碗になり、ある時は傷を洗う盤になる。一本のナイフが肉を切り枝を切り、独活《うど》の根を掘り、爪を切る。一着の衣服が寝間着になり、昼着になる。山中で人に逢えば即《すなわ》ち訪問服となる。これ等はみな人類の先祖がやっていたことである〉〈どうも人間、あまり文明的になると、反対に野蛮な生活が恋しくなるものらしい。……最も野蛮に近い生活が許されるが故に、私は山に登る〉。

意表を衝くように思えた石川の大胆な感懐表明は、平易な文体で綴られた説明を読むと、強い説得力をもって共感を呼びおこす。読む者が気づかずにいた潜在的意識を、鮮明に解き明かしもする。

石川の「よき友」百瀬慎太郎の名は、本書の随想・紀行中に頻出する。たとえば、行を共にした「平の二夜」に、「可愛い山」では白馬下山中の雨飾山の名を教えてくれる。また、春夏秋冬訪れた信州大町からの「初夏の高原」に、さらに「鹿島槍の月」「山を思う心」にも。石川は、百瀬との交友を基盤に独自の登山活動を楽しんだ。

「秋の山」「平の二夜」「鹿島槍の月」「可愛い山」「雪線の下に」などは、当時の大町や後立山や黒部の状況をよく伝えるだけでなく、石川の登山方法をうかがわせる紀行でもある。それは「山を急ぐこと」で、より明快に展開される。石川は「無闇に山を急ぐこと」が「山に入る登山家山を見ず」に陥る危険を指摘し、もし、それらが「新派」とするなら、〈私自身は、断然旧派に属する〉と主張する。

一九二七（昭和二）年十二月の早大山岳部、針ノ木谷雪崩遭難を述べた「針の木のいけにえ」では、遭難と救助の概略を記し、〈あの美しい、あの気高い山が、なぜにこんな酷《むご》いことをしたのだろう〉と嘆く。

さて、山を出る日はどうなのだろうか。石川は、〈多くの場合陽気である。もちろん山に別れる悲哀はあるが、これはむしろ翌日汽車の窓から振りかえる時に多く感じるので、現に山を下りつつある時には、ひたすら、一刻も早く、麓の町に着こうと努める。やはり、人が恋しいのだろう〉〈いよいよ麓の町にさしかかる。多くの人は山に登って来たというので、一種のエクザルテーション（異常な昂ぶり）を感じるらしい。凱旋将軍のような気持になるらしい〉（「山へ入る日・山を出る日」）という。そして告白する――〈山の旅から帰って来ると、どうもあとがよくない。いろいろなことが詰まらなくなる。何をしていいのか判らない。『ワーッ!』と騒ぎでもしないと、やり切れないような気がする。仕事が手につかぬ。――つまり急激な変化が生活に起った後だからであろう。心とからだとのエクイリブリウム（均衡）が打ちこわされるからであらう〉（「山に登る理由」）と。愛すべき登山家の素顔ではないか。

『山へ入る日』　一九二九（昭和四）年十月、中央公論社刊。四六判・三百二十ページ。新居格、林房雄、大宅壮一、高田保、小島政二郎らの著作を擁して昭和初期モダニズムを反映した「中間物選集」シリーズの一冊。著者が国際的ジャーナリストの地歩を築き始めた時期までに各種紙誌に発表した、山に関する随想・紀行など四十篇を集成している。うち二十数篇は直接山にかかわるが、十数篇は登山家による随想といった視点からの選択であろう。一九五四年、『可愛い山』と改題（中央公論社）。「日本山岳名著全集」第八巻（あかね書房、六二年刊）に収録。八七年、白水社から『可愛い山』として再版された（現在は絶版）。「山へ入る日・山を出る日」「鹿島槍の月」はヤマケイ新書『山の名作読み歩き』に収録。

武田久吉
『尾瀬と鬼怒沼』

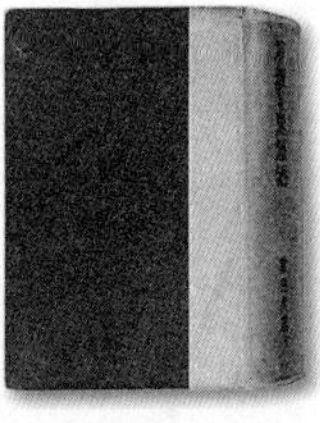

武田久吉が「初めて尾瀬を訪う」たのは、日本近代登山史で記念すべき一九〇五（明治三十八）年、二十二歳の夏のことである。

この植物学者が、死の前年に著した『明治の山旅』（一九七一年・創文社刊）――少年時代からイギリス留学までの山旅の記録であり、山と植物に開眼した〝明治の青春〟回想記である――によれば、幼少時から箱根、伊香保の山野に親しんだ彼が、「花の姿を尋ね」未知の山々の探索に興味を抱き始めたのは、一八九五（明治二十八）年、十二歳の夏。兄と小山内薫（のちに築地小劇場を創設、新劇活動を推進した劇作家）に同行した、妙義山登山であったという。その翌年からは足繁く日光の山々を訪ね、一九〇〇年にはキヨスミコケシノブを発見、当代植物学の第一人者、牧野富太郎の知遇を得て、翌年には、牧野の日光植物採集旅行に同行している。

武田は、高尾山、筑波山、八ヶ岳、甲斐駒ヶ岳、戸隠山、妙高山などへと、自身の足と眼による登山と植物研究の領域を拡大するにつれ、日本の山々の美しさにいよいよ惹かれてゆく。彼は、一九〇四年、日本博物学同志会の仲間、高野鷹蔵とともに小島烏水を知り、岡野金次郎を加えた四人でウォルター・

ウェストンに会い、山岳会設立を勧められてその準備に入る。

一九〇五年、六月下旬から梅沢親光と日光に入っていた武田は、七月六日、湯元から初めて尾瀬をめざす。早田文蔵の論文「南会津並ニ其ノ附近ノ植物」に触発された行動であった。金精《こんせい》峠を越え、菅沼を経て東小川に一泊、蛇倉峠から土出に至って戸倉に泊まり、笠科川を遡行、アテ坂を急登して鳩待峠から山ノ鼻に下る。

〈尾瀬ヶ原の一部は今我が眼の前に展開されたり、ミズゴケのじくじくと湿りたる処《ところ》にコミヤマリンダウの紫の唇綻《ほころ》ばせて、天を仰いで笑をもたらせる、此の世のものと思はれず……三、四尺に余れる草間をふみわけて行けば、行く手には燧《ひうち》ヶ岳の巍然として雲表に聳えたるが、其の裾まで一望尽《ことごと》くミツゴケの原にて、其の間には川あり、湖あり、沼あり、林あり、これぞ尾瀬ヶ原の主部にて、紅白紫黄の花すき間もなく咲きつづき、中には北海道の外、内地にては他になきものあり〉

翌年、武田自身が、麹町区（現、千代田区）富士見町の自宅から、弁当持参で本所の印刷所へ校正に通って四月に発行した、日本山岳会会誌「山岳」第一年第一号に寄せた「尾瀬紀行」の一節である。この紀行を口語文に改稿して『尾瀬と鬼怒沼』に収めた「初めて尾瀬を訪う」では、この部分が省かれているのは惜しい。鮮烈で感動的な尾瀬入りである。

尾瀬ヶ原を横断した武田らは、下田代の檜枝岐《ひのえまた》小屋に一夜を過ごし、白砂湿原から沼尻平に出て尾瀬沼北岸を回り、三平坂（峠）を越えて片品川・中ノ沢合流点を徒渉、粘（根羽）沢に入って野営。五日目の七月十日、四郎岳の東肩から丸沼、大尻沼を経て往路にもどり、日光湯元に帰着した。尾瀬・鬼怒沼を併せ探り、あわよくば燧ヶ岳登頂をもくろんだものの、「輯製二十万分一地図」くらいしか手がかりがない時代、未知にして不便、人跡まれなルートを案内人まかせでたどる心細い山旅であった。

武田はこの年八月、富士山に登り、さらに八ヶ岳の権現岳に登頂した足で白馬岳に入り、石室跡に応急の屋根を張って頂上に十二日間滞在、植物調査にあたる。九月には丹沢・塔ヶ岳へ、そして日本山岳会を創立した十月には伊豆・岩戸岳へ出かけている。

日本近代登山史にとっても、また武田自身にとっても、この一九〇五年は格別意義深い。それにしても、武田の精力的な登山と研究の活動ぶりには驚嘆させられる。これに伴う標本や記録の整理に加えて、日本山岳会創立への参画、「山岳」の編集・校正、そして「尾瀬紀行」の堂々たる文体。

「尾瀬再探記」は、一九二四（大正十三）年七月の踏査記録と紀行で、同行した舘脇操の観察記を添え、「山岳」第十九年第一号（一九二五年五月刊）に発表された。初踏査以来二十年、武田はイギリス留学を終えて理学博士となり、帝国大学に植物学を講じる当代一流の学者になっている。一方、尾瀬は、自然探勝地として来訪者が増しただけではなく、発電用貯水池の候補地として注目され始める。

燧ヶ岳信仰から登山道を開削し、一九一〇（明治四十三）年、沼尻に長蔵小屋を開いた平野長蔵は、五年後（大正四）、尾瀬沼東岸、奥沢付近に小屋を移し、尾瀬の自然保護に孤軍奮闘を続けていた。その長蔵に請われるかたちで武田の尾瀬再訪は実現した。

沼田〜戸倉〜三平峠ルートで入り、燧ヶ岳、至仏山、会津駒ヶ岳、三条滝を含めて尾瀬全域を子細に踏査し、念願の鬼怒沼湿原を経て八丁ノ湯〜日光湯元ルートで十四日を要し、尾瀬滞在は九泊に及んだ。

武田は、尾瀬の水蘚湿原発見など学問的成果を明らかにしたうえで、紀行を次のように結ぶ。

〈懐《おも》い出すだに楽しかった二週間であった、そして尾瀬はよい所である。あの珍種に富む尾瀬平。稀に見る景色。学術上無限の豊庫といふ可き湿原。あれを如何に利慾に目がくらんだとは言え、貯水池にしようという計画が、同胞によって試みられ、官権によって許可されたことは、痛恨の極《きわみ》である。否寧《むし》ろ国辱である。嗚呼《ああ》日本の国土は遂に日本人の手によって亡ぼされる運命から、免れることは出来ないものであろうか〉――尾瀬の自然破壊に対して武田が放った最初の抗議である。

一九二七（昭和二）年、尾瀬貯水池化の許否について東京営林局から調査を依頼された際の「春の尾瀬」と、同年の「秋の尾瀬」（「改造」一九二八年七月号掲載）で武田の抗議はいちだんとオクターブを

武田久吉（たけだ　ひさよし）　一八八三（明治四十七）年～一九七二（昭和四十七）年。東京生まれ。父は幕末・明治期に米日したイギリス外交官アーネスト・サトウ。中学（現、都立日比谷高校）時代から植物学と登山に熱中、日本博物学同志会に拠って活動する。東京外国語学校（現、東京外語大）在学中、一九〇五（明治三十八）年の日本山岳会創立に参加。一九一〇（明治四十三）年から五年間イギリスに留学して、森林植物生態学を専攻。帰国後、東大、北大、九大などの講師を務めた。理学博士。日本山岳会の会務にも尽力、一九四八（昭和二十三）年から会長。国立公園中央審議会中央委員、文化財保護審議会専門委員などを歴任。勲四等。山村住民の生活や民俗にも共感的な接触を保ちながら、科学的合理主義と明治人らしい反骨を貫く。著書は『登山と植物』『道祖神』『明治の山旅』などのほか、専門研究書多数。享年八十九。

高める。尾瀬の学術的価値と自然美を高く評価し、自然破壊に抗する武田の著作を待望していた長蔵は、『尾瀬と鬼怒沼』刊行の十日後、急逝する。

一九三四（昭和九）年、尾瀬一帯は日光と併せて国立公園の指定を受け、四年後にはその特別地域とされた。発電用貯水池化の危機は、一応回避できたが、太平洋戦争後は、異常ともいえるオーバーユースに悩み、「林道という名の観光道路」開発の危機にさらされる。

『尾瀬と鬼怒沼』 武田久吉による尾瀬・鬼怒沼の紀行と研究で、一九三〇（昭和五）年八月、梓書房刊。尾瀬の生態を科学的に探究し、この山域の自然景観を賞讃して、尾瀬を初めて広く紹介する役割を果たしただけではなく、尾瀬の自然破壊に抗して、わが国自然保護運動の烽火となった記念碑的著作である。内容は、概説にあたる「尾瀬と鬼怒沼」を巻頭に、「初めて尾瀬を訪う」「尾瀬再探記」と「尾瀬をめぐりて」（同行の舘脇操による）「春の尾瀬」「秋の尾瀬」とから成る。また、著者および同行者が撮影した百葉の写真に詳細な解説を付して巻末口絵とし、尾瀬・鬼怒沼の視覚的紹介にも意を尽くしている。本書は初版が刊行されたのみだが、「日本山岳名著全集」第三巻（一九六六年、あかね書房刊）に全文が収録されている。七五年、「覆刻日本の山岳名著」（大修館書店）として覆刻。九六年三月、平凡社ライブラリーに収められたが、現在は品切れ。「初めて尾瀬を訪う」はヤマケイ新書『山の名作読み歩き』に収録されている。

大島亮吉
『山　研究と随想』

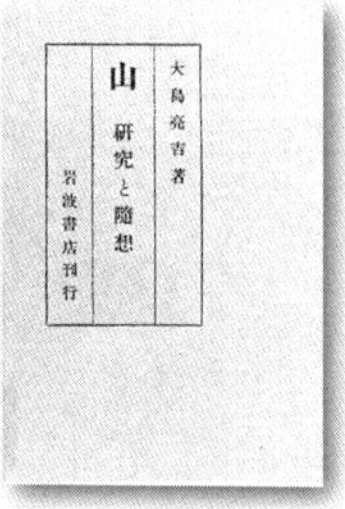

小島烏水は、日本山岳会機関誌「山岳」第二十五年第二号（一九三〇・昭和五年六月刊）の山岳図書紹介欄で、この大島亮吉著『山　研究と随想』を〈本年出たばかりであるが（同年三月刊）、殆ど古典的の価値を、本邦山岳文学の間に確立した……稀に見る好著作だと言っていい〉と評価した。その根拠は〈著者は身を以て山に殉した人で、その態度に、学者の良心と、殉教者の真剣味を帯している上に、可なりに豊富なる渉猟を事として、視野を廓大にしている点など〉をあげ、それらが〈本書を多角的に、且つ読みごたえのあるものにしている〉という。そして内容を「㈠雪崩の学術的考察　㈡北海道の山川に関するもの　㈢穂高附近の述作　㈣感想随筆等」に区分し、論評を加えていく。

大島が精力的かつ多角的な登山活動を展開したのは、一九一七（大正六）年から二八（昭和三）年までの十二年間である。この時期、日本山岳界は、徳川時代までの伝統的な登拝登山を発展的に受け継ぐ一方、西欧アルピニズムに触発されて始まった探検登山の時代にピリオドを打とうとしていた。大島によれば〈現在の日本山岳会をつくられたお方たちが、日本アルプスの峰や頂きを夏ごとに緊張してひとつふたつと究め登って行った時代、アルプスの登山の歴史の上にはよく使われる言葉をとって言えば、征服して行ったその時代に、それらのお方が感じたであろうその純真な喜悦と現在私らが感じ認める、その功績に対しての名誉については一種の羨ましさを感ずるものであります。純然たる「初登山」をなし得る山頂はもうわが国にはない、欧州アルプスにだってない、ヒマラヤの大部分を除いてはこの地球の上のあらゆる大山脈においても「初登山」としてしがいのあるものははなはだ少〉ない（「山への想片」一九二四年、引用は中公文庫版より、以下同）状況であった。つまり、大島の時代の岳人たちは、新しい登山の方法と思想とを創り出さざるをえない局面に遭遇していたのである。

第一次世界大戦直後、ロシア革命・ヴェルサイユ講和会議に端を発して新しい秩序形成へ激変する世界、大正デモクラシーの運動が米騒動を挟んで渦巻く日本国内。真摯な学究的態度の大島は、英語・ドイツ語をも駆使して内外の著作にふれながら自己形成に努める。彼の論稿には、西欧登山思想史をはじめ、登山界の先輩・岳友の行動や思索から影響を受けるだけでなく、幾多の思想家・文学者の業績に学んだ跡がはっきりと遺されている。

烏水が「小題大做の作品」と評した「山への想片」は、登山思想の推移をたどりながら自らの立場を問うてゆく内容で、本書中、最も重要な論稿のひとつと言えよう。初登山、ピークハンティングについて吟味したのち、大島は「まことの登山者とは何か」を追求する。そして、A・F・ママリイ（一八五五〜九五年）の『アルプス及びコーカサスにおけるわが登攀』から〈まことの登山者とは、まためる意味において一個の漂泊者でなければならない〉〈まことの登山者とは常に、絶えず新しき登攀を求めつつある人である〉の部分を引用する。前者は、大島が田部重治の講演「山は如何に予に影響しつつあるか」（一九一九・大正八年六月）から受けた感銘につながる。それは〈山に登るということは絶対に山に寝ることでなければならない〉〈私は山に一つの宗教を見出しつつある〉自己と自然との融合の思想であった。また、本稿執筆の前年（一九二三年）、立山松尾峠で遭難死した板倉勝宣が「登山法についての希望」で述べたところに重なってゆく。他方、後者は、一九二一年、先輩・槇有恒が身をもって示したアイガー東山稜初登攀に結びつく。それは、登山靴、ピッケル、アイゼン、ザイル、スキーなどを駆使して、より困難な登攀をめざす〝近代的〟登山であった。大島自身、一九二二（大正十一）年に槇有恒と槍ヶ岳へ、二四（大正十三）年にリーダーとして奥穂・前穂へそれぞれ積雪期の初登を果たしている（「穂高岳スキー登山」）。

　そして大島は〈あくまで山と闘う気持ですすんでゆくピークハンターの心と、静かに内面的に深味を

大島亮吉（おおしま　りょうきち）　一八九九年（明治三十二）年〜一九二八（昭和三）年。東京生まれ、一九一四（大正三）年、慶応義塾商工学校入学。一七年、前々年設立された慶応義塾山岳会に入会。一九年の田部重治による講演「山は如何に予に影響しつつあるか」、二一年の槇有恒によるアイガー東山稜登攀成功、二三年の立山松尾峠における板倉勝宣の遭難死などから、登山観の形成と登山活動に多大の影響を受ける。二四年三月、慶応義塾経済学部卒業。兵役後も多角的な登山活動を続ける一方、卓越した語学力を駆使して西欧登山思想史、雪崩の研究などをすすめ、多くの論稿を発表。二八（昭和三）年三月二十五日、前穂高岳北尾根で転落死。著書に『先蹤者・アルプス登山者小伝』（一九三五年、梓書房刊）、安川茂雄編「大島亮吉全集」全五巻（一九五九〜六〇年、あかね書房）。享年二十八。

求める……静観的な態度とを深く交えて、ただ一途に山を登ってゆけばよい〉との結論に到達する。

〝山での死〟に関する岳友との議論を構成的に展開した「涸沢の岩小屋のある夜のこと」(一九二四年)は、板倉の死に触発されて書かれた。O・E・マイエルの『行為と夢想』に述べられる〝生か死かという運命からの問かけ〟を念頭においていた(三田博雄『山の思想史』)大島には、あまりに符合しすぎる内容である。〈山での死は決して願うべく、望ましき結果ではなけれ、その来る時は満足して受けいれられるべき悔いのないプレデスティナツィオーン(宿命)である〉とは!

紀行と思索とが展開される「峠」と「荒船と神津牧場附近」(ともに一九二五年)は、際立って対照的だ。前者は本邦とアルプスの峠を比較し、芭蕉の「人生もまた所詮は旅」という日本的漂泊観に共感し、静的で時に暗ささえ漂う。後者は、牧歌的な童話といった、のびやかな明るさに満ちる。ここでも、日本的山村風景への愛着と、ヨーロッパ風のアルプス的景観への憧景という、大島の二面性が見られる。

さてここで、「荒船と神津牧場附近」について、残念な言及をしなければならない。大島は、この紀行を東京麻布の歩兵連隊兵舎(入営期間は一九二四年十二月~二六年三月)で書き、慶応山岳会誌「登高行」第六年(二五年十二月刊)に掲載した。一八と一九(大正七~八)年、商工部四年と予科一年の三月、新潟県関温泉のスキー講習会に赴く途中、続けて立ち寄った行に拠る。

登山家の川崎精雄は、詩人・尾崎喜八から自作の詩が盗用されたと聞く。それは、詩集『高層雲の下』(二四年六月刊)所収の「野の搾乳場」で、武蔵野の牧場(現、さいたま市浦和近郊)における詠。詩人が神津牧場を訪れたのは三二(昭和七)年、盗用を知ったのはその頃で、ヒュッテ霧ヶ峰の長尾宏也が知らずに見せた大島の『山』に依る、という。川崎は詩と紀行を照合し、詩人が紡いだ五十七行の語彙と語法のことごとくを、紀行中に見出した。例えば、詩の「すばらしい寒さよ！／吐く息は虹になる。／凍てついた路が下駄の下できちきちいう」は、紀行では「すばらしい寒さだ。吐く息は虹になるくらい。凍りついた路が、重たい鋲靴の下できちきちいう」。以下、川崎の指摘通りで紀行の「二」に際立つ。

槇有恒が「序」に書く通り、大島亮吉は〈山に生き山に逝いた〉が、個性的な思索と論究と行為とによって、山頂に森に高原に〈君は君の世界を創って行った〉のである。

『山　研究と随想』　大島亮吉の遺著で岳友・豊邊國臣の編集になる。一九三〇（昭和五）年三月、岩波書店刊。菊判・四百九十六ページ、厚表紙・函入り。内容は、冒頭の「雪崩に就いて」「雪崩の知識に対する一寄与」「本邦に於ける雪崩の方言」「冬雪崩」と末尾の「アルプスの山名について」の五篇が副題にいう〝研究〟に属し、計二百二十五ページ。また〝随想〟に属するのは九篇で計二百五十一ページ。今岡義夫撮影の「北穂高岳」を巻頭口絵とし、槇有恒が「序」を寄せ、巻末に「著者登山年譜」「著作表」「例言」を付す。戦後の再刊本は〝研究〟五篇を省き、表題を『山　随想』と改めている。それは、〈大島が最初に手をつけた雪崩の研究は、後の科学的実験的研究によってとって替えられたから〉（三田博雄、中公文庫版「解説」）だ。刊本には、朋文堂版『コマクサ叢書』十一（一九五八年）、あかね書房版「日本山岳名著全集」第五巻（一九六二年）、三笠書房版『新編日本山岳名著全集』第六巻（一九七五年）、中公文庫版（一九七八年）がある。なお、一九七五年に、大修館書店から完全な覆刻版『覆刻日本の山岳名著』第八巻が刊行。二〇〇五年、新たな構成の『新編　山紀行と随想』が平凡社ライブラリーから刊行された。

板倉勝宣
『山と雪の日記』

板倉勝宣は、満二十六歳を目前にした若さで、その登山活動どころか、人生に終止符を打ってしまった。彼の活動歴はせいぜい十数年程度にすぎない。にもかかわらず、日本登山史上に声価が高いのには、確固とした理由がある。

板倉は日本山岳会の、いわゆる第二世代——一八九〇年代後半に生まれ、登山活動開始期が明治末期～大正初期——に属する。槇有恒、藤島敏男、藤木九三、加納一郎、舟田三郎、麻生武治、三田幸夫、大島亮吉、松方三郎らが同世代の岳人として名を連ねる。彼らが登山活動に入った時期は、第一世代による〝探検の時代〟がすでに最終段階にあり、国内の高峰はほとんど登り尽くされていた。第二世代は、新しい登山活動の開拓を運命づけられていたのである。それは、一九二一（大正十）年、槇によるアイガー東山稜初登攀成功に多大の刺激を受けて、バリエーション・ルートによる登攀、積雪期の登頂——〝岩と雪の時代〟へと展開してゆく。板倉の生涯は短くはあったが、その内容は、スキーを駆使した創造的で精力的な積雪期の活動や、岩壁登攀などによって、新しい登山の最先端を担い、数多いパイオニア・ワークに満ちている。

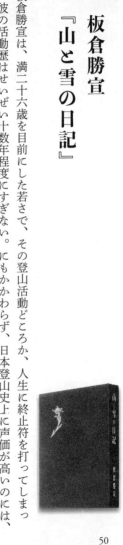

『山と雪の日記』は、一九一四（大正三）年から二三（大正十二）年までの十年間に発表された紀行、随想、日記、詩など十七篇からなる。配列が年代順なので、板倉のハイティーン期以後の目覚ましい成長ぶりを追うことができる。また、年齢とともに広がりと深まりとを加速度的に増してゆく、登山活動の蓄積ぶりがよくわかり、しだいに明確になってくる、山岳活動における理念や志向をとらえられる。

これが十七歳の少年の筆になるのかと驚かされる冒頭の「旅の一日」――文才に恵まれた若きロイファー（彷徨者）は、自然美を讃え、俗塵を離れた悦びを素直に表現し、目に入る風物、自然の営み、自分の行動、感情などを的確に、時に少年らしい茶目っ気を混じえて記す。

さて、一九一一（明治四十四）年一月、新潟県高田で、来日中のレルヒから、直接スキーの指導を受けた九人の学習院生徒がいる。以来、学習院生の間にスキーが広まり始めるが、レルヒが教えたのは、〝山岳スキー術の始祖〟ツダルスキーの技術であり、今では博物館でしか見られないリリエンフェルト式締具のついた単板、一本杖で、シュテムボーゲン・オンリーの滑降だった。板倉少年もスキーのとりことなるが、それは、現在のスキー場からはとうてい想像もつかぬ――駅からスキーをはき七転八倒しながら行く、リフト一基とてない雪山への挑戦である。その状況は「正月の半日」――赤倉温泉、「冬休みの紀行より」――関温泉、「五色温泉スキー日記」に、当時の上流社会の少年たちが、のびやかに雪と戯れるさまとともども活写される。板倉は、毎冬スキーに出かけて技をみがき、『山と雪の日記』中の「冬の日記」の部にスキーにかかわる詩を書きつけ、ツアーを試みる。

一方、毎夏、上高地に滞在して周辺の山に登る。「夏休みの日記より」は、静寂な上高地、焼岳・

槍ヶ岳登山、嘉門次について記し、針ノ木から黒部の平を経て立山に至った「大町より立山への一節」をはさんで「奥穂と乗鞍」へ、そして「夏の日記」の部には、大正池、上高地の月、霞沢岳について書くが、山恋い、自然への没入は、田代に仮小屋を建てるまでに昂じている。

すでに成人に達した板倉は、一九一九（大正八）年、雪の北海道に進学先を求める。新しい学友との「手稲山に寝るの記」をしたため、習熟したスキーを駆使して北海道の雪山をめぐる。「ムイネシリ岳登山記録」ののち、二二年には北海道最高峰・旭岳の冬季初登頂を果たす。また、板倉は「北海道の冬期登山の道」で〈宿屋の前の石膏板のような雪の上で滑る〉のではなく、〈雪煙に包まれながら、ふっとんで行くシーロイファー〉をめざせと、ニセコアンヌプリ、チセヌプリへと導く。

一九一九年三月と二一年四月、積雪期の槍登頂の可能性を探って常念〜中山〜槍沢へとスキーを進め、「春の上河内へ」「春の槍から帰って」を報告する。たとえば、〈試みにアックスでステップを切ると金のような氷が飛ぶ。もちろんその上に二寸くらいの新雪があった。どうしてもこれからは、ロープとアックスとクリーパー（註：アイゼン）ものである〉というふうに。槙らは、この報告を活かして、一九二二（大正十一）年三月、槍沢から積雪期の槍ヶ岳初登頂に成功する。

その前年、板倉は、「登山方法についての希望」のなかで、「動的な山の味わい方」として「ロッククライミングとスノウクラフト」を中心にすえ、その方法を吟味しつつ、それは「一つの創作」だという。転換期にあった日本山岳界にとって、これは示唆に富む発言であった。以後、わが国の登山活動は、板倉が構想したように〝岩と雪の時代〟へと進む。板倉自身も、小林喜作らと「槍の北鎌尾根」を攀じ、穂高涸沢の岩小屋をベースに岩登りに励む。

しかし、氷雪の巡礼者・板倉の面白躍如といえるのは、「雪の信飛連山とスキー」であろう。〈死とすれすれの自らの姿を救手もない岩と氷の天地にさらさねば満足できぬ人々には、その天地が、静かに雪に埋れて待っていることを忘れてはならない〉〈恐ろしき緊張の中に、ステムボーゲンの真髄をつかみ、氷につきささるアイスクリーパーの一つ一つの先端に自らの神経の通うのを知ることができる〉。そして北アルプス全域を視野に収め、気宇壮大なスキー・コースを縦横に描き出し、問題点を剔出《てきしゅつ》する。

しかし、稀有のアルピニト・板倉も松尾峠を襲った自然の狂気には勝てなかった。いや、板倉は没入してやまなかった自然と一体になってしまったのかもしれない。

板倉勝宣（いたくら　かつのぶ）一八九七（明治三十）年～一九二三（大正十二）年。東京市本郷区（現、東京都文京区）湯島天神町に生まれる。旧備中松山藩（現、岡山県高梁市）主、子爵・板倉勝弼の七男。学習院初等科、中等科、高等科を経て北海道帝国大学農学部卒業（さらに京都帝国大学の生物学教室で、大学院生として学究生活に入る予定であった）。学習院中等部後半の一九一三（大正二）年から七年間、針ノ木越えで立山に登った一六年を除き、夏は上高地にあって周辺の山に登り、冬は赤倉、関、五色でスキーの修業を積む。一九年九月～二二年三月の北大在学中、北海道最高峰・旭岳をはじめ、昆布岳、余市岳、サオロ岳などに冬季初登頂を達成。一九年三月と二一年四月に常念越えで槍沢に入り、二四年三月の槙有恒らによる初登頂を引き出す。また、二二年夏には、慶応山岳部とともに穂高岳涸沢岩小屋に合宿、岩登りに励む。二三年（大正十二）年一月、槙有恒、三田幸夫と立山をめざして猛吹雪に遭い、十七日、松尾峠で凍死。享年二十五。

『山と雪の日記』 一九三〇年、梓書房刊。百七十二ページ。中野誠一、佐藤久一朗による絵を挿入し、表紙に佐藤が描いたエーデルワイスを付す。この書は、一九二四年秋から暮れに編集され、三周忌前に完成、配布された『板倉勝宣遺稿』(百五十部)から、約半分を占めた「書簡」「論文」を削除したもの。編集には槙有恒、加納一郎、坊城俊賢、松方三郎の四人が当たり、巻末に槙が「追憶」を、松方が「この本の由来について、その他」を書いている。また、「学習院輔仁会雑誌」「山岳」「アルペン・ツァイトゥング」(北大)、「山とスキー」「登高行」(慶応義塾)などに発表された十七篇の論稿が発表順に配列してある。戦後、一九五八年に朋文堂コマクサ叢書に加えられ、七七年には中公文庫に収められた。「日本山岳名著全集」第五巻(一九六二年・あかね書房)にも収められ、別に「書簡」と大島亮吉、加納一郎の追悼文を加えた二見書房版(七四年刊)がある(いずれも絶版)。ヤマケイ新書『山の名作読み歩き』に「五色温泉スキー日記(抄)」を収録。

藤木九三 『雪・岩・アルプス』

〈高きを目差すピーク・ハンティングの時代を遠き過去に葬り去った日本の山岳界にあっては、登高の血に燃える若いクライマーに遺された使命は、困難な岩場にザイルを絡ませて未開のルートを求めて新登攀を企てるか、あるいは積雪期にスキーを利用して季節を超越したクライミングに魂の高揚を見出す以外に、新らしい活躍の舞台を見出すことは不可能なのである〉（「岩登りのヒント」より）

大正初期、日本山岳界は、明治期の輝かしい〝探検時代〟をどう引き継ぐかを模索していた。この時期に、著者・藤木九三は、日本の近代アルピニズムが進むべき道を右のように明らかにした。それは、再三指摘されているように、一九二一（大正十）年の槇有恒によるアイガー東山稜登攀成功に触発されたものだ。しかし、それだけではない。藤木には、槇の快挙に普遍性を見い出し、それによって登山活動を方向づけしうる実践的素地と研究とが、充分に蓄積されていたのである。

日本山岳会設立（一九〇五年）当時の関西山岳界は、神戸在住の欧米人、とくにイギリス人がその活動のイニシアティブを握っていた。一九〇三（明治三十六）年設立の神戸ゴルフクラブ（ＫＧＣ）に所属する彼らは、ゴルフ場が雪に閉ざされる冬季を中心に、六甲の山々に親しんでいた。そのメンバー

は、一九〇七（明治四十）年にはMountain Goats of Kobe（ＭＧＫ）を結成し、六甲で岩登りと冬季登山、日本アルプス諸峰の登頂などに励む。これに刺激されて塚本永尭らが一〇（明治四十三）年に結成した神戸草鞋会は、一三（大正二）年、Kobe Walking Society（ＫＷＳ）と改称してＭＧＫの活動に倣い、交流を深める。その神戸へ、一九（大正八）年、藤木は赴任した。槙の快挙が伝えられたころ、藤木らはすでに、Ｇ・ヤングやＧ・エブラハムの著作に拠って岩登り技術のトレーニングに熱中していた。彼らはまた、イングランド西北部の湖水地方the Lake Districtの岩山で登攀技術をみがいた岳人たちが、ヨーロッパ・アルプス〝銀の時代〟の担い手となっている事実も熟知していたのである。

〝岩登りこそ登山技術の根幹をなす〟との確信を共有するに至った藤木らが、阪神の岳人を糾合してRock Climbing Club（ＲＣＣ）を結成したのは、二四（大正十三）年六月であった。斜めに登降する行為を、垂直に登降する行為に変え、その技術の習得と開発、冬山への挑戦を新しい課題とする、このＲＣＣには、榎谷徹蔵、津田周二、中原繁之助、中村勝郎、直木重一郎、水野祥太郎、上武幸太郎、富田砕花、そして西岡一雄、海野治良らが加わった。

冒頭に引用した部分に続けて、藤木は次のように自身の登山観を披歴する。

〈少なくとも「スポーツの王」と呼ばれる登山の全般性において、当然研究と試煉を要すると同時に、真に山と親しみ、山と語ることを欲する登山家は、何よりも先ず岩を知らねばならぬ。元来、真の山を知る者は岩登り家であらねばならぬ。そして岩登り家の山たる観念は「岩、即ち山」であり、その他の森、林、草などは単なる山岳の寄生物に過ぎず、山岳の真の姿――生成のもっとも原始的、赤裸々なもの――は、『岩』そのもの、でなければならぬと考える。そしてアルプスを扮飾する雪谿も、可憐なお花畠も、時には寧ろ無くても悔いないとさえ高調されるのである〉。

こうした理念を基調にして、藤木は登山活動を展開した。それは藤木にとって、〈アルプスを舞台とする登山の形式が、その黄金時代をすぎて高き峰々がヴァージン・ピークの誇りを失い、単にその頂きを極めるということが最初のような感激を伴わなくなった時、ロック・クライミングによる新登路の開拓となり、そしてより以上の困難と努力を傾倒して登頂を遂げ得たとすれば、その感激は初登攀に比す

藤木九三（ふじき　くぞう）　一八八七（明治二十）年～一九七〇（昭和四十五）年。京都府福知山市生まれ。早稲田大学文学部英文学科を中退して新聞記者となり、東京日々、やまと、東京朝日、大阪朝日などの新聞社に勤務。幼少時から故郷の山に親しみ、中学生時代には小島烏水の「鎗ヶ岳探検記」に心惹かれて育つ。早大在学中、一九〇五（明治三十八）年夏の富士登頂を機に本格的登山活動に入る。一九一六（大正五）年、秩父宮の槍ヶ岳登山に随行して初の北アルプス入り。大阪朝日の神戸支局長在任中の一九二四（大正十三）年、RCC結成を主導。六甲の岩場ロックガーデンで修練を積み、二五年には北穂高滝谷初登攀を記録。一方、二三年から翌年にかけて上ノ岳に冬季登頂して〝岩と雪の時代〟を担う尖鋭的登山家の道を歩む。二六年、渡欧。南フランスのドフィネ・アルプスでピエ・ビラールなどの岩壁を登攀、秩父宮のマッターホルン登頂に槙有恒らと随行。神戸のRCCは十シーズン経過を機に解散したが、戦後、東京に結成された第Ⅱ次RCCの最高顧問に迎えられる。日本山岳会会員（のち名誉会員）。『屋上登攀者』『雪線散歩』『ある山男の自画像』『岩の呼ぶ声』などの著書のほか、編訳書も多い。享年八十三。

べき新鮮さと尊さをもたらす。登高の一念は、所詮こころの高揚であり感激である。徒らに高きを競うまでもなく、二流三流と見られるピークにしても、ロープを絡んで困難な登攀に精進すること自身にクライミングの新らしい意義と生命が見出され〉(「岩の呼ぶ声」より)る行為であった。

本書に収められた「紀行」十二篇のうち、とくに「ドフィネの山旅」「岩の呼ぶ声」「小槍」「『岳』の誘惑」「剣・八峰の試踏」などは、藤木の登攀技術を存分に発揮した、先駆的な記録である。なかでも「『岳』の誘惑」は、一九二五(大正十四)年八月二十三日、藤木がガイドの松井憲三とともに北穂高岳滝谷を初登攀した(雌滝〜滑滝〜出合〜A沢〜キレット〜南沢下降〜槍平)際の記録で、貴重な歴史的資料となる。日本アルプス登攀史上に名高い先陣争いのひとつとされている登攀で、早大山岳部の小島六郎、四谷竜胤とガイドの今田由勝のパーティが、同日、別ルートで登攀を果たした。

スキーを駆使して雪山に挑戦した紀行「五月の槍・穂高」「十一月の白馬連嶺」、「研究」の「スキー登山の一考察」は併せて、今日、再吟味すべき価値があろう。〈滑降にのみ至上の愉楽を見出すスキーマン〉に奪取された感があるスキーは、〈雪の斜面を登降することにスポーツとしての本来の存在性を認める以上、山岳とは運命的な相互関係に置かれていると見られる。従って登山とスキーとが相結合するところにスキー術の精華があり、登山の真髄が存在するといっても敢て過言ではない〉からである。

「ヨーロッパ・アルプス紀行」では、広く書物を渉猟して本場に憧れ続けた藤木が、念願を果たした喜びを吐露し、これらの峰々を多様に踏破した先人に畏敬の念を表明する。それは〈パリに着くや、シベリア経由の長い汽車の疲れを慰する暇もなく、というよりは、山恋うる男にとりパリの華やかな都会生活が心のおちつきを与えず、アルプスの雪と岩の呼ぶ声に惹きよせらるる儘《まま》〉（「ドフィネの山旅」より）の彷徨であった。六甲や日本アルプスでの登攀、研究を積んだ藤木は、ヨーロッパ・アルプス遍歴のなかでアルピニズムについての思索を深めて、自身の登山観にいっそう強い確信を抱く。〈由来、山岳の荘厳・雄偉な景観を描き出す本質的な要素は、「雪」と「岩」とである。そして、其の美と力が、渾然と結合し、融和するところに、山の王座としての「アルプス」の威厳が生ずると云われる。もちろん、この場合の「雪」は変化と輪廻の過程において、当然「氷」を包含する。そして謂うところのアルピニズムの真髄は、とりも直さず、この「雪」と「岩」とに精進し、徹底する思慕の念に育まれる〉（「序」より）と断言して、藤木は〃岩と雪の時代〃をリードした。

本書は〈山靴とペンが、ザイルにつながっていた〉（中村勝郎）藤木の記念碑的労作である。

『雪・岩・アルプス』　一九三〇（昭和五）年五月、梓書房刊。Ａ５判・本文四百八ページ、厚表紙、函入り。四部構成で「研究」四篇、「紀行」は二部に分かれ「欧州アルプス」と「日本アルプス」各六篇で本書の大半を占め、「訳章」は二篇。各部末に「詩」七篇を配したのは〈全編を通じて雪と岩との荒寥・峻巌な行路におけるオアシスの意味〉（「序」）だという。また、著者のほか、海野治良ら岳友の撮影になる写真四十四点を巻頭（コロタイプ）と本文中に別刷りで挿入。本書所収の各論稿は、「日本山岳名著全集」第四巻（一九六二年、あかね書房刊）などに再録されたのち、一九七九年、紀行全文を収録した同書名の中公文庫（現在絶版）が発刊された。全文完全再録の版は日本山岳会編「覆刻・日本の山岳名著」第十巻（一九七五年、大修館書店刊）。

黒田正夫・初子『山の素描』

黒田正夫・初子夫妻のおしどり登山は、一九二三（大正十二）年春、新婚旅行の伊豆・天城（万三郎岳など）登山に始まる。男尊女卑・男女不平等の社会で妻を家庭に閉じこめておくのが普通だった当時の日本では、既婚女性の登山者は極端に少なかった。そのような時期から、黒田夫妻は同行二人の登山活動を半世紀以上も継続した。それは、きわめて先駆的な行動であり、革新的な意味をもつ。

この黒田初子とほぼ同時期の女性登山家には、竹内ひさ、村井米子、今井喜美子、佐藤テル、川森左智子、坂倉登喜子、続く世代には上田安子、長谷川静子らがいるが、彼女らはそれぞれの立場で先駆的活動に取り組んでいた。彼女らの苦闘によって、現代、日本の女性登山家がヒマラヤをはじめ世界の山岳で活躍する道は拓かれたのである。

さて、黒田夫妻の場合には、一高・東大で本格的な登山活動を積んできた正夫が、「初子を育てる――わが青春の山登り」と意気ごんで臨み、初子もまた、多様な方法で山岳に親しむことに「私の生き甲斐」を見いだして励んだ。だから、黒田夫妻の夫婦登山は、やがて目ざましい成果をあげるようになり、そのいくつかは本書の紀行などに収められている。しかし、新婚旅行に始まる初子の修業――登頂や縦走、岩登り、ゲレンデ・スキーなど——時代の記録や報告は、本書にはない。もしたとえば、新婚旅行の伊豆に関して、下田街道、天城峠、温泉などの状況や人々の往来について知ろうと思えば、川端康成『伊豆の踊り子』や井上靖『しろばんば』が手がかりを提供してくれよう。『伊豆の踊り子』は一九二六（大正十五）年に発表され、川端は正夫より二歳若い同じ一高（旧制）の後輩であり、高校生時代の伊豆旅行（大正七年）からえた青春期の孤独な旅情と体験を描いているからだ。また、正夫よりちょうど十歳若い井上の『しろばんば』は、幼少期（大正十年前後）を過ごした伊豆・湯ヶ島を主要な舞台とする自伝的小説だからである。

黒田夫妻の夫婦登山による成果と本書収録の紀行に付されたタイトルとを対照すると、次のようになる。南アルプス聖岳の「遠山川西沢」（一九二八・昭和三年）——初遡行。「厳冬の唐松岳」（三〇・昭和五年）——厳冬期の女性初登頂。「元旦槍岳に登る」（三一・昭和六年）——厳冬期の女性初登頂。「小槍より西穂高岳へ」（二九・昭和四年）——小槍、ジャンダルムに女性初登攀。「剣に遊ぶ」（三〇・昭和五年）——剱岳八ツ峰に女性初登攀。「前穂高北尾根」（三一・昭和六年）——同尾根に女性初登攀。

しかし、正夫にしても初子にしても、それぞれが記す紀行は、初遡行や初登頂、初登攀に挑んでいるといった気負いや悲壮感は微塵も感じさせない。夫妻は、むしろ逆に、のびのびと明るく大きな山岳に抱かれて大展望に恵まれた幸福を語り、自然の小さな営みや景観のうつろいを発見して感動し、共同の目標を協力して達成しえた喜びを率直に表現する。

たとえば初子は、「乗鞍岳」に次のように記す——〈前に大きな山が雪を頭に頂き、長い裾をひいて鎮座している。御嶽だ。少し東には木曽駒連山が波頭を泡立たして押し寄せて来る青波の様に起伏している。山の上での喜と満足が申分ない程に味われた。雪の乗鞍へ遂に来た。曽《かつ》て槍ケ岳の頂から見て驚いた山。あの山の頂に遂に来たのだ〉と。登頂の途中では、〈たきぎをしまうらしい小屋が、栂に山側を覆われて建っていたり、雪解けのうるおいに充ちた小川が緩やかに流れていたりした。岸に生えている水々しい小さな草の影をうつして行く流に、恍惚と見とれて、何とはなくモネーに見せたい様な気がした〉〈ピイピイと可愛い鳥の歌が聞える。岩燕だそうだ。静寂の大地に自分達のみと思って居たのに、可愛い小さな生物がやはり春を楽しんでいて私共に呼びかけるではないか。春の歌を唱わなくてはならない。知ってる限りの雪の歌も聞かせなくては〉とも。

いっぽう、正夫は、「早春大武川を遡る記」で重厚な文語体の紀行を綴るが、「笛吹川西沢」では、その冒頭で、谷の魅力とその再現のむずかしさを語る。水の色の美しさ、流動の形のおもしろさ、ひやりとする空気の肌ざわりの気持ちよさなどを、〈どう表現すべきか。その技術は難しい〉と、〈流れの持つ『動』そのもの〉の魅力、〈単調の中の『動』〉の変化の再現に苦慮したりする。

その正夫は、初遡行の紀行「遠山川西沢」に、二日間を要した谷での悪戦苦闘ぶりを描き、夫妻らを歓迎するかのように青空が広がった稜線の鞍部に立ったときの状況を〈『うれしいな。うれしいな。』と子供のように喜び叫んだのは、初子独りではあったが、各々の胸も、同じようなうれしさに充たされたのであった〉と成功を喜ぶ。

初子は、小槍とジャンダルム初登攀を達成した翌年に創刊された山岳雑誌「山と溪谷」第二号に、

「槍岳より西穂高岳へ」を発表した。小槍に取り付いて中段から〈中畠、私、主人と縄にとりついた。此処から頂上までは、下から中段までに比して楽である。大した緊張もなく、静かに一手一足と攀じていった。頂上に立った時、どんなに快い気持で山の気を吸ったことだろう〉。
その後、この山案内人・中畠政太郎と二日二晩強風の穂高小屋に閉じこめられる。対応策協議中、中

黒田正夫（くろだ　まさお）一八九七（明治三十）年～一九八一（昭和五十六）年。東京生まれ。小学生時代に父と妙義山に登って登山に興味をもち、中学五年の冬に武甲山、夏に槍・穂高に登る。第一高等学校（旧制、東京）で旅行部に所属、本格的な登山活動に入り、南北アルプスを中心に登頂、縦走に打ち込む。一九二三（大正十二）年春、初子と結婚、たがいによきパートナーとなって、生涯、登山に親しむ。南アルプス赤石岳小渋川荒川沢、聖岳遠山川西沢などを初遡行し、科学者として雪崩研究を進め、日本山岳会で「山岳」編集委員を務める。東京帝国大学工学部卒、工学博士。日本雪氷学会会員。著書に『登山術』など。享年八十四。

黒田初子（くろだ　はつこ）一九〇三（明治三十六）年～二〇〇二（平成十四）年。東京生まれ。双葉高等女学校、東京女子高等師範学校を卒業。正夫と結婚後、天城山への新婚旅行から夫婦で登山活動を続け、またスキーに親しむ。大正時代に笛吹川西沢、東沢に入り、昭和初期には冬の唐松岳、槍ヶ岳などに登頂。小槍、剱岳八ツ峰、ニードル、北穂高東稜、ジャンダルムなどに女性初登攀を記録。五九（昭和三十四）年夏、正夫とヨーロッパ・アルプスのメンヒ、リッフェルホルンに登頂。料理研究家。著書に『婦人の山とスキー』『つみくさ』『山への誘い』など。享年九十九。

畠が言う――〈黒田さん。あなた一人ならそれあ私も一大決心で出掛けます。でも奥さんは女ですから……〉。初子は抗弁を控える。翌日、奥穂頂上から中畠は〈振り向きもせずに、サッサと西へ向って歩き出した。その時の私の嬉しさ〉。ジャンダルムを越え、西穂から上高地に達して別れるとき、中畠は両手をついて〈奥さん許して下さい。あなたには感心した。穂高小屋で言ったことは実にすまなかった。あなたはどんな山へでも行かれる方です〉という。登攀の実力を身につけた初子もみごとなら、女性の甘えは許さなかったが、初子の実力を評価して自分の誤認を率直に謝った中畠もまた、立派だ。

本書は、愛と信頼に結ばれて山を楽しむ夫妻が、パートナーシップを花開かせた山岳文学中の傑作といえる一冊である。

『山の素描』 一九三一（昭和六）年十月、山と溪谷社刊。B6判・二百七十ページ。フランス装。副題を「絵と文とによる山の再現」とし、正夫の筆になるスケッチを表紙に用いるほか、巻頭口絵「剱の三窓」など十二葉はコロタイプ版の裏白・別丁で、一ページ大の五葉は、大小十八点のカット、「カラコラム氷河略図」などとともに本文中に挿入している。本文は正夫十篇、初子十二篇の紀行を「冬の山」「春の山」「夏の山」「秋の山」「谷」「高原」の六部に構成し、初子の「随筆」二十二篇と「ムスターグ・ラ越え」を加えてある。本書は、「日本山岳名著全集」第十巻（一九六三年・あかね書房刊）にも収められている。

長谷川傳次郎『ヒマラヤの旅』

世界の屋根・ヒマラヤへの夢や憧れが、日本の岳人の間に現実的な目標としてたち現われてくるのは、〝岩と雪の時代〟開幕の時期である。より正確に表現すれば、アルプスやヒマラヤを視野に収め、目標にしようとしたからこそ、岩や雪への挑戦を不可避の課題としたのだ。

日本人登山家で登山を目的としてヒマラヤに赴き最初の足跡を残したのは、鹿子木《かのこぎ》員信《かずのぶ》であろう。一九一八（大正七）年十～十一月、鹿子木は、研究生活の拠点としていたダージリンからカンチェンジュンガ山群へ入り、タルン氷河を踏査して盟主・カンチェンジュンガ（八五九八メートル）の全容を目のあたりにした。この行で鹿子木は、黒カプア（四八一〇メートル）に登頂を果たし、〝眠れる獅子〟と呼ばれるジャヌー（七七一〇メートル）の山容にも接して、ダージリンに帰着した。

この年、鹿子木は三十四歳、慶応義塾の教授を辞してインドに渡った際の壮挙であった。この成果をまとめた『ヒマラヤ行』（一九二〇・大正九年刊）は、『アルペン行』（一九一四・大正三年刊）に続く国外山岳紀行である。

鹿子木のアルプス体験は、一九一〇（明治四十三）年～一四年の欧米留学中のベルナー・オーバーラ

ントの山岳地帯でのもの。こうして鹿子木は、アルプス、ヒマラヤの双方を率先して体験し、その成果を公刊、日本山岳界の発展に貢献した。鹿子木はさらに、一五（大正四）年、槇有恒らによる慶應義塾山岳会設立に当たって相談役を務めており、インドから帰国後も、アイガー東山稜初登攀を達成した槇らと活動をともにしたりしている。

さて、哲学者・鹿子木員信に続くのが長谷川傳次郎である。だが、長谷川の場合、中学生時代から登山に親しんできてはいるが、ヒマラヤ行を第一の目標とした渡印とは、必ずしもいいきれまい。と、いうのは……。

写真の道を深めようとする長谷川は、インドに心惹かれ、タゴールの学園で美術を学ぼうとして、一九二五（大正十四）年に旅立ち、インドで四年間を過ごした。そしてタゴールといえば、マハトマ・ガンディーと並ぶ二十世紀インドの巨星で、詩人・宗教哲学者として名高い。タゴールは、ベンガルに生まれ、イギリスに留学して西欧思想にもふれ、インド・ベンガルに根ざしつつ東西文化の融合に努めるいっぽう、インドの独立、社会の発展、世界の平和をめざす独自の運動をリードした。宗教的瞑想のなかで、混沌とした現象世界の背後に神の創造美と調和をみて詠った、タゴール独特のベンガル語詩集『ギーターンジャリ』は、一九一三年度ノーベル文学賞受賞作である。長谷川は、タゴールのベンガル語詩集に心酔してインドで学び、インドをより深く理解するために各地へ足を運んだ。長谷川のヒマラヤ行は、そうした行動の一環として捉えられもする、というのがその理由である。

槇有恒は「序」に〈長谷川傳次郎君は、ヒマラヤに入らんが為めに印度に渡った。……君は恰《あたか》も旅僧の如くに、何時も瓢然簡素なる姿を以て、艱難なるべき山旅を続けて行った。比の平易無碍なる心持にて、或時は土民に親しみ、或時は山に歌い、随処に楽しみを享けている〉と書く。いっぽう、長谷川自身は「はしがき」に〈大印度の自然と、古美術に憧がれて……カルカッタに上陸した。〈タゴール氏経営の大学は）静寂な自然と、自由な人の心に、滞印四年間の故郷となってしまった。古美術の行脚に、ヒマラヤの旅に、いつも我家へ帰る喜びを以って、その平和な、森に囲まれた我家へ戻って来た〉と書く。両者を読み比べると、インドとヒマラヤとの関係づけは、明らかに異なっている。

長谷川の紀行は、一九二七（昭和二）年夏、タゴールの大学の美術部を出たマサジーとの「カイラース巡礼」に始まる。この最初のヒマラヤ行が登頂できぬ聖山を目的とした点には、留意する必要があろう。カイラス（六七一四メートル）は、ネパール・チベット国境の西端から真北へ約百キロ、チベット

長谷川傳次郎（はせがわ　でんじろう）一八九四（明治二十七）年～一九八二（昭和五十七）年。東京生まれ。東京高等師範学校（東京教育大学の前身、現、筑波大学）付属中学校で学ぶ。在学中、大関久五郎の指導を受け、主として南アルプスで登山活動を積む。東京・日本橋小伝馬町で老舗の簞笥店を営む家業を継ぐが、関東大震災に遭い、廃業。一九二五（大正十四）年、インドに渡り、タゴールがカルカッタ北郊のシャーンティ・ニケータンに開いた学園（現、ビシュバーバラティ国立大学）に入学、美術工芸を学ぶ。二七（昭和二）年五～八月、インド人の友人とともにチベットのカイラス山を巡る。翌二八年八月～十月、カシミール高原に分け入り、ゲンボル尾根からナンガ・パルバットを偵察。これらの旅の紀行と写真を公刊する。その後も長くインドに親しみ、六二（昭和三十七）年七月、日本橋・三越で「インド大陸写真展」を開く。享年八十八。

領に入った地点にあり、ヒンドゥーとラマ教（チベット仏教）両教徒共通の聖山である。巡礼者は、通常三日を要して約五十キロの山麓を一周する五体投地の行でも知られる。

ふたりはヒマラヤ山中の村落や修道舎をたどりながらカイラスをめざすが、悠揚迫らず、しばしば長滞在を重ね、さまざまな人物と出逢い交流する。ふたりが、標高約五六〇〇メートルのジョリンカ峠で大ヒマラヤを越え、リプレク峠（五一〇六メートル）からチベットに入ったのは七月半ば。出発以来、二カ月半もかけている。マナサロワール湖を経てカイラス一周を達成したのは七月末。クングリビングリ峠（五四九五メートル）など三つの峠を越し、八月末帰着。

続く「カシミールへ」は、長谷川が単身で「古代の印度」を訪ねた、南インド、中部デカン高原、ボンベイ、カラチ、ペシャワールを経て、「印度の天国」カシミールの古都・スリナガルに至る行脚の紀行である。ここからは、案内人兼料理人のメーヤを伴って「ナンガパルバットへ」観望の旅に出る。長谷川は、氷河を遡り岩尾根を攀じ、未踏のゲンボル尾根を六〇九六メートルまで登って、ナンガ・パルバット（八一二六メートル）の全容を自分の眼で捉えた。それは、まさに〈素敵に愉快な旅行だった〉。

本書で長谷川は、肉眼とレンズとを駆使してインド・チベットの風物と人々の習俗を的確、精彩に捉え、あるがままに活写した。それは、インドに対する彼の徹底したアプローチの成果を十分に示している。また長谷川は、ヒマラヤの山容を、迫力ある画面構成の写真によってリアルに提示し、日本の若い岳人にヒマラヤ熱を吹きこんだ。事実、本書刊行から四年を経た一九三六（昭和十一）年、立教大隊のナンダ・コット登頂へと発展し、日本山岳界はヒマラヤ進出の第一歩を印す。さらに長谷川が観望したナンガ・パルバットは、難攻不落の〝魔の山〟として登頂を拒み続けたが、一九五三年七月、ドイツ・オーストリア隊のヘルマン・ブールが初登頂。日本人では、八三年八月、富山岳連隊の谷口守と中西紀夫が初登頂。それは長谷川の死の翌年のことであった。

『ヒマラヤの旅』 一九三二（昭和七）年八月、中央公論社刊B４判、厚表紙・布装・貼函入り。本文、前付、後付など百七十六ページ。写真百九十七葉（一九八ページ）、ほかにコロタイプ別刷の五葉（裏白）。前半に紀行「カイラース巡礼」「カシミールへ」「ナンガパルバットへ」の三篇を配し、まったく同じタイトルで構成した写真集を挟んで、巻末に三田幸夫「ダーヂリンを中心とする山旅に就て」、木暮理太郎「ヒマラーヤ雑記」を「追録」として収める。一九七五年、国書刊行会が復刻版を刊行した（絶版）。

ウォルター・ウェストン
『日本アルプス　登山と探検』

ウォルター・ウェストンの彫像・記念碑は、全国のゆかりの地に建てられている。たとえば――ひとつは、九州・祖母山の西麓、五ヶ所高原三秀台――一八八七（明治二十）年、イギリスから日本に派遣されたウェストンの任地は熊本であった。スイス・アルプスに親しんで山岳への関心を高めつつあったウェストンは、来日するとまもなく阿蘇山、祖母山、桜島、霧島山群の高千穂峰、韓国岳などに登っている。当時標高一七五七メートルの祖母山は九州最高峰と目されていた。碑は、ウェストンによるその登頂を記念する。

次は、神奈川県平塚市の湘南平――一八八八年、ウェストンの任地は熊本から神戸に移る。北アルプスめぐりに熱中するようになったウェストンは、九一（明治二十四）年、「日本のマッターホルン」槍ヶ岳をめざすが、その肩まで達しながら悪天候のため登頂を断念。翌九二年八月、再度の挑戦によってようやく頂上を極めた。この二度に及ぶ槍登山の模様は、本書の第二章と第五章に詳述されている。

ウェストンは、一八九四年まで北アルプス諸峰に足跡を拡げて九五年に帰英し、九六（明治二十九）年にロンドンで本書を刊行する。六年後の一九〇二（明治三十五）年、当時、横浜スタンダード石油会社に勤務していた岡野金次郎が、偶然、本書を手にして槍登山の記述があるのに気づく。それは、岡野が、徴兵検査の際に知り合った横浜正金銀行勤務の小島久太（烏水）と、富士山に次ぐ高峰と目されていた憧れの槍ヶ岳に、辛苦のすえに登頂を果たした（同年八月十七日）直後のことであった。岡野は、自身の槍登頂に十年も先立つ先蹤者の存在を初めて知って驚く。早速、翌〇三年から「鎗ヶ岳探検記」を雑誌「文庫」に連載して登山熱を煽ることになる小島烏水に、この事実を知らせる。さらに岡野は、在留外国人名簿によって著者ウェストンの横浜在住を知る。ウェストンは二度目の滞日中（一九〇二～〇五年）で、横浜を任地としていたのである。岡野がウェストンへのアプローチを試み、両者は意気投合。この交友に烏水が、次いで博物学同志会の高野鷹蔵、武田久吉が加わり、日本に山岳会設立に至るレールが敷かれていく。湘南平の碑は、その契機となったウェストンと岡野らとの交友を記念する。

また、常念岳登山口、長野県堀金村須砂渡（現、安曇野市）――ここには、城田孝一郎の制作になる颯爽とした若きウェストンの彫像がある。一八九四（明治二十七）年八月、ウェストンは、〈松本附近から見るすべての峰の中で、常念岳の複雑な三角形ほど、見る者に印象を与えるものはない〉（岡村精一訳、以下同）、その頂をめざす。岩原村（当時）村長・山口義人の篤い援助を受けて首尾よく目的を達したくだりは、本書第十二章に述べられている。彫像は、これに由来する。

そして、最も広く知られている上高地・梓川右岸の岩壁に嵌めこまれたレリーフ像――一九三七（昭和十二）年、日本政府はウェストンに勲四等瑞宝章を贈った。「国民体育発展上寄与するところ大なるのみならず、日英親善に貢献せる功績顕著なり」が、その理由である。ウェストンは、日本の近代的登山の黎明期に果敢なパイオニア・ワークを精力的に展開し、山岳会設立を強く促した。また〈日本アルプスは、氷河に覆われた峰の光輝を見せてはいない。それは事実である。又その規模は有名なスイス・アルプスに較べるとほんの三分の二ではある。けれどもその谷間の画のような美しさ、壮大な山腹を覆う鬱蒼として静寂な森の壮麗さは、私のヨーロッパ・アルプス放浪中に見たどれよりも美しいものである〉と、日本アルプスの魅力を世界に紹介した。帰英後も日本山岳界の動向に関心を抱き続け、訪れる若い登山家を温く迎えて助言と激励を惜しまなかった。そんなウェストン、七十六歳の叙勲であった。

叙勲と日本式に喜寿を祝おうと、この時期、日本山岳会を担っていた槇有恒、松方三郎、黒田孝雄らが、ウェストンのレリーフ建立を企て、佐藤久一朗が制作にあたり、建立地を由縁深い上高地と定めて、同年八月に計画は実現した。このレリーフを検分した烏水の批評は、〈私の知っているウェストンは、ほぼ四十年くらいの壮年時代、槇・松方両君の見たウェストンは、晩年幾分か皺がふえ、腰の曲った方のウェストンであり、彫刻家自身は、その晩年の写真によるほか、ウェストンの現身を見たことがないというので、四人が三様の見方をするようになった〉のである。長方形だったこのレリーフは、太平洋戦争中、地元の翼賛青年団から〝敵国人胸像〟との非難を受けるに至る。一九四二（昭和十七）年十二月、日本山岳会の茨木猪之吉や槍岳山荘を営む穂苅三寿雄らは、レリーフを取りはずして秘かに東京へ運んだ。が、保管した日本山岳会ルーム（虎ノ門、不二屋ビル）が空襲に遭って焼失、レリーフも一部が熔けたり歪むなどの損傷を受けてしまう。戦後、応急の修理を施し、四七（昭和二十二）年六月、ウェストン像は上高地に復活、第一回ウェストン祭が行なわれた。この当時、満州にいた制作者・佐藤が帰国後、円型の新像を作成してとりつけたのは六五（昭和四十）年。現在のレリーフは、この二代目である（この項、日本山岳会信濃支部『ウェストン祭』による）。

さて、ウェストンが本書で述べる登山記には、次の山々が登場する。年代順に並べると、

一八九一（明治二十四）年（ウェストン三十歳）　浅間山、保福寺峠、徳本峠、槍ヶ岳（肩まで）、鳥居峠、御嶽、木曽駒ヶ岳、富士山

一八九二年　富士山、乗鞍岳、笠ヶ岳（住民非協力で断念）、安房峠、徳本峠、槍ヶ岳、市野瀬峠、赤石峠、金沢峠

ウォルター・ウェストン　Walter Weston　一八六一〜一九四〇。イギリス人。ダービー近郊の生まれ。ケンブリッジ大学クレア・カレッジで学び、八七年、マスター・オブ・アーツ（修士号）を得、聖職に就く。英国教会牧師として一八八八（明治二十一）〜一九一五（大正四）年前後に三回来日。足かけ十六年滞在、熊本、神戸、横浜で任に当たる。七八年に初めてスイス・アルプスに接し、八六〜八七年、ブライトホルン、マッターホルン、ヴェッターホルンに登頂、ユングフラウ、アイガーをめざすころから本格的登山活動に入る。滞日中、登山黎明期の北・中央・南アルプス諸峰に探検的登山を重ね、著書『日本アルプス　登山と探検』などで日本アルプスと山村民俗の魅力を内外に知らしめる。また、小島烏水らに強く勧めて日本に山岳会を設立させるなど、近代日本登山史上に多大の業績を遺す。アルパインクラブ（イギリス山岳会）会員、イギリス王立地理学協会顧問、日本山岳会名誉会員第一号、勲四等瑞宝章受賞。著書に『極東の遊歩道』など。享年七十八。

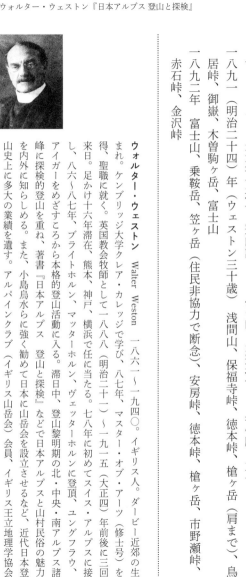

一八九三年　恵那山、富士山、針ノ木峠、ザラ峠、立山、笠ヶ岳（前年と同様）、安房峠、徳本峠、前穂高岳

一八九四年　大蓮華（白馬）岳、笠ヶ岳、中尾峠、焼岳、常念岳、御嶽、権兵衛峠、身延山となる。当時の交通・宿泊事情を考えると、破天荒ともいえる活動である。こうした活動のなかでウェストンは、〈よく働いたので一日一ドルの日当を払ってやった〉〈頑丈で小柄な男〉嘉門次と出逢う。雑炊橋の由来やヤマトタケル伝説を識り、宗教登山の人々に接し、山村の人々の生活と情にふれて心打たれる。ウェストンの日本の山をめぐる旅は、『極東の遊歩場』へと進展していく。

『日本アルプス　登山と探検』 *Mountaineering and Exploration in the Japanese Alps*, 1896, Murray, London.

ウェストンの第一回滞日中（一八八七〜九五年）、その後半に当たる九一（明治二十四）〜九四（明治二十七）年の四年間に展開した彼の日本アルプス登山記を主とし、全十六章中の十三章を充てる。第十四章は「神降し」の起源、第十五章は「憑き」と「祓い」、第十六章は登山の「旅装と食料品」など。邦訳には次の諸版がある。岡村精一訳は一九三三（昭和八）年・梓書房、五三（昭和二十八）年・創元社版、六三（昭和三十八）年・角川文庫版。山崎安治・青木枝朗訳は六二（昭和三十七）年・「日本山岳名著全集」第一巻所収のあかね書房版。黒岩健訳は八二（昭和五十七）年・大江出版社版。一九九五年に平凡社ライブラリー（岡村精一訳）、一九九七年に岩波文庫（青木枝朗訳、現在品切れ）に収められた。

原全教『奥秩父』

尾崎喜八は、本書を評して〈「奥秩父全書」と呼ばれていい〉（続編「秩父の王子」）という。原全教の秩父探究が、秩父全域にわたる精力的な踏査のみにとどまらず、〈山谷の景観に対するその独自な見方、口碑、史実、古風俗へのその倦む事なき穿鑿、山地住民の純朴な人情美へのその特別な礼讃のようなものにも、何等公式的な、凡庸なところが無い。……其点彼は飽くまで現実的、実践的で、その書いた物は永く参考とするに堪えるだけの質を具えている〉からである。

正編巻末に付された「秩父に関する文献目録」は、四十ページ、六百点におよぶ。冒頭に「研究、考証及び全般的紀行」、以下、十二の地域別に分類整理し、さらに「随筆」「簡単なる記録及報告」「遭難に関する記事」「詩歌及俳句、古書、古絵図、官公署調査書、地図」の項を設けてまとめてある。「……全般的紀行」の項に並ぶ諸文献は、木暮理太郎、田部（南日）重治が日本山岳会会誌「山岳」に寄せた論稿で始まる。

後年、木暮が「初めて秩父に入った頃」（『山の憶ひ出』所収）で自ら回想しているように、彼らの秩父行は〈明治四十二（一九〇九）年五月の雲取山、十月の甲武信岳登山から始まった〉。日本山岳界

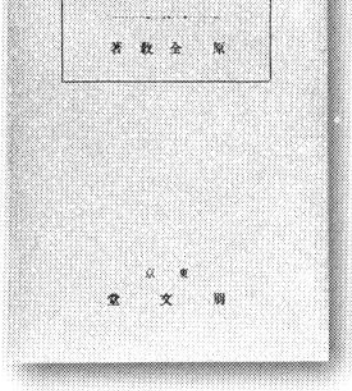

をリードする木暮と田部、それに中村清太郎らを加えた秩父山域の開拓は、「山岳」第十一年第一号(一九一六・大正五年十月刊)「秩父号」にひとつの結実をみる。さらに田部は、一九(大正八)年に『日本アルプスと秩父巡禮』を刊行し、日本アルプスだけでなく、秩父、とくに奥秩父を新しく活動の舞台とする自らの立場を表明した。田部は、この著に収めた「森林と谿谷」と題するエッセイに、〈絶頂よりも谿谷、雪よりも深林……。谿谷を深く登りつめ、谿林に分け入って絶頂に攀ずることが最もよく山に対する嗜好を総括しているように思われる〉と書く。田部は、秩父に、いわゆる静観的登山の場を見いだしたのである。

山岳界の次の世代を担った代表的登山家のひとりと目される大島亮吉もまた、雪と岩をめざす前衛的登山活動を展開するいっぽうで、秩父に心酔した。大島は、一九二四(大正十三)年の夏から初秋にかけて、秩父・上信国境を独り歩いている。そして、同年末に軍隊入営を控えた時期、「峠」と題して、その秩父紀行を含むエッセイを書き、〝人生もまた所詮は旅である〟とする日本的漂泊観に深い共感を示す。

静観的登山をめざす活動は、大正〜昭和初期、日本山岳界にひとつの潮流を形成するに至る。松井幹雄らが一九年に設立した「霧の旅会」は、大菩薩連嶺を中心に甲斐・武蔵・相模の山々を好んで歩き、低山趣味を一般に普及させた。同会所属の河田楨《みき》による『一日二日山の旅』(一九二三・大正十二年刊)、『静かなる山の旅』(二七・昭和二年刊)、高畑棟材による『山を行く』(三〇・昭和五年刊)などが果たした役割も大きい。原全教の秩父探究も、こうした流れのなかに位置づけることはできる。

だが、原の場合には、ほかとは際立った特徴がある。それは、原の秩父探求が自然や景観のみをその対象とするだけでなく、山村の人々との深い交わりから得た人文・民俗に関する考証を加えた点である。

原が秩父山村の人々とどのように接したかを想像する手がかりは、本書の随所に示されている。たとえば、この大著の巻頭口絵で、最初の写真を栃本の老夫妻の紹介にあて、「慈容を仰ぐ」と説明する。原の写真は、老夫妻のやや改まった表情をやさしく捉えている。またたとえば、自らの「序」では、〈迸湃《ママ》として私を取り巻く、秩父山村の人々の恩愛が凝って一塊となったその偉大な力が、私をしてこの小著を物さしめる原動力となった〉として、〈秩父の山谷の印象と共に永遠に忘れる事の出来ない〉人々の氏名を地域ごとに列記するが、その数は、正続それぞれ八十人を越す。さらにあげれば、本文最

原全教（はら　ぜんきょう）一九〇〇（明治三十三）年〜八一（昭和五十六）年。金沢市生まれ。旧姓・坂部。神田電機学校（現、東京電機大学）卒業後、僧籍に入り一七（大正六）年ごろから北陸路で雲水修行をする。東京にもどり大蔵省、電機関係の企業に勤務したのち、二八（昭和三）年から四三（昭和十八）年まで東京市役所都市計画課に勤める。一方、二三（大正十二）年以降、小学生時代から憧れ続けた日原を皮切りに、秩父山域に足繁く通いつめる。勤務の休日を充当、伝説的快足を利した単独行で秩父の全域を精力的に踏査し、東京市役所在職中、その成果を正統二巻の大著『奥秩父』にまとめる。市役所退職後は自営業に就き、五〇（昭和二十五）年以後、日本山岳会の会務を担当した時期もある。著書に『秩父・多摩・大菩薩』『奥秩父研究』『奥秩父回帰』などがある。享年八十一。

初の「秩父の印象」と題する章は、「人」と見出しを立て、〈山に生れ山に老い、山に朽ち行く人々。それ等は山や谷を慕う者にとっては、矢張り懐しい存在であった。寧《むし》ろそうした人々の生活を切り離しては、到底私は山や谷と云うものを考える事が出来ない。甲上武信の山懐ろ深く、遥か此の世から忘れられた様な純朴の山村、その存在を思うが故に、秩父の山谷が裏庭の様に親しみ深いものに考えられるのであった。山高く水深い桃原郷を護る人々。その純情を慕うが故に、秩父の山谷を捨て去るに忍びないのだ。……実に私は秩父山村に於て、人の世の至善の物を見出した様な気がする〉と、この大著を書き起こす。原にとって、山村は登頂のためにただ通り過ぎる場所ではなかった。そこに住む人々の心と眼を共有しつつ山や谷に分け入る姿勢を、原は保ち続けた。その筆は、次いで「村」「山と谷」「峠」「四季」と進められていく。

原は、一九二三（大正十二）年に開始した秩父行脚を、勤務の休日のほとんどを充当して十年継続し、本書正編を書き、さらに二年後に続編をまとめた。その解説・紀行は、山村の口碑だけでなく、『北武蔵名跡志』『武蔵演路』『三峰山大縁起』『新編武蔵風土記稿』『武蔵通志』『甲斐国志』『甲斐名勝志』『上野名勝志』『信濃寶鑑』『秩父志略』など、古文書渉猟の成果をも取り入れている。自然や景観の的確な描写に、山村の人々の生活も口碑も、由来、考証も溶けこんでいて味わい深く、また有益である。

原が「奥秩父」なる題名で包含した地域は、木暮や田部が対象とした範囲よりもかなり広い。「目次」に従って列記すると、正編では、秩父の主脈（三峰～雲取山～甲武信ヶ岳～金峰山）、日原谷・荒川谷、丹波川渓谷、大洞谷、滝川谷。続編では、両神山、中津川の山と谷、入川の山と谷、笛吹川上流・下流、琴川・鼓川・兄川・荒川の山と谷、小森川と平見城の山水、塩川と瑞牆《みずがき》山、金峰山と千曲川、小金沢と土室沢、大菩薩沢などである。原が「凡例」に〈山頂よりも渓谷の記述に重心を置くことを旨とした〉と記すように、川を遡行する形式をとっているのも本書のひとつの特徴で、先の田部と軌を一にする。口絵など写真も滝や沢を主題とするものが多い。

いわゆる開発が進んで、原が描いた秩父山村の状況は大きく変貌を遂げた。秩父がつねに〝桃源郷〟たりえたか否かは措くとしても、一時代の地域を探究し尽くした労作として、本書は〝奥秩父全書〟の地位を保ち続けるだろう。

『奥秩父』 一九三三（昭和八）年七月に正編、三五（昭和十）年七月に続編が、ともに朋文堂から刊行された。四六判、厚表紙、クロス装、函入。正編は本文六百十八ページ、前付二十八ページのほか、巻頭口絵に写真四葉、本文中に三十ページを別刷として写真二十九葉を収める（すべて著者撮影）。また、本文中に「地図」等二十八点を配する。さらに、「附録」として、巻末に文献目録、宿舎・乗合自動車・登山案内者の一覧表と、別に「大秩父図」。続編は本文七百六ページ、前付四十六ページ。巻頭に河村龍興による墨絵「中津川上流」、著者撮影の「大烏山頂上の著者」、尾崎喜八による「秩父の王子」、井汲清治による「原全教側面観」、「序」がある。本文中に、別刷三十ページを挿入して写真二十五葉（神谷恭および福原信辰の撮影によるもの各二葉、ほかはすべて著者）を収め、さらに「地図」十九点（うち三点は折込み）を配する。巻末付録は「両神山案内人組合」と「増富山舎案内業組合」の概要。一九七七（昭和五十二）年に、木耳社から復刻版が刊行された（現在絶版）。

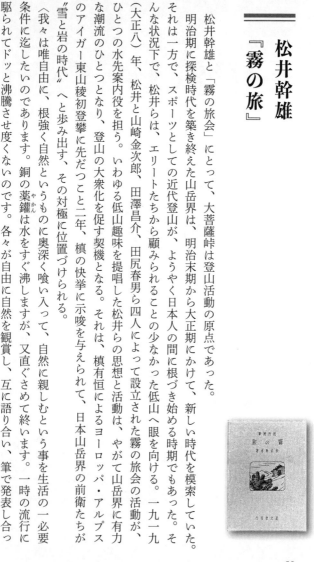

松井幹雄
『霧の旅』

松井幹雄と「霧の旅会」にとって、大菩薩峠は登山活動の原点であった。

明治期に探検時代を築き終えた山岳界は、明治末期から大正期にかけて、新しい時代を模索していた。それは一方で、スポーツとしての近代登山が、ようやく日本人の間に根づき始める時期でもあった。そんな状況下で、松井らは、エリートたちから顧みられることの少なかった低山へ眼を向ける。一九一九（大正八）年、松井と山崎金次郎、田澤昌介、田尻春男ら四人によって設立された霧の旅会の活動が、ひとつの水先案内役を担う。いわゆる低山趣味を提唱した松井らの思想と活動は、やがて山岳界に有力な潮流のひとつとなり、登山の大衆化を促す契機となる。それは、槇有恒によるヨーロッパ・アルプスのアイガー東山稜初登攀に先だつこと二年、槇の快挙に示唆を与えられて、日本山岳界の前衛たちが〝雪と岩の時代〟へと歩み出す、その対極に位置づけられる。

〈我々は唯自由に、根強く自然というものに奥深く喰い入って、自然に親しむという事を生活の一必要条件に迄したいのであります。銅の薬罐《やかん》は水をすぐ沸しますが、又直ぐさめて終います。一時の流行に駆られてドッと沸騰させ度くないのです。各々が自由に自然を観賞し、互に語り合い、筆で発表し合って連絡を取りながら、浄らかな山ぶところに抱かれたいのであります〉(「霧の旅会創立のことども」)——東洋的で静的なこの登山観は芭蕉の「人生もまた所詮は旅である」との日本的漂泊観にも通じよう。「小集会講演稿」と文末に付記してある右の回想記によると、松井は、徳冨蘆花の『自然と人生』や吉江孤雁によって自然美へ導かれ、小島烏水の「絢爛な文章」に若い血を躍らせたという。そして、榛名山や赤城山をめぐって、〈あの雄大な裾野と、深い松林と山の上の碧い湖、白樺の木の蔭には、放し飼の馬や牛が絵の様に居りました。峰を渡る白雲、静けさ満てる森の中の老鶯、狭い湯の宿、尽きせぬ思い出を残し、旅に憬れる若人は、山を恋するものとなったのでした〉。

富士へ箱根へと足を運び、自然を語り合って形成された四人の仲間を発起人とする霧の旅会が発足した年、松井らは初めて北アルプスをめざした。それは〈中房——槍——上高地——穂高——焼——蒲田——平湯——乗鞍——白骨——松本。連嶺を歩きながら、毎日のように温泉につかれるプログラム〉(「十年前」)で、ピークハンティングのみを目的とする行動とは、明らかに内容を異にしていた。

二十四歳当時の松井が、昂揚した文体で綴った「霧の旅会創立趣意書に代えて」はいう——〈蜘蛛の網のように張られ〉た〈魔の手〉は、〈電動機の間断ない唸り声〉を聞く、〈マイクロメーターで一萬分ノ一時を争う〉〈何千万の金額を誤らずに、算盤でハジキ上げる〉といった〈寸分隙のない、浅ましい日常生活〉を人々に強いる。人々をして〈一日の労苦の上に更に多大の労苦を重ね〉させ、〈憐むべき姿〉におとしめている。社会状況をこう規定したうえで、松井は〈吾人が山を愛する所以は其処にある。此処にある〉とする。松井の熱いメッセージは、いちだんとその熱を高める。〈山は蒼穹の懐の中に静かに眠って居る〉〈深山幽谷の話を聞く時〉〈邪念は起るまい〉。〈雲を抜く山の頂に立って四方を睥《へい》睨《げい》したとき〉〈凡そ眼のあいている人類は何と叫ぶであろう〉。〈清流に臨み、質朴な山の湯を浴みたとき……〉。〈或人は此天地を称して霧の王国と唱えた。霧の王国を彷徨《さまよ》う若人が楽園に咲く花を訪れ、又雪渓を渉《わた》るとき、若人はこれを霧の旅と云うであろう。吾人は霧の旅を、我が生命と思っている〉。〈白い霧。白は万色の王である。一度揺曳するときは立所《たちどころ》に神気が迸る。見上げる赫石、安山岩の磊《るい》々《るい》たる山の膚に一抹の霧の群の過ぐるを見給え〉。〈霧の王国に逍遥して、夫《そ》れ若《も》し、永遠の眠りに就こうとも、会心の笑は漏らせ、決して悔を遺すものではない〉。

松井らは、その〝霧の王国〟のひとつを大菩薩の山々に見出だす。大菩薩も雲取も、松井の勤務先〈水道橋のほとりにある学校〉の屋上から遠望できた。——〈まったくあの五千尺から六千尺にかけての芽の出るときの気持は格別だ。下の方から段々に緑の色が薄れて来て、今自分の坐っているところの木々の芽は未だ固くて、下界の者共の慌しさを嘯《うそぶ》いているようである〉と、親しんだ自然の営為を想い出し、〈ああ山に行きたいな〉と書くきつける（「大菩薩の山々」）。

その山域へ、松井らは集中的に足を運び、筆を執る。その成果は一九二六（大正十五）年、松井が編んだ『大菩薩連嶺』に結実する。紀行二十篇と、『甲斐国志』『甲斐叢書』中の記述を考証した「大菩薩連嶺志」とから成るこの書物は、二九（昭和四）年、加藤留五郎による「連嶺概念図」と、編者による内容の補綴とを加えて光大社から出版された。これに先だって、二三（大正十二）年、会員・河田楨《みき》が、いわゆる山岳ガイドブックの嚆《こう》矢《し》とされる、『一日二日山の旅』を自彊館書店から出版した。低山趣味と静観的登山を標携する霧の旅会の活動に根ざす両書は、いちだんと登山の大衆化傾向が強まった状況にマッチして、広く重用された。また、大正末期～昭和初期、これらの書物や霧の旅会の理念に共鳴して入会する者が多く、明治期の探検時代を担い終えた武田久吉、木暮理太郎、さらに詩人・尾崎喜八らが顧問、会員として名を連ねた。

松井の遺稿集として、尾崎喜八らが編んだ本書に収められた四十篇の紀行・随想は、ほとんどが低山にかかわるものである。文中、三千メートル級の高山にふれたものは、「烏帽子の小屋へ」「十年前」「甲斐駒ヶ岳にて」「憧れの上高地へ」など数篇のみ。大菩薩周辺、丹沢、奥秩父を扱ったものが大半を占めるが、「田沢湖と抱返りの渓谷」「出羽の山旅」「岩代の山の湯」「旅・東北の山旅」など、東北の山

松井幹雄（まつい　みきお）　一八九五（明治二十八）年～一九三三（昭和八）年。東京生まれ。東京府立工藝学校（現、都立工芸高校）卒業。一九〇九（明治四十二）年、甲武信ヶ岳登山以来、大菩薩峠付近に集中的に登り、山域研究を深める。一七（大正六）年、母校の教諭となる一方、一九（大正八）年、霧の旅会を設立する。これは日本における早期の社会人山岳団体で、登山・スキーに、会誌「霧の旅」などによる文筆活動を併せて、登山とその知識・技術の普及に貢献した。とくに昭和期には、甲斐・武蔵・相模の山域を主要な活動舞台として、低山趣味を広く普及させ、武田久吉、木暮理太郎、松本善二、高畑棟材、河田楨、尾崎喜八らを顧問、会員に擁して、〝雪と岩〟をめざす前衛的岳人の対極に有力な潮流を形成した。日本山岳会会員。編著に『大菩薩連嶺』。享年三十八。

や温泉にかかわる紀行も目だち、松井が関心を抱いた山域のひとつであることを示しているようだ。また、「霧の旅会創立のことども」「十年前」「霧の旅会創立趣意書に代えて」「低山趣味と私達」などは、登山史上の当事者の証言として価値がある。

〝山高きが故に貴からず〟の思想を実践した松井幹雄は、登山における人間と自然との関係を、内面的な問題としてあらためて提起した。また、登山者大衆に実効的な目標と方法を提示する活動のリーダーシップを発揮した。これらの実績は正当に評価されなければならない。

『霧の旅』 一九三四（昭和九）年十月、朋文堂刊。函入り、布装、B6判・本文四百三十四ページ、前付十四ページ。松井幹雄夭逝の翌年刊行の遺稿集で、編集は尾崎喜八。武田久吉と木暮理太郎が「序」を寄せる。本文は三部構成で、「霧の旅」には、会誌「霧の旅」に発表した二十九篇（一九一六〜三三年）、「薫風帖」には、「山岳会々報」「アルピニズム」「山と溪谷」「三角點」「東京日々新聞」「山岳」などの紙誌に発表した十一篇（「趣味講座」としてラジオ放送したものを含む）、「書簡抄」には、神谷恭あて十四、加藤留五郎あて二十二の書簡を、それぞれ収めている。各文末に発表あるいは執筆の年月、発表紙誌名を付しているが、「凡例」にいうように、「書簡抄」を除き、配列はほぼ年代逆順。「天神峰より上越国境山脈の展望」「伊香保温泉岸権旅館より眺めたる冬の上越山脈」のパノラマ写真を巻頭に、以下二十葉の著者撮影になる写真を口絵（アート紙）とする。題字も著者自筆。本書は、「日本山岳名著全集」第六巻（一九六二年・あかね書房刊）に収められた。

伊藤秀五郎
『北の山』

登山家・伊藤秀五郎は、透徹した科学者の眼と感性豊かな詩人の眼とを併せもち、この対極的な双眼をもって北海道の自然や風物に接し、北の山を捉えた。その特徴が最も顕著に示されている一例として、本書「紀行編」冒頭の「北海道の山と平原」をみよう。

〈北海道の山岳は、一般に高度が低い。最高の旭岳ですら僅かに二三〇〇米しかないのであるから、略《ほぼ》上越国境の山々に匹敵する程度である。尤《もっと》も緯度が北に寄っているから、植物の生態は、内地の三千米級の山岳のそれに相当している。例えば中部日本の山岳では、偃松《はいまつ》は大体二五〇〇米以上にならないと生育しないが、北海道ではすでに一五〇〇米附近から発見出来る。冬季の山岳の状態もやはりそうで、スキーの使用が不可能となるのは、日本アルプスではたいてい二五〇〇米位からであるが、北海道の山岳はほぼ一五〇〇米からである〉と、まず北海道の山岳の一般状況を内地の山岳と対比しつつ簡潔的確に述べる。ついで、〈槍、穂高のような豪壮な岩山は一つもない〉と指摘したうえで、「内地のそれら（山岳）には見出すことの出来ない二三の特異な点〉を考察する。〈山や渓谷そのものばかりでなしに、それに附随する平原や、広漠たる山裾の牧場などをも含めて〉、内地が文化的、女性的であるのに

対し、北海道は大陸的、原始的、男性的、北方的であるという。そして、〈そうした平原景観をして私達旅行者にまで更に印象づけるものは、それを貫いて直線的につけられた坦々たる開墾道路である〉と視点を一転させ、具体的な景観のなかを歩む者の眼で捉えた心象にまで言及する。〈燕麦や玉蜀黍や馬鈴薯や大豆や甜菜《てんさい》などの、やや大農法的に荒々しく耕作された畑を横断して、泥濘の雪解の頃に深く刻まれた轍の跡——唯それのみに依ってさえ、荒涼たる冬の平原の景色と困難な農民の生活を想い起させるに十分な馬車の跡を、恰《あたか》も軌道の如くに残している平坦な開墾道路が、まったく文字通り直線的に、数里（一里は約四キロ）の間、時には数十里も続いているのである。……それは、……全く変化に乏しい飽々するほどの単調な景色の連続であるとはいえ、この地においては、他の如何なる地方にも見出すことの出来ない特異な平原景観であり、山巒《さんらん》に踏み入るまでの、いわば山登りの予兆的な、愉しくもまた望ましいひとときなのである。そして……例えば十勝や日高の山岳地方でみられるような、雄大な平原展望もまた忘れ難い印象である〉と。こうした詩的ともいえる挿入部を経ていたる結語は、〈その上に、特色あるその渓谷と森林景観などが渾然と融合して、そこに一つの北海道特有な情調をつくりだしている〉である。

本書に収められた「北海道の」を冠した「峠」「夏の川」「春」（この一篇は「感想小論随筆編」に収める）などの論稿は、多くがこの手法である。それは、当然、普遍性をもつ一般論を展開しうるに足る豊富な実体験を前提とする。「北海道の峠」の場合は、まず〈峠の名のつくもので、千米を越すものは一つもない〉（現在では、三国、日勝、石北など千メートルを越す峠もある）と、基本的データを提示する。そして具体的な峠や乗越について、ルートや景観を自らの体験に拠って述べ、北海道に独持の「駅逓」（精細な「附記」を文末に記している）についてふれる。そのうえで、〈北海道に於ける山登りは、一般に山岳の高度が低く、その形態的な点からしても、多分に山歩きの味をもった、漂泊的色彩の濃いものとならざるを得ないことが、尚更私をして小さな低い淋しい峠に、興味と愛着とを感ぜしめたのであった〉と概括する。その〈興味と愛着を感ぜしめた〉自らの山歩き体験の例——「広尾《ピロウ》から札《サツ》楽古《ラッコ》に通ずる峠」の「寂しい峠の景色」の印象。泥川《ドロカワ》から青山峠を越えて西徳富《ニシトップ》へ下る道すがら、田山花袋の『山水小記』の一節を想い浮かべつつ、〈疎々として帽廂を掠め落ちる落葉を踏んで、私もまた

伊藤秀五郎（いとう　ひでごろう）　一九〇五（明治三十八）年〜七六（昭和五十一）年。横浜市生まれ。二二（大正十一）年、北海道帝国大学予科に入り、二八（昭和三）年、農学部生物学科卒業、大学院に進学。三五年から三年間アメリカ・ペンシルバニア大学で動物学を学ぶ。北海道学芸大教授、北海道教育長、札幌医大教授、札幌静修短大学長などを歴任する。北大在学中、予科旅行部および北大スキー部に入会、四季、北海道の山野を広く歩く。二五（大正十四）年、板倉勝宣ら創刊の雑誌「山とスキー」の編集を担当、槇有恒、大島亮吉らと親交を結ぶ。二六年六月〜七月、小森五作らと千島列島最北に位置するアライト島に至り、列島最高峰の東岳に登頂。十一月、小森および沢本三郎、和辻広樹らとスキー部を離れて山岳部を創立、北海道各地の未踏の山岳に夏冬分け入る。二八年、日本山岳会入会、「北大山岳部々報」を創刊。以後、石狩岳スキー登山や日高山脈、秩父、信州、飛騨などの山岳に足跡を残し、三七年、スイスに遊びアルプスに登る。五〇年、日本山岳会名誉会員。著書に『続・北の山』『詩集・風景を歩む』ほか。享年七十一。

軽い旅情に駆られながら峠を下った〉と締めくくる。
本書「紀行編」には、ほかに「雄冬山附近の山道と漁村風景」「日高の山旅」「石狩岳とニペソツ山」「トナシベツ川」「冬の北見峠」「冬の然別沼」（「目次」には欠落）「狩場山」「北千島の印象」がある。

が、北大に山岳部を創立し、北海道の山野にパイオニア・ワークを展開した人物として〈為《し》たこと見たことの悉《ことごと》くを、枯枝の一本から握飯の一粒に到るまで、克明に書きつらねたような紀行文や、いつも岩と取り組んだり、氷の尾根にぶら下ったりする武勇伝のような登高記〉（「山岳文学論その他」）を期待しても無駄である。そこに綴られているのは、〈単に事象の皮相的な写実のみでなく、やはりその自然のこころに触れた境地を述べ……必ずしも哲学的な難しい言葉を必要としない〉〈淡々たる筆致のうちにも、よく自然の美と、美なる自然の或る意味においての代表者たる山岳を歩む人間の心情とを、伝え〉（同上）るものである。

このことは、伊藤自身のキャラクターに拠るのは当然だが、むしろ伊藤の登山観に根ざすというべきであろう。〈僕の考えるところでは、自分の好きな山に、自分の好む登り方で登るというのが、いちばん自由で、而《しか》もいちばん山登りの本質に触れているようだ。というのは、元来山登りというものが、甚だ個性的なもので、他人の利益を目標としているのではなく、自分自身のためにやることだから……〉という伊藤は、さらに進んで自らの立場を次のように明らかにする。

〈僕は敢えて静観的な態度で山登りをやっているといおう。しかし、ここで呉《くれ》ぐれも誤解のないように注意して欲しいのは、静観的というのが、低い山歩きや、楽な山登りを指しているのでもなく、少しの危険もないような尾根すじや渓谷を、いつも哲学者や詩人ぶった態度で思索や冥想に耽りながら歩いているという意味ではないということである。静観的というのは、山登りに於ける激しい身体的な行動と、危険を含んだ肉体的な緊張感のみを享楽するに止まらずして、そのような行為をも含めて、より豊かな心を以て自然を観照しようとする態度である〉と。本書論稿中、最も遅い一九三四年九月の執筆、「若き山友達に送る手紙」形式で、「感想小論随筆編」冒頭の「静観的とは」で述べている。

横浜に生まれた伊藤は、〝星影冴かに光れる北を、人の世の清き国ぞと憧れ〟て渡道し、多感な十代末から二十代の大半を北海道で過ごした。「北の山」に青春を燃やして到達したこの立場から、伊藤は山を一生の伴侶とする。登山家・伊藤の原点を成す本書を、伊藤は、彼が「最も敬愛する山の友、故大島亮吉の霊」に捧げた。

『北の山』 一九三五（昭和十）年五月、梓書房刊。A5判・二百十二ページ。装丁は北大山岳部後輩で画家の坂本直行による。フランス装で函入り、表紙は木版一色の題字、著者名、カット（裏表紙も）。多色刷の巻頭口絵（「一八四〇米の朝焼─札内川八ノ沢合流より」）と別刷の挿画、合わせて八点もすべて坂本の作品。全体として瀟洒な造本である。内容は、松方三郎による「序」と「自序」、「紀行編」十一篇、「感想小論随筆編」十一篇からなり、すべて著者二十歳代の論稿。「紀行編」は「北千島の一篇を除く外は殆ど総てが北海道の山に関するもののみ」で、「感想小論随筆編」は「山岳」「山とスキー」「北大山岳部々報」など「諸誌に寄稿したものである」（「自序」より）。「日本山岳名著全集」第四巻（一九七〇年・あかね書房刊）に収録。一九七五年、「覆刻日本の山岳名著」第十五巻として大修館書店が刊行。八〇年、口絵を除き、全篇と挿画六点を収録した「中公文庫」版が刊行（現在絶版）。ヤマケイ新書『山の名作読み歩き』に「静観的とは」を収録。

吉江喬松
『山岳美観』

塩尻とは〝塩の道〟最奥の地、あるいは複数のそれが接する場所をさす普通名詞であるが、それが地名となった代表例は長野県東筑摩郡塩尻村、現在の塩尻市である。塩尻は中山道の宿場町。中山道はここから木曽路に入り、また飯田を経て熱田神宮に至る姫街道が分岐する。さらにここは、糸魚川から南下する千国街道——日本海側から入る〝北塩〟移入ルートの終点でもあり、まさに交通の要衝であった。

塩尻から北へ約十キロの松本は、深志城を擁し、明治維新以後は文明開化の先進地、また商都として発展著しく、ここに開設された松本中学校（現、松本深志高）には、周辺各地から俊秀が競って集まった。塩尻生まれの吉江喬松も、そんな少年のひとりであった。

吉江は、上級生の塩沢重雄（のちの批評家・中沢臨川）から文学熱を吹きこまれたり、また三年上級の窪田通治（空穂《うつぼ》）を識ったりする。その窪田は、東京専門学校（現、早稲田大学）に進むが中退して帰郷、島立村小学校で代用教員を勤める。そこで、長野尋常師範学校に在学中、同級の島木赤彦と歌作を競い合い、〈すでに歌人と称せられる域にまで進んでいた〉太田水穂（窪田の実家がある和田村の小学校教頭）を識り、すすめられて短歌の道に入った。しかし窪田は、やがて水穂の詩歌観に違和感を抱き、与謝野鉄幹・晶子の「明星」に近づいて再び上京。けっきょく、独自の道をめざして復学した窪田は、一九〇二（明治三十五）年に短歌同人誌「山比古」を創刊。早稲田大学在学中だった吉江は、孤雁《こがん》と号して、水野葉舟とともにこれに参加した。

こうして吉江は、「明星」以後、アララギ派（伊藤左千夫、島木赤彦ら）、自然派（前田夕暮、若山牧水ら）、耽美派（北原白秋、吉井勇ら）、潮音派（太田水穂ら）などが並び立つ明治歌壇と浅からぬかかわりをもつに至る。大学を卒業し、東京の新宿・大久保に住んで、近事画報社に勤め始めたころの「吉江孤雁」の名が、臼井吉見『安曇野』にちらと登場する（第二部・その二）。

吉江はしかし、自らが生まれ育った風光明媚な松本平の自然を愛し、その自然に溶けこむ生活に目を凝らし、それに拠って詠んだ。やがて短歌を離れ、山岳主体の自然美探求、その文芸の研究へと関心を移してゆく。

一九〇七（明治四十）年八月、吉江は〈山岳画家の武井真澄君、歌人太田水穂君、教育家の岡村千馬太君〉と〈木曽の御岳へ登って、更にその裏山の急峻な能笹の中を飛騨路へ降りて再び高山の町から平湯温泉へ、そして山林地帯を白骨へ引きかえして来た一週間の山中旅行〉に出る。それは、〈糸経《いとだて》（麻と藁で編んだ筵《むしろ》）を身に着け、草鞋を穿いて、アルペン・ストックの代りに蝙蝠傘《こうもりがさ》をついているという不思議な行装〉の旅だった。〈今日の日本アルプスのピーク・ハンター達からは、無視されている山〉でありながら、〈裏山へ降るということですらが、一種の冒険の如くに、人々からは止められ〉、だからこそ〈それだけ未知の境界へでも踏み込んで行くような好奇心が湧かずに居られなかった〉のだ。

吉江は、この山岳旅行の紀行を「御嶽の表裏」と題して、雑誌「太陽」（博文館発行）一九〇八年八月号に発表した。往時の面影を色濃く残す木曽街道の景観と風物、山の温泉、山の民の営み、そして出逢った林務官や山の湯の女性……、どれもが吉江好みの自然に溶けこみ、それが生き生きとしかも美しく描き出される。数ある吉江の紀行中、最もすぐれた作品と評価できよう。吉江自身、本書を編むに当たって、執筆してから三十年を経た旧稿を改題し、わざわざ〝まえがき〟を付して巻頭に配したことからも、この「木曽御嶽の両面」には並々ならぬ愛着を抱いていたと推測しうる。

本書のいまひとつの柱ともいうべき二編のアルプス紀行は、フランス留学中の旅行に拠っている。「アルプス連峯の輝き」（『南欧の空』所収）、「瑞西《スイス》の自然美」（『仏蘭西《フランス》文藝印象記』所収）ともに、この世で最も美しいといえる景観に接した喜びの日々を回想している。日本人のアルプス像形成に少なからぬ影響を与えた作品で、辻村伊助、槙有恒、松方三郎、浦松佐美太郎の紀行とともに見落とせまい。吉江は、右の旅行中、まったく偶然にミラノで槙と出逢ったことも記している。

そして「山岳美論」および「最近の登山文学」は、吉江が自身のアルプス体験と自然美論研究の成果とを重ねながら展開した山岳文芸論ともいうべき、創造性の高い内容である。とくに後者は、志賀重昂、小島烏水、辻村伊助、槙有恒、武田久吉、冠松次郎、大島亮吉、板倉勝宣、田部重治、河田楨、武井真澄、柳田國男らの業績を吟味しつつ、山岳美の真髄に迫る視点と方法を論じた力作である。

また一九二一（大正十）年刊『若き自然』にも収めた「山項の雲」「山影」と「嶽色」の三編こそ、最も吉江らしい自然描写が見られる随想で、具体的な固有名詞にはほとんど意を用いず、吉江の眼と心に映じた安曇野の自然と、それに溶けこんだ人々の営みを、美しくかつ和やかに綴る。若き日、短歌の道に入って体得し、磨きあげた自然を捉える感性と、それを表現するみごとな語彙と文がちりばめられていて感動的ですらある。

後半生には学究生活をも併せた吉江だが、自然、とくに山岳への傾倒は終生変わらなかった。吉江による「序」の書き出しは――〈四時を通じて山岳は人を呼んでいる。その形態の多様と色彩の変化と、麓より絶頂にいたる多種の場面と、空際に連亘する一帯無限の壮美と、雲霧の去来する変幻の趣きと、そしてそれ等を示しながら黙々として不動の姿を呈しつつ、その全体としての一種の色彩形体の交響楽を空へ向って放散しているのである〉だ。それは、〈遠望して、山頂へ思いを走らせている〉少年時よりの習慣に発し、〈いまでも胸の跳る思いをしている〉のだから、吉江にあっては根源的な憧憬であり、

吉江喬松（よしえ　たかまつ）一八八〇（明治十三）～一九四〇（昭和十五）年。長野県塩尻村（現塩尻市）に生まれる。松本中学校（現、松本深志高）から東京専門学校（現、早稲田大学）に進んで英文学を専攻。坪内逍遙、ラフカディオ・ハーン（小泉八雲）らに学ぶ。この時期から、のちに歌人として大成する太田水穂、窪田空穂らと親交を結び、孤雁と号して作歌活動を行なう。卒業後、近事画報社で雑誌編集に当たるいっぽう、山岳を主対象として自然美探究にも情熱を注ぎ、紀行・研究・随想などを執筆・刊行する。一九一六（大正五）年から四年間、早稲田大学の留学生として第一次世界大戦下のフランスで学び、帰国直後の二〇（大正九）年、同大フランス文学科創設に際して教授となる。後進の育成に当たるとともに、翻訳、フランス古典劇研究で顕著な業績をあげ、学位を得る。著書『自然美論』『仏蘭西古典主義研究』などのほか、訳書も多い。没後まもなく、『吉江喬松全集』全八巻（一九四一～四三年、白水社刊）が刊行された。文学博士。享年六十。

信仰とも言いうるレーゾン・デートル（存在意義）である。

その吉江の山岳美礼讃を視覚的に補う役割を担ったのが、武井真澄によるスケッチで、武井を識る藤原咲平は〈真澂（真澄）画く所に対して未だ嘗《かつ》て些《いささか》の矛盾をも不調和をも感じない。却って未知の現象を示され或は又名にのみ聞く外国の現象をまざまざ其の画中に発見して我国にも亦《また》斯《こ》れありしかと感ぜしめられる。のみならず、真澂の画に対する時、自分が幼時山に対して持った畏敬を感ぜしめられる。誠に山は崇高である〉と讃辞を贈っている。

今日からすれば、印刷技術上の限界はおおうべくもないが、〈我が武井画伯の山岳芸術は、日本アルプスの持つ雲霧の変幻や、森林の不思議や、頂上の展望や、すべてが武井氏の情緒と溶け合い、呼吸に通い、山と人との渾一合体したる、そして日本人が古来から抱いている天然への憧れが、柔らかな言い難いなつかしい筆趣となって浮び上っている〉（吉江）。ここに武井の絵画のユニークさがある。

本書は、岳人ならぬふたりの山岳讃美者の合作になるたぐいまれな一冊である。

『山岳美観』 一九三五（昭和十）年六月、協和書院刊。B6判一六〇ページ。著者と親交のあった画家・武井真澄と共著のかたちをとっている。厚表紙・函入りで、高原牧場を錨いた単色の装画および装丁は武井による。また武井のスケッチは、水彩画「岩膚」（多色刷）、墨絵「雷鳥」を巻頭口絵としたほかに、「木曽御嶽」「木曽馬」「放牧」「山岳重畳」「虹」「山頂の暁」「崩越」「田の原小屋より」「御嶽頂上より」「黄昏」「二の池」の十一点を、それぞれ別刷（すべて単色刷）で本文中に配する。本文は「木曽御嶽の両面」「アルプス連峯の輝き」「山岳美論」「山頂の雲」「山影」「嶽色」「最近の登山文学」「瑞西《スイス》の自然美」の八編。また、著者による「序」のほかに、武井を識る中央気象台長・藤原咲平が、「序」を寄せている。

尾崎喜八
『山の繪本』

〈真の登山家は必ずその心に『詩』を持っている。しかも高度に凝縮された詩を。ただ彼等は多くそれを筆や口にしないだけである〉（「山への断片」より）と、この詩人は言う。

近代アルピニズムは、登頂あるいは登攀そのものを目的とする山岳活動、スポーツとしての登山活動を主流としている。だから、より困難な条件のもとでの登頂や登攀の実績が登山活動を評価し、考える際の主要な基準とされることが多い。いきおい、前衛的な、あるいは極限的な登山活動を担いうる登山家の、行為そのものを問う場合が多くなる。しかし人々の、山岳あるいは自然とのかかわり方は多様であって、けっして一様ではない。登頂や登攀そのものよりも、たとえ、対象が低山であれ容易な山であれ、山岳活動に触発されて内面に発する感興や連想や思考に、より大きな価値を見出す場合もあろう。この詩人が言うように、もともと〈真の登山家〉は、〈心に『詩』を持っている〉のだから。

この詩人が山岳に親しむにいたったのは、河田楨《みき》『一日二日山の旅』（一九二三年刊）や『静かなる山の旅』（一九三〇年刊）に接してからである。河田が、『大菩薩連嶺』（一九二九年刊）を編んだ松井幹雄らと主宰した「霧の旅会」は一九一五（大正八）年に東京に創立され、低山趣味を提唱し、豊かな

自然観照から得た感懐を多様に表現する活動を実践した社会人山岳団体である。日本の山岳界が、明治期の探検時代を脱し、登山が大衆化し始めた大正期に、そのリーダーシップをとった功績はけっして小さくない。

河田や松井の著作は、甲州・武州・相州、すなわち東京近郊の丹沢、道志、奥多摩、奥武蔵、大菩薩、奥秩父、八ヶ岳など東京に近い山岳のガイドを中心に、登山知識や初歩的技術の普及を意図していた。だが、この詩人がこれらの著作から得たものは、右の事項もさることながら、いわゆる静観派と呼ばれる、河田らの山岳への接し方ではなかったろうか。それは詩的高揚や芸術的感興をそそる山岳の存在を教えてくれ、そこから、この詩人の山岳への憧憬も大きく育まれていったと想像できよう。

静観派の著作に触発され、自ら行動を開始したこの詩人の創作意欲は、やがて、多くの山や自然を主題とした詩集『旅と滞在』（一九三三年、朋文堂刊）などへ結晶してゆく。その二年後に刊行された、この『山の繪本』は、この詩人にとって「最初の散文集」であり、「詩と自然とのコンチェルト」なのである。それは、〈詩で書いたことをもっと自由に、こまかく、具体的に、散文の形で書いてみたい……その中で詩と科学とが共に奏でて歌を成している文章、そこに生きることの喜びが実例によって勧奨されているような文学――日本でこれが最初の詩精神につらぬかれた生活と自然愛との協奏曲のような文学〉である、と著者自身が言う。

コンチェルトの音色を、読み手はどのように聴くだろうか。

たとえば「たてしなの歌」は――〈千百の思ひ出が一時によみがへる。それは我先にと駈けつけて来る／蓼科高原幾里四方の秋草や白樺が、「僕達のことを忘れるな」と一斉に蓬々とそゝけ立つ／私の渇を癒してくれた淋しい高地の用水が、その八重原堰《せんぎ》・塩沢堰の長い水の背をうねらせて呟く、「おれ達の事も亦…」／「私だつて」と菅原部落の猪口に一杯の蜂蜜が甘つたれる、「私だつてあなたに元気をつけて上げました」／草夾竹桃《フロックス》や萩の匂をぷんぷんさせながら、彼女は懸命に自分を思ひ出させる。〉

また、「念場ヶ原・野辺山ノ原」は――〈雨は十分ばかりで止んだ。眺望が開けて來る。真珠色をして南西から北東へ静かに移りうごく雲の、その切れ間の空の気も遠くなるやうな美しさ。爪先上りの

尾崎喜八（おざき　きはち）　一八九二（明治二十五）年～一九七四（昭和四十九）年。東京生まれ。京華商業学校卒。二十五歳まで銀行などに勤めたが、大正期、理想主義・人道主義を標榜する『白樺』系の文学に心酔して詩作の道に入る。三十歳を越えた一九二五（大正十四）年秋以来、松井幹雄・河田楨らいわゆる静観派の「霧の旅会」の中心メンバーとして、主に中級山岳に足を運ぶ。詩集『旅と滞在』『高層雲の下』、散文集『山の繪本』『雲と草原』などによって〝山の詩人〟として高い評価を得たが、一方、ロマン・ロラン、ヘルマン・ヘッセなどのドイツ文学や詩の翻訳紹介にも尽力する。一九三五年（昭和十）年、霧ヶ峰で開催された「山の會」で「山と芸術」を講じる。太平洋戦争中に疎開していた八ヶ岳山麓富士見の周辺をテーマにした作品も多く、雲、植物、鳥などにも造詣が深かった。串田孫一ら雑誌『アルプ』（一九五八年～八三年）編集同人の顧問的存在。著作は『尾崎喜八詩文集』（全十巻、創文社刊）にまとめられている。訳書はエミール・ジャヴエル『一登山家の思い出』など多数。享年八十二。

坦々とした道を、時折のきらびやかな朝日をうけながら行く美しさ、高原の微風よ！　路傍に秋のゴブランをつゞる灌木よ、草よ！　わけても甲斐の国の山々よ！　僕はお前達にフェリシテを云ふ。あゝ生きる事は何と善いか！〉

さらにまた「神津牧場の組曲」――〈それは地貌の突然変異である。それはヴィオロンとタンバアルとで神秘的に引延ばされたベエトオフェンの『第五』のスケルツォーが、俄然フィナアレの大叫喊へなだれ込んだ時の比類である。突峰の乱立、枝尾根の盤桓、谷の穿入。比例を極度に大きくすれば、まるで子供がぶちまけた積木の山で、一見支離滅裂、紛糾乱雑、ほとんど収拾しがたい光景である〉。

風景を謳いあげても、擬人化あり、視覚で捉えた状況の音響的表現あり、また自身の心象風景としての捉えかえしあり、常套的でない比喩あり、さすが第一級の詩人の筆になる散文である。そして随所に、出逢った人々へのあたたかいまなざしがある。それは、「念場ヶ原・野辺山ノ原」の〝みめ美しい女房〟であったり、「御所平と信州峠」の〝国界の小さい子たち〟だったり。また、北佐久の隠れたる篤学者、隠栖の哲人を思わせる牧場主任、分岐点で待ってまで道を教えてくれた行商人、瑞牆《みずがき》山の愛すべき山案内、金山の宿の美しい娘などとの心和む出逢いと別れ。

これらの人々から受けた好ましい感情を吐露したこの詩人は、都会で出くわした登山家の俗物根性には激しく反発する。彼らに対して、この詩人は容赦なく辛辣なことばを投げつける。鋭くて柔軟な感受性がとらえた山と自然と人は、詩人の優しくて厳しい言語表現となって、まったく新しい豊かな世界として再生される。

〝協奏曲〟（コンチェルト）という聴覚的表現を意図した散文集に、〝絵本〟という視覚的表題を付したこの詩人の非凡さを改めて思わずにはいられない。

『山の繪本』 尾崎喜八による最初の散文集で、一九三五（昭和十）年七月、朋文堂刊。初版は、ドイツ文学者で、この本の装丁にあたった片山敏彦の水彩画をカバーにしたA4変型判。本文は、十篇からなる「絵のように」と、十六篇からなる「画因と素描」の二部構成。巻頭口絵に、ヘルマン・ヘッセの水彩画「湖畔」を配し、本文中に、著者をはじめ武田久吉、木暮理太郎、野口末延らが撮影した写真をそれぞれ別刷にして挿入してある。本書には「紀行と随想」という副題があるが、単なる紀行文や山水叙景ではなく、この卓抜した詩人の眼と感性が随所に感じられる珠玉のエッセイ集といえよう。本書は版を重ねるたびに装を改め、戦後、角川文庫、新潮文庫に入った。また、あかね書房版「日本山岳名著全集」第七巻に収録される一方、日本山岳会編「新選　覆刻日本の山岳名著」（一九七八年、大修館書店刊）では、初版そのままの美しい装丁で復刻されている。現在は岩波文庫に収められている。

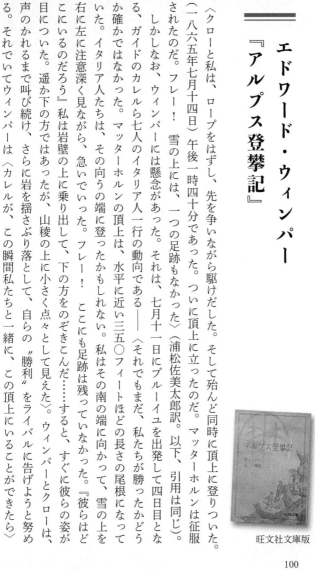

エドワード・ウィンパー『アルプス登攀記』

〈クローと私は、ロープをはずし、先を争いながら駆けだした。そして殆んど同時に頂上に登りついた。(一八六五年七月十四日)午後一時四十分であった。ついに頂上に立ったのだ。マッターホルンは征服されたのだ。フレー！　雪の上には、一つの足跡もなかった〉(浦松佐美太郎訳。以下、引用は同じ)。

しかしなお、ウィンパーには懸念があった。それは、七月十一日にブルーイユを出発して四日目となる、ガイドのカレルら七人のイタリア人一行の動向である――〈それでもまだ、私たちが勝ったかどうか確かではなかった。マッターホルンの頂上は、水平に近い三五〇フィートほどの長さの尾根になっていた。イタリア人たちは、その向うの端に登ったかもしれない。私はその南の端に向かって、雪の上を右に左に注意深く見ながら、急いでいった。フレー！　ここにも足跡は残っていなかった。『彼らはどこにいるのだろう』私は岩壁の上に乗り出して、下の方をのぞきこんだ……すると、すぐに彼らの姿が目についた。遥か下の方ではあったが、山稜の上に小さく点々として見えた〉。ウィンパーとクローは、声のかれるまで叫び続け、さらに岩を揺さぶり落として、自らの〝勝利〟をライバルに告げようと努める。それでいてウィンパーは〈カレルが、この瞬間私たちと一緒に、この頂上にいることができたら〉

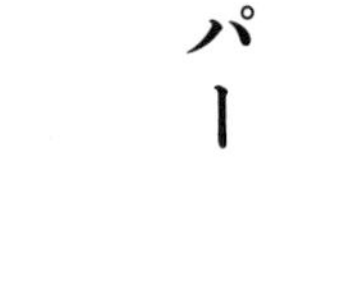

旺文社文庫版

と思いもするのだ。

本書でウィンパーは、マッターホルン初登頂に至るまでの諸種の調査活動、用具・装備の改良・開発やガイド選びなどの準備活動、そして八回にも及んだ試登について、それぞれ詳細に物語っている。それは、確かに本書の主要な軸をなしてはいる。しかし本書は、〝アルプス登攀記〟であって、けっして〝マッターホルン登頂物語〟ではないのだ。一八六〇年から六五年まで、アルプスとの初めての出逢いから説き起こし、アルプスにかかわる自らの六年間の行動と見聞とを、ウィンパーは逐年で精細に記述しているのである。グラン・トゥルナラン、エクラン、グランド・ジョラス、エギーユ・ヴェルト、ルイネットなどの初登頂や、コル・ド・ピラット、コル・ドランなど峠の初通過を、それぞれ章をたて挿画つきで物語る。また、アルプスを舞台に活躍する各国登山家の動向や、スイス、フランス、イタリア各地のガイドたちの人と態《てい》、技倆の巧拙をも肖像を添えて随所に記す。スイス人アルマー、フランス人クローらがウィンパーのお気に入りで、彼らは数多くの山行に忠実なパートナーとして働いた。しかし、イタリア人ジャン・アントワーヌ・カレルは、趣きを少なからず異にしていた。

ウィンパーが最初にカレルと出逢ったのは、一八六一年八月だ。のちに『アルプス紀行』を著わすJ・チンダルが、ワイスホルン初登頂に続けて、当時〈登攀不可能だという伝説に取り囲まれて〉いたマッターホルンをめざすと聞いて、ウィンパーの〈マッターホルンに対する気持は、むらむらと燃え上がって来た〉ころである。マッターホルンへ、ウィンパーは、その南麓ブルーイユの谷から第一回目の試登を始める。それには、ヴァル・トゥルナンシュ村のカレルが最適のガイドだと、教えられる——

〈カレルは立派な体格をした、意思の強そうな男で、どこかに不遜な様子さえ漂わせていた。だがそれさえ好もしいように思われた〉のでウィンパーは雇おうとするが、彼が〝相棒も一緒に〟と注文をつけたため交渉は不成立に終わる。実はカレルは、すでに五八～五九年に、村の猟師仲間と何度かマッターホルン試登を経験していたのだ。ウィンパーは、これが〝初めての試登〟だとする。

カレルは、ウィンパー第一回の試登と日時を合わせて独自に登り、以後はウィンパーのいずれもブルーイユからアタックした第三、五、七回目の各試登に雇われて行をともにした。時にパートナーとなり、時にライバルとなって同じマッターホルンをめざした、カレルに対するウィンパーの想いは一様ではない――〈彼こそは、マッターホルンの登攀を企てたすべての人びとのなかでも、その頂上に最初に立つべき資格をもった人物だったのだ。マッターホルンは登攀不可能の山だということを、最初に疑ったのも彼であった。そしてその登攀が、必ずできるものと信じつづけて来た、ただ一人の男でもあった。彼の生まれ故郷の谷の名誉のために、イタリア側からマッターホルンに登るのが、彼の一生の望みであった。……カレルは、自分の思う通りに勝負を運んでいた。だが彼は、ついに誤った手を打ったのであった。そして彼は勝を失ったのだ〉。そのカレルは、ウィンパーの三日後、南側ルートから初登頂して目的を達成した。

ウィンパーとカレルとの縁はさらに続く。九年後の一八七四年八月、ウィンパーはマッターホルン再登に際して、カレルをガイドに雇う。それればかりではない。七九～八〇年、ウィンパーはカレルを伴ってエクアドル・アンデスに赴き、最高峰チンボラソ（六三一〇メートル）などの登頂を果たす。九〇年、カレルは五十三回目のマッターホルン登頂後、荒天のなかに散る。

　さて、ツェルマットからヘルンリ山稜〜東壁〜北東山稜をたどって初登頂に成功したウィンパー一行は、好天に恵まれて大展望をほしいままにした〈輝かしき生涯を圧縮したようなひととき〉を過ごして、下山の途につく。クローを先頭にハドウ、ハドソン、ダグラス、老ペーテル、小ペーテル、ウィンパーの順で。数分後、クローがすぐ後ろのハドウの足場を固めてやって向きを変え、自分が下り始めた〈その瞬間に、ハドウが足を滑らしたのだ。クローの背なかにぶつかり、彼を突き落としてしまった。クローが驚きの叫び声を上げるのを聞いた。そしてクローとハドウが、飛び落ちていくのが見えた。次の瞬間には、ハドソンが引きずり落とされた。それと同時に、フランシス・ダグラス卿も落ちていった。すべては一瞬のうちの出来事であった〉。ダグラスと老ペーテルとの間でロープが切れていた。生き残った

エドワード・ウィンパー　Edward Whymper　一八四〇〜一九一一。イギリス人。ロンドン生まれ。少年時代から家業の版画制作を修業、十四歳のとき、学校を中退して父の跡を継ぐ。二十歳の一八六〇年、山岳書の挿画を依頼されてスイス・アルプスに接し、山岳に魅せられて翌六一年から本格的登山活動に入る。モン・ペルヴーに登頂後、未登のマッターホルンへの挑戦を開始。二十五歳の六五年に歴史的初登頂を果たすが、それまでに八回の試登を繰り返した。その後、グリーンランド、エクアドル・アンデス、アマゾン、カナディアン・ロッキーなどに足跡をとどめ、シャモニのホテルで客死。著書に『赤道下の大アンデス旅行記』、ツェルマットとマッターホルンの案内記など。享年七十一。

三人がテントまで下降してきたとき、リスカム上空に〝神秘的な幻影〟が現われ、大十字架が二つ並んで浮かぶ。

栄光が悲劇に暗転したこの物語は、山稜の三人がブロッケン現象に戦《おのの》く挿画を見せて、幕を降ろす。

『アルプス登攀記』 *Scrambles Amongst the Alps*, 1871, John Murray, London.　一八六〇年から六五年までの六年間、ウィンパーが親しんだアルプスの山々への登攀物語二十二章からなる。マッターホルン初登頂から六年を経て初版が刊行されたが、ウィンパーは挿画や地図の作成に多くの時間を割いた。邦訳は、浦松佐美太郎が原書第四版を主に用いた岩波文庫版（一九三六年刊）が最も古く、三十年後の六六年に改訳版（現在品切れ）が出ている。七一年、石一郎訳が旺文社文庫から。また、H・E・G・ティンダル編の第六版を用いた新島義昭訳を一九八〇年に森林書房が刊行。新島訳は九八年に講談社学術文庫、ほかに「世界山岳全集」第一巻（一九六一年、朋文堂刊）が福田陸太郎による抄訳を収録。いずれも絶版。

小島烏水『アルピニストの手記』

小島烏水を措《お》いて、わが国の近代登山史を語ることはできない。斯界にあって烏水は、まさに〝大いなる〟存在であった。烏水こそ、志賀重昂『日本風景論』（一八九四・明治二十七年刊）に触発されて本格的な登山活動に入り、一九〇二（明治三十五）年、岡野金次郎とともに槍ヶ岳に登頂、滞日中のイギリス人宣教師W・ウェストンを識り、その慫慂《しょうよう》によって、一九〇五（明治三十八）年、日本山岳会（創立当初は「山岳会」）を創設、のちにその初代会長となった、その人である。

烏水は、明治中期〜大正初期、日本アルプスの探検登山時代に、その主役として輝かしい記録を数多く残す一方、文芸雑誌「文庫」記者として活躍、その文筆によってすぐれた紀行、随想、山岳研究などを発表して登山の普及に絶大な役割を果たした。本書は、この〝大いなる〟烏水が晩年にしたためた回想を集成したもので、膨大な烏水の著作中、価値ある山岳エッセイ集として評価が高い。

烏水が、日本アルプス探検登山時代をともに担い、ウェストンを識る契機をつくってくれた岡野金次郎（一八七四〜一九五八）と出逢ったのは一八九四年——『日本風景論』刊行の年——徴兵検査の会場であった。幼児期、病弱だった烏水は、父・寛信の転地療養に同行して、箱根の山野に親しんで健康体に育ち、一方、岡野も、丹沢南麓の丘陵などに好んで足を運びつつ成長した。のちに岡野が語るように、〈山の神が、小島と私を、褌一つの裸で引き合わせた〉のだ。そして〈不合格のよしみで、初対面の挨拶から話が始まった〉。ともに横浜市戸部町に住む偶然も重なって、意気投合したふたりは小田原へ、静岡へ、さらに天竜へと街道を歩き、また、箱根の神山、駒ヶ岳、丹沢の塔ノ岳などの峰々に足を延ばすようになる。

烏水らが『日本風景論』を手にしたのは、その刊行の翌年である。その内容は、山に魅せられていたふたりにとって、まさに衝撃的であった。

未知の高山が目白押しに列挙してある。ひとつひとつを食い入るように読み進むうち、「鎗ヶ嶽」（槍ヶ岳）に行き当たる。「海抜三五三一米突《メートル》」——富士山に次ぐ標高だ。島々～徳本ノ小屋～宮川ノ小屋、〈これにより登ること六里、即ち七時間にして絶頂に達し得。其間、花崗岩を穿《うが》てる奔端《ほんたん》に沿ふこと三時間、花崗岩の群嶺、交《こもご》も天を衝きて起り、奔端を去るや、愈々《いよいよ》嶮、景物益々荘厳、花崗岩 恣《ほしいまま》に、其の怪奇の状を呈出すること、一幅の大画図に異ならず、行々積雪を踏み、時にライ鳥、カモシカを看る、花崗岩山の本色を知らんと欲せば、須《すべか》らく此山に登るべし〉——日清戦争のさなか、徴兵検査不合格のふたりの男は、槍ヶ岳への熱い想いに取り憑かれていた。

烏水の横浜正金銀行入行、岡野の外遊などをはさんで一八九七（明治三十）年から、ふたりは槍ヶ岳をめざす登山活動に入る。多摩川遡行～丹波山～柳沢峠～岩殿山～昇仙峡、妙義山、浅間山～善光寺～松本～木曽～美濃、高山～乗鞍岳。そして一九〇二年八月、烏水らは島々～白骨温泉～霞沢遡行～上高地〜梓川遡行〜赤沢岩小屋〜槍ヶ岳〜蒲田川下降のコースで、積年の夢を現実した。その翌年、烏水は雑誌「文庫」に「鎗ヶ嶽探険記」（のちに『山水無盡藏』に収める）を一年間連載し、注目を集めた。その冒頭に烏水は、〈余が鎗ヶ岳登山をおもひ立ちたるは一朝一夕のことにあらず。何か故に然りしか。山高ければなり。山尖りて嶮しければなり〉と書いている。未知の高山への、この旺盛な探求心こそ近

小島烏水（こじま　うすい）一八七四（明治六）年〜一九四八（昭和二十三）年。本名・久太。香川県高松市生まれ。横浜税関吏となった父とともに横浜市に移り、横浜商法学校（現、横浜商業高校）卒業。横浜市内の法律事務所、イギリス人の商会勤務を経て、一八九六（明治二十九）年、横浜正金銀行（東京銀行を経て現、みずほ銀行）に入行。一八九四年、岡野金次郎を識り、以後、数多くの登山活動をともにする。一九〇二（明治三十五）年、槍ヶ岳登頂、翌年、ウェストンに逢い、すすめられて武田久吉、高頭仁兵衛ら七人と日本山岳会を創設（一九〇五年十月）、のちに（三一年）その初代会長となる。日本アルプス探検登山時代の担い手として、赤石岳（〇五年）、燕岳〜常念岳（〇六年）、白峰三山縦走（〇八年）、赤石岳〜白峰縦横断（〇九年）、さらに槍ヶ岳〜双六岳〜薬師岳縦走（一〇年）、岳沢〜穂高岳〜槍ヶ岳（一一年）、飛騨双六谷遡行（一四年）など。一方、文芸雑誌「文庫」記者としても活躍、相次いで紀行を発表、筆名を高める。一九一五（大正四）年、ロサンゼルス、サンフランシスコの支店長として渡米、カスケード、シエラネバダの峰に登る。著書に『日本山水論』『山水無盡藏』『日本アルプス』全四巻、『氷河と高年雪の山』『山の風流使者』『江戸末期の浮世絵』など三十冊。享年七十四。

代登山の思想的根源であり、烏水らはそれを実践した。それは、わが国に近代登山の黎明を告げる画期的な行動であった。

その年、岡野は偶然"Mountaineering and Exploration in the Japanese Alps"(『日本アルプス・登山と探検』)なる本を手にする。さらに、著者Walter Westonが横浜市内の山手教会牧師であることがわかる。自分たちがやっと登った槍ヶ岳に、十年も前(一八九一年)に登ったイギリス人がいる! しかも横浜に住んでいる! 翌年、まず岡野が、次いで岡野と烏水がウェストンを訪ねる。これが日本山岳会創設の契機となる。

さて、本書について、烏水は〈私のこの本には、肝心の山のことが少なくて、山に登場した内外の先輩岳人、有名又は未知名の岳友に関する物語が多い〉、すでに登山記録を刊行しているので、〈本書に於ては、それ等に漏れたものを収容した。そしてそれ等岳人のスケッチや、肖像のカンヴァスを通じて「山」はおのづから背景《バック》に表現されているつもりである〉と書いている。これは、本書の巻頭に配してある「アルピニストの手記」(九篇所収)中の冒頭、「日本アルプス早期登山時代」中にあり、いわば〝序〟に相当する内容である。本論は「槍ヶ岳からの黎明」で始まる。続く「ウェストンを繞《めぐ》りて」「ウェストン寄附の登山帖」「山岳会の成立まで」は、日本山岳会創設前後の事情や人間関係にかかわる重要な証言だ。また「私の遇った登山家の印象」に収められたジエームス・ブライス、王堂チェンバレン、白井光太郎や、荻野音松(「悪沢岳の発見者」)、上条嘉門治《ママ》(「日本アルプスのぬし」)らに関する叙述は、表題の〝印象〟を超えた、その人物にかかわる厳密な考証を積んだ資料もあって貴重である。「セガンティニ」「辻村伊助のサン・モリッツ旅信」「広重に描かれた日本南アルプスと北アルプス」『山岳』雑誌の表紙」などは、浮世絵研究家でもある烏水の絵画に対する慧眼を強く感じさせる。また、「飛騨山中にある凡兆の句碑」「上高地は神河内が正しき説」「山の書籍国を行く」「山の本とその著者たち」などにみられる、資料への執着ぶりと書誌的検討の厳密さには、読む者を圧倒する説得力がある。

総じて、熱のこもった文体で綴られた内容から、未知の山岳へ立ち向かった登山家としてだけでなく、明治人らしい気骨を具えた山の文学者、研究者としても〝大いなる〟存在感を与える烏水像が浮かびあがってくる。

『アルピニストの手記』 一九三六（昭和十一）年八月、書物展望社刊。A5判・三百十二ページ。厚表紙、貼函入り。表紙は布装と貼紙装を合わせ、茨木猪之吉による著者肖像と雷鳥のスケッチを浮き彫りにして配したデザイン。巻頭に、茨木猪之吉の仙丈岳（三色版）、冠松次郎の写真、高島北海の高山植物図を口絵とする。また、本文中にも、写真、地図、古文書、筆蹟など十七点を別刷で挿入。本文は、「アルピニストの手記」（九篇）、「私の遇った登山家の印象」（五篇）、「生い立ちの記」など合計十六篇の回想的エッセイ、人物論、紀行、研究と、「巻末剰筆」。いずれも昭和初期の稿で、それぞれに執筆年月を付してある。本書は、「日本山岳名著全集」第一巻（一九六二年・あかね書房）に収められたほか、「小島烏水全集」（全十四巻、別巻一・大修館書店）では、第十巻所収。また、「新選覆刻日本の山岳名著」の一冊として、大修館書店から復刻版が一九七八年に発刊された。一九九六年に平凡社ライブラリーに収められたが、現在品切れ。

松方三郎『アルプス記』

一九二一（大正十）年九月、槇有恒は、スイス、ベルナー・オーバーラントのアイガー東山稜に初登攀を達成して反響をよんだ。日本が、ヨーロッパに生まれ育った近代的スポーツ登山を移し、山岳会を設立して十六年めの快挙であった。

一九二一年末に帰国した槇は、翌二二年三月、母校・慶応義塾などで活躍している若き精鋭を率いて、槍沢から積雪期槍ヶ岳に初登頂を果たす。松方三郎は学習院ＯＢとして、このパーティに参加した。槇らによるこの初登頂は、北大の板倉勝宣による前々年と前年の単独踏査に負うところ大であった。板倉は松方より二歳年長だが、学習院高等科で二人は同級、ともに登山とスキーの技を磨いた仲だ。京大に進んだ松方は、板倉が雪の槍沢をスキーで踏査した年、厳冬期の燕岳にスキー初登頂を達成している。

一九二二年七月、松方は板倉らと天上沢から北鎌尾根を攀じ、槍ヶ岳に登頂する。槇が涸沢岩小舎で岩登り合宿を主宰したのは、同年八月のことだ。慶応の大島亮吉、早稲田の舟田三郎、ともに松方と同年で、それぞれの山岳部活動をリードしていた。二三年一月、板倉は槇、三田幸夫（松方の一歳下）とともに立山をめざしたが、松尾峠で遭難死する。二十歳台前半の松方は、まさしく〝岩と雪の時代〟を拓く最前線の活動を担う有力な一員であった。

一九二四（大正十三）年末から二七（昭和二）年まで、松方はイギリスに留学する。その満二年余の間、彼は、スイス・アルプスにきわめて充実した登山活動を展開した。三十回を越す登頂・登攀のなかには、アイガー東山稜末端のヘルンリ小屋からミッテルレギ小屋までを浦松佐美太郎（東京高商ＯＢ、松方より二歳下）と初登攀（二七年八月）して、先述した槇の登攀と併せて日本人によるアイガー東山稜完登達成、秩父宮のヴェッターホルン、マッターホルンなどの登頂に槇、麻生武治、松本重治、藤木九三らとともに随行、なども含まれる。

しかし、松方は〝アルプス記〟と題した本書にも、のちの『アルプスと人』にも、これらに関する記

松方三郎（まつかた　さぶろう）一八九九（明治三十二）年～一九七三（昭和四十八）年。東京生まれ。父・正義は薩摩藩出身で明治政府の重鎮、大蔵大臣・内閣総理大臣を務め、公爵。その十三男で学習院から京都帝国大学に進み、一九二二（大正十一）年に経済学部卒業。十代から登山に親しみ、二一年一月には厳冬期燕岳にスキー初登頂。二二年三月に積雪期槍ヶ岳初登頂、同年七月に槍ヶ岳北鎌尾根登攀。二四（大正十三）年～二七（昭和二）年、ヨーロッパ留学。二七年八月にアイガー東山稜ヘルンリグラート初登攀を達成したほか、マッターホルン（四回）、ヴェッターホルン、ユングフラウ、ラ・メイジュ、モンテ・ローザなどに登る。第五代および第十代日本山岳会会長、第三代日本山岳協会会長。七〇（昭和四十五）年、日本山岳会エヴェレスト登山隊隊長。共同通信社専務理事。イギリス山岳会名誉会員。著訳書に『アルプスと人』『遠き近き』「松方三郎エッセー集』全五巻、『わがエヴェレスト』（ヒラリー）など。享年七十四。

録や報告を記していない。極度の緊張と興奮をよびおこし、満ち足りた充実感を生んだであろう初登頂・初登攀について、ほとんど書かないアルピニスト・松方三郎——照れ屋なのか。醒めすぎているのか。自身の登頂や登攀が最初のものであることに恬淡としてこだわらないのか。初登頂・初登攀の感動や意味づけは、自分の胸深く秘めておきたいのか。

本書には、松方がヨーロッパから帰国後の一九二九（昭和四）年七月から、本書刊行の三七（昭和十二）年までに執筆・発表した三十八篇の論稿が収めてある。冒頭の「ドーフィネ日記」以下、「アルプスところどころ」「山村一つ」「モンテ・モロ越え」「冬山断片」「ある山小屋」「コル・ドラン」「住み心地のいい山小屋」「アルプとアルプス」の九篇が、直接アルプスにかかわる紀行・案内・随想である。

浦松佐美太郎や麻生武治との山岳紀行、浦松の『たった一人の山』にも登場する山案内人のエミール・ザミ。簡潔で味わい深い案内記〈いつまでも自分の心の奥にしまっておきたいような思い出〉につながるエギーユ・ダルジャンティエールの登攀と大アルプスの展望。〈バルチーデルの谷に置き忘れられた宝石箱〉のような山小屋。現地をよく識る著者の眼は鋭いが、筆は読みやすくリズミカルだ。——〈ジュネーブで、モン・ブランを遥かに望み、インターラーケンでオーバーラントの三山を仰ぎ、ルツェルンで氷河公園を見物してチューリヒから北にぬけてしまうという手合に〉アルプスを談ずる資格はない。〈アルプスは、その岩や氷の頂を囲み、その氷河や湖水と食い違いながら横たわるアルプを味わい、そこに輪廻する四季の風物に親しむことによって、初めて本当の浮彫を与えられる〉という。

続いて「フレッシフィールドを想う」「セガンティーニと彼の山」で、人物と登山観・自然観を紹介し、「チンゲル伝」では名犬と岳人との交流を活写する。また「他人の石」では、ユングフラウ鉄道、マッターホルン鉄道の歴史に学びながら、観光開発のあり方を論じて現代に警鐘を鳴らす。いっぽう、国内の山域に関するものは、「神河内」——辻村伊助が〈神河内ならぬ「上高地」は、不快なところである〉と断じて絶縁したあとに、上高地で学生時代に楽しんだ回顧——と、〃富士学校〃と称して同好の士と冬富士に執着した一九三五、六（昭和十、十一）年当時の紀行など六篇。さらにエヴェレストなどヒマラヤへの関心、立教大のナンダ・コットや京大の白頭山などから遠征の問題を論じた九篇がある。

そして、松方の柔軟な思考を刺戟した、デントの『雪線の上にて』を導入とする「書問逍遥」は出色のエッセイである。何十万年か後の考古学者が、アルパイン・クラブの遺跡を前に、無償の行為で自らを苦しめる山岳人の正体をとらえかねる話から、岳人における山岳書の重要性へと説き進めてゆく。グレーの〈どんな人も読書の趣味を会得するまでは本当に独立を獲得したとはいうことができない〉を引用して始まる「山岳図書展覧会のために」とともに、松方の知性がひときわ光る。

『アルプス記』 一九三七（昭和十二）年六月、龍星閣刊。菊判で本文二百九十四ページ。別刷口絵十ページ。厚表紙クロス装、函入り。本文は「序」と「ドーフィネ日記」以下三十八篇。表紙にグラン・サン・ベルナールの僧院、両見返しにモン・ブラン連峰パノラマの銅版画を使用。口絵はメイジュなど著者撮影のモノクロ写真六点、古石版画二点。本書の特装版は、革装で表紙に銅版を嵌め布装帙に収めた超豪華版。一九七四（昭和四十九）年九月、同じ龍星閣から、新字体に改めた新版が刊行された。九七年、平凡社ライブラリーに収められた（現在品切れ）。

エミール・ジャヴェル
『一登山家の思い出』

〈たとい何と言われてもダン・デュ・ミディには全く惚れ込んでいるとわたしは言った。……二年このかた、一日のあらゆる瞬間にわたしは彼女を眼の前にしていたのである。わたしの部屋の窓は、眼を覚ますとまず見える一枚の絵に面した位置にあった。それはほっそりした優美な彼女の横顔だった。食卓につけば、……まるで額縁の中の絵を見るように、アレートをなしている七つの尖峰と、その山腹の半分までを見ることができるのだった。最後に、仕事が一日の大部分、わたしを一つの広間に引き留めていたので、どの窓からでも彼女の全身が見えた。その台石の役をしている豊満な前山から空中に浮かぶ山巓まで〉。

〈ダン・デュ・ミディの中でわけてもわたしの愛するもの、わたしを惹きつけ、わたしを虜にし、わたしの瞑想の間じゅう最も視線を引き留めておくもの、それは東峰《シーム・ドウ・レスト》である。たといそれが最高の峰ではないにしても、しかし最も誇らかな、最もすらりとした、最も美しい峰だとはいえないであろうか。山自体にその全性格を与えているのは彼女ではなかろうか。そして西方に坐するその姉に数メートルを譲っているにもかかわらず、まず人の心を打ってその記憶に残るのもまた彼女ではないだろうか〉。

（本書「二夏の思い出」より。尾崎喜八の訳。以下、引用は同じ）――エミール・ジャヴェルがダン・デュ・ミディに寄せる愛情は尋常のものではない。それはほとんど溺愛だ。

西部アルプスの中核はモン・ブラン山群である。この山群はフランス・イタリア国境最北部に位置し、ヨーロッパ・アルプス最高峰のモン・ブラン（四八一一メートル）、急峻で名高い北壁のグランド・ジョラス（四二〇八メートル）を擁する。さらに北へ延びてフランス・スイス国境にサボア・アルプスを形成するが、その最高峰がこのダン・デュ・ミディで、標高は三二五七メートル、山名の意味は〝南の牙〟だ。モン・ブラン山群は、おもに花崗岩からなる鋸歯状の岩峰が連続し、各所で針峰（エギーユ）が天空を突き刺す。また標高が高いので、メール・ド・グラスやボソンなどのような雄大な氷河をその身にまとう。この巨大山群の一角を占めるダン・デュ・ミディは石灰岩の山で、七つの尖峰を屹立させる。最高峰のオート・シーム（西峰）、ついでドア、ダン・ジョーヌ、ジャヴェルのシーム・ドゥ・レス（三一七八メートル）、ラ・フォルトレス、ラ・カテドラル、レプロンである。

〈アルプスを遍歴する、とわたしは言った。それは違う。むしろ、ダン・デュ・ミディを、とこそ言うべきであろう。ダン・デュ・ミディ、これこそわたしの特別な愛の対象である。夏が近づくと、最も評判のいい峰々や最も名高い山々を幾度かわたしは思い立った。しかし、あらゆる計画にもかかわらず、ダン・デュ・ミディは最も力強くて、つねにわたしを引き寄せるのであった。……行くたびごとにいっそう新しい事物を発見し、まだかつて二度と同じコースを採ったことなく、わたしが絶えずそこへ帰って行くのはまさにこれがためである〉――なぜジャヴェルは、かくもモン・ブラン山群のダン・デュ・

ミディに取り憑かれてしまったのだろうか。本書の冒頭に長大な論文「エミール・ジャヴェル――伝記的及び文学的注釈」を寄せたU・ランベールは、それをジャヴェルの幼児体験に求める。いわく――〈博識な植物学者でモン・ペルヴー、ヴィーゾ、シャモニ、サン・ベルナールなど、アルプスのさまざまな場所での採集家〉である叔父がいた。彼は〈昔のアルプス探検の思い出の品々を引きずり出し、この宝物の陳列へ伴奏として物語をつけ〉てエミールに接した。エミールは叔父の腊葉帳の一枚に強く惹かれる。後年、ジャヴェルは書いている――〈どんな玩具にせよ、その根の間へいまだに土の着いている、ほんとうのモン・ブランの土の着いているあの小さな色褪せた苔を自分の物にできるほどならば、決して惜しいとは思わなかった〉と。

さて、わが国で最も早く、一九二四（大正十三）年にジャヴェルを紹介した（「山への想片」「山とスキー」第三十八・三十九号所収）のは大島亮吉である。大島はのちに『先蹤者――アルプス登山者小伝』（遺稿集として一九三五年刊）で一章を設けジャヴェルを論じているが、ジャヴェルのダン・デュ・ミディ溺愛の因に関しては、前記ランベールに拠っている。そして、彼の最初のモン・ブラン詣でを十七歳のときだとする。この年ジャヴェルは、スイスのバールで写真館を営む父の許を離れ、親戚を頼ってモン・ブランへ向かう途中、急拠旅程を変え、峠を越えてサヴォアに入っている。それは憧れの〈モン・ブランに始めて挨拶しようとした〉のだと。一八六四年、ウィンパーによるマッターホルン初登頂の前年のことであった。

ジャヴェルは、ダン・デュ・ミディだけでなくほかの山岳への登高にも情熱を注いだ。本書にも、セルヴァン（マッターホルン）、ヴァイスホルン、ロートホルン、ダン・デランなどへの緊迫感と詩情があふれる登攀記が収められている。一八七六年にはモン・ブラン山群のトゥール・ノワール（三八三七メートル）に初登攀を果たし、「自負の満足」とはまったく異なる〈魂の奥底に直接触れる一つの痛々しい独特な感じ〉に浸る。その登攀記を、ランベールは〈珠玉の作品〉といい、〈文体は清明、その動勢は急、その構想は巧妙、その興味は漸増的、そして、その描写の章句には壮大さがある〉と絶賛する。その通り、芸術家にして哲学者ともいえるジャヴェルの洞察と筆致は、スイス・アルプスの自然景観や山村を対象とするとき、いっそう光彩を放つ。牧歌的で古い風俗が残る山村「サルヴァン」などでジャヴェルは、氷雪の峰に連なる山腹や渓谷を逍遥し、氷河末端より下方に拡がる牧場・草原を活写

エミール・ジャヴェル　Emille Javelle　一八四七〜八三。フランス人。フランス中央高地東端のサンテチエンヌ生まれ。パリに移ってカトリック神学僧団の学校、近郊の私塾で学ぶとともに、植物採集家でアルプスに親しむ叔父の影響を受けて育つ。スイスのバールで父の写真館経営を手伝うが長続きせず、十七歳の年、スイス山地放浪の後、パリに赴く。いったんバールに連れもどされるが、六八年からレマン湖畔のヴヴェやローザンヌで私塾のフランス語教師を務め、七四年からヴヴェの高等学校で教職に就く。いっぽう、純愛するモン・ブラン山群のダン・デュ・ミディをはじめアルプス登山に熱中し、七〇年にマッターホルン、七一年にヴァイスホルン、七三年にロートホルン、七四年にダン・デランなどに登頂。七六年にはモン・ブラン山群のトゥール・ノワール（三八三七メートル）に初登頂を果たす。登頂だけでなく山麓の氷河、渓谷、山村の風光を好み、格調高い紀行を遺す。享年三十六。

し、シャレー（夏の牧場小屋）、マゾー（葡萄絞り小屋）、チーズ作り小屋などを拠点に生業を営む農民生活と人情にふれる。エンディングの「プラン・スリジエの葡萄小屋」は、〝野の人己が幸福を知らばあまりに幸いならん〟と副題した牧歌だ。そんなジャヴェルを訳者の尾崎喜八は〈アルプスのオルフォイス〉と呼び、彼に倣って〈私の山の歌を歌った〉。

『一登山家の思い出』 *Souvenirs d'un Alpiniste*, 1886, Lausanne. 夭逝したジャヴェルの登山と遊歩の記録から友人のE・ベラネックが十一篇を選び、一八八六年に刊行したのが初版。九六年刊の第三版ではU・ランベールが、一九二〇年刊の第四版ではH・ボルドーが長大な序文を寄せる。収録の十一篇は、「二夏の思い出」「セルヴァン登攀」「ヴァル・ダニヴィエールの一週間」「ヴァイスホルン登攀」「ロートホルン登攀」「ダン・デラン登攀」「サルヴァン」「サランシユの渓谷」「トゥリアン山群」「トゥール・ノワール初登攀」「プラン・スリジエの葡萄小屋」。邦訳は尾崎喜八による一九三七年の龍星閣版が最初。これは「世界山岳全集」第二巻（一九六一年・朋文堂刊）、「世界山岳名著全集」第五巻（一九六七年・あかね書房刊）に収録のほか、五二年刊の角川文庫版もある。近藤等訳の講談社文庫版は八〇年刊。いずれも絶版。

木暮理太郎『山の憶ひ出』

〈なぜ山に登るか、好きだから登る。答えは簡単である、しかしこれで十分ではあるまいか〉——よく引用される木暮の文である。それは、無二の岳友・田部重治の著作『日本アルプスと秩父巡禮』（一九一九・大正八年）に寄せた「序」の冒頭に記されている。この、山へのひたむきな想いを直截に表現する一文から、人は容易に豪放磊落な木暮理太郎像を想い描くだろう。それに、遺影に見るあの風貌。また、「奥秩父の山旅日記」中の「霜柱と柿」に木暮自身が記す自画像——〈背嚢代りにカバンを下げた……小男で、黒のマントに包まれた髭だらけの顔を出している様子は、どう見ても悟りのひらけない達磨の出来損いである〉。そして、大修館書店版・上巻巻頭の口絵「木暮理太郎の登山姿」（茨木猪之吉、一九二三年、上高地で）が、その風体を裏付けるのだが……。

木暮は、田部を識ってともに日本山岳界初期のパイオニアワークを担う以前から、すでに山岳に親しんでいた。「金峯山」「秩父のおもひで」などに記された回想部分からまとめると、以下のようになる。

赤城山南東麓に位置する木暮の生まれ故郷は、山岳講の盛んな農村だった。木暮は、赤城山や富士山に登った幼少年期の体験を持続しつつ成長し、高校・大学時代に、単独で浅間、北八ツ、中央・北・南

アルプス、奥秩父の諸峰や尾瀬を踏破している。槍ヶ岳も計画したが実現しなかった。しかし、明治二十年代後半当時とすれば、これら木暮の登山活動は、破天荒ともいえる先駆的な行動であった。ウェストンの槍ヶ岳初登頂が一八九二（明治二十五）年、小島烏水が初めて標高二千メートルを越える浅間山に登頂したのが九九（明治三十二）年だったのだから。

志賀重昂『日本風景論』の刊行は一八九四（明治二十七）年、木暮は、その翌年、これにふれて、多大の刺激を受けている。上毛三山、上越国境、日光、秩父の諸連山を遠望でき、山岳講の盛んな村で育った木暮にとって、この志賀の著作は、アジテーターの役割をもったようだ。しかし、単独の登山活動がもつ制約のせいか、木暮は、明治三十年代には山からやや遠ざかっている。小島らによる日本山岳会の設立（一九〇五・明治三十八年）もまったく関知せず、設立の翌年、会誌「山岳」によってようやくそれを知る。そして、その年、十一歳年下の英文学研究者・田部に出逢った。三十歳目前にしてまだ学生だった木暮が、ほとんど生涯の仕事とする東京市史料編纂室に勤め始める前年のことだ。

木暮と田部。このふたりの出逢いは、当事者にとってのみならず、日本登山史にとっても決定的な意義をもつ。単独行を余儀なくされていた登山家が、格好のパートナーを得て、その登山活動が質量とも飛躍的に拡充した例は枚挙にいとまがないが、この木暮と田部の場合はその最も代表的な好例である。両者による山行は、日本登山史に画期的な業績として輝く貴重な活動を、いくつも生み出した。

四季、諸連山を遠望できる故郷の村で、木暮少年を最も強く捉えたのは秩父だった。その美しい色彩と陰影の変化に魅せられた少年にとって、それはなににも優る憧憬のまとであった。木暮は、「秩父の奥山」などに、故郷の農村歳事と併せて、その美しい景観を感動的に綴っている。

木暮と田部の足は、その秩父の奥山へ、まず向けられる。明治四十年代初め、当時としては珍しく、案内人や人夫をほとんど頼らぬ探検的な山行（「奥秩父の山旅日記」中の「註」）で、ふたりの〝秩父巡礼〟は、一九一六（大正五）年、「山岳」がその第十一巻第一号（十月刊）を秩父号としたとき、その中心的な執筆者となりうるまでの蓄積をもっていた。世に〝秩父時代〟を現出し、〝奥秩父〟なる山域

木暮理太郎（こぐれ　りたろう）一八七三（明治六）年～一九四四（昭和十九）年。群馬県新田郡強戸村（現、太田市）生まれ。東京の郁文館中学、第二高等学校（旧制、仙台）から東京帝国大学文学部史学科に進むが中退。六歳で祖母に伴われ赤城山、十三歳で富士講に同行して富士山に登る。高校・大学時代は、野球やボートなどにも親しむが、一八九三（明治二十六）年、単独で妙義山～浅間山～蓼科山、御嶽講で木曽御嶽を、九六年、単独で針ノ木峠～黒部～立山、乗鞍岳、木曽駒ヶ岳、甲斐駒ヶ岳、金峰山～十文字峠～甲武信ヶ岳を踏破。一九〇七（明治四十）年、東京市史料編纂室（現、東京都公文書館）に勤務し始めた。その前年、田部重治と出逢い、憧れの秩父をはじめ北アルプス、尾瀬などに精力的なパイオニアワークを展開、日本登山史上に黄金時代を現出する。一九一三（大正二）年、日本山岳会に入会、「山岳」編集などの活動を経て、三五（昭和十）年から約九年間、日本山岳会の第三代会長を務める。一方、ヒマラヤ研究にも力を注ぐ。没後、五〇（昭和二十五）年、最も愛した金峰山の麓・金山平に上半身のレリーフが建立され、松方三郎が碑銘を執筆。享年七十。

名が定着したのは、このふたりに負うところ大である。

　木暮は書く――〈私はゆかしい苔の匂いと木の香とに満ちた奥深い森林を、山肌を飾る万年雪の輝きや草原を彩る美しいお花畑が日本アルプスの特色であるように、唯一の秩父の特色であると信ずるに至ったのである。森林あるが為めに渓は愈々《いよいよ》美しく、渓に由りて森林は益々其奥深きを増して行く。……新緑もゆる陽春五月、渓川に沿うた森林の中のさまよい歩き、それが情緒的であり、女性的である秩父の特色を知るには、最もよい方法であるといわねばならぬ〉(「秩父のおもいで」)と。

　ふたりの足跡は秩父にとどまらず広範囲に及んでいる。が、ここでは、北アルプスにおける画期的大縦走として、ふたつだけをあげておこう。ひとつは一九一三(大正二)年七、八月の「槍ヶ岳から日本海まで」(田部)の大縦走であり、いまひとつは、一九一五(大正四)年七、八月の毛勝～剱～赤牛～黒岳～大町の黒部源流踏破(「黒部川を遡る」)である。

『山の憶ひ出』上、下巻合計千百六十四ページ、五十三篇に及ぶ論稿は多岐にわたるが、その内容を大別すると、三分野にまとめられるようだ。第一は地誌・紀行に類するもので、最も量が多い。木暮は堅実な調査と緻密な観察を基礎に、説得力のある文を綴る。第二は研究・考証に類するもの。史料編纂を仕事とする木暮が最も得意とする分野で、紀行中にも考証を持ち込んだ部分が多いが、本書には、地名・山名などについて精細に考証した論稿も収めている。第三は望岳に関するもので、「望岳都東京」にこそ、登山家・木暮が最もよく表現されているといえよう。山へのひたむきな愛と、目を凝らして遠くはるかな稜線と頂上を追い続ける根気には驚嘆させられる。東京の大気汚染、自然破壊を鋭く告発して、現代に警鐘を鳴らした慧眼に敬意を表したい。
木暮の文体は、英文学者・田部のそれに比べれば、やや生硬でなじみの薄い漢語が多く、けっして読みやすくはない。だが、読後に残るのは、この日本山岳界の大先達に具わる巨大さであり、謹厳実直で精細綿密を旨とするその人柄であり、山岳講に連なる庶民派登山家の重みである。

『山の憶ひ出』 上・下　一九三八（昭和十三）年十二月に上巻、翌三九年六月に下巻を龍星閣から刊行。B6判・上巻五百五十六ページ、下巻六百八ページ。厚表紙、布装、函入り。著者が多年にわたり諸誌に発表した紀行、地誌、研究、随想などを集大成し、上巻に十五篇、下巻に三十八篇を収める。また著者撮影の写真と著者作成の図版（望岳・山容などのスケッチ）を上巻に十七葉、七点、下巻に十七葉、六点を加え、書名の文字も著者による。本書には、著者署名入りで、表紙に著者着用の銘仙の絣を使用した愛蔵版百部がある。なお再刊本は次のとおり。福村書店版、一九四八年（四冊本）と五三年（二冊本）刊。あかね書房「日本山岳名著全集」第二巻は六二年刊で七篇を抜粋・収録、解説・安川茂雄。日本文芸社「日本岳人全集」の一冊は六九年刊で全文収録。大修館書店「覆刻・日本の山岳名著」別巻（二冊本）は七五年刊、「登山五十年」「中央亜細亜の山と人」の二篇、著者による山岳展望図「東京から見える山々」を加えたほか、画家・茨木猪之吉の作品によって見返し、口絵を構成し、装を新たにしている。一九九九年、平凡社ライブラリー『山の憶い出』（上・下）として刊行された（現在品切れ）。

茨木猪之吉『山旅の素描』

茨木猪之吉は、少なからぬ登山家の著作のそちこちに、ひょいひょいと顔を出す。小島烏水の数多い著書の挿画や表紙の装丁、あるいは木暮理太郎『山の憶ひ出』の表紙や口絵、「山岳」の画文などにばかりではない。歌人・窪田空穂が訪れた一九一三（大正二）年の上高地温泉場にも、茨木は宿の〝ぬし〟のように現われた。それぞれの道を歩む登山家を縦糸とすれば、それらの道を支え、また、それらの間をつなぎ合わせる横糸のごとき存在に見えてくる。

茨木は、一九三六（昭和十一）年、二・二六事件直後の三月、丸山晩霞、吉田博、中村清太郎、足立源一郎、石井鶴三らとともに日本山岳画協会を設立した。茨木らはいずれも日本山岳会に所属し、その多くは、小島烏水、高頭仁兵衛、武田久吉、高野鷹蔵ら山岳会設立メンバーにすぐ続く世代の画家たちであった。日本山岳画協会設立当時の規約には〈山岳ヲ崇敬愛好スル画家ヲ以テ組織ス〉〈山岳ニ関スル絵画ノ研究発表ヲ目的トス〉などとある。同会は小島烏水、藤木九三を顧問とし、設立の年の七月、東京日本橋・高島屋で旗揚げの第一回展を催す。以後、戦時色の強まる世相のなかで山岳美を追求し続け、毎年のように東京・大阪で展覧会を開催する。同会は、後続世代の山岳画家たちによって戦後も受け継がれ、内外の山岳美を紹介する作品によって、わが国画壇に異色の一角を形成、今日に至る。

漂泊の山岳画家・茨木が本書に記す最初の旅先は木曽路で、それは〈明治四十（一九〇七）年夏〉と、「小諸時代」の冒頭にある。茨木が十九歳当時の木曽路の旅は、『日本名勝写生紀行』の挿画に魅せられた画学生らしい憧れの旅で、友人と七月を奈良井で、八月を寝覚の床で過ごした。その帰途、島崎藤村に想いを寄せながら信越線の汽車で走り過ぎたのが、茨木と小諸の最初の出会いだった。木曽路の旅自体は「小諸時代」の〝枕〟として登場するだけで詳述はない。三訪以後の旅に拠って想い出を記した「木曽の旅」が、本書に収めてある。

〈それから二三年過ぎ、私の放浪生活が始まった。或る夜〉、茨木は横浜の烏水家を訪ねる。茨木はすでに、一九〇九（明治四十二）年七月、烏水のパーティに参加して南アルプスに出かけており、この登山家を識っていた。その烏水宅で、茨木は小諸にかかわる偶然に出逢う。烏水は、小諸小学校編纂になる『浅間山』の序文を藤村の紹介で依頼され、ちょうどそれを書き終えたところだった。それを読んだ茨木は、〈碌《ろく》に口もきけぬ位感激してしまった〉。その後しばらくして茨木は、上州・信州・越後への〈漠然とした旅〉への出発を告げに、烏水を勤務先の横浜・正金銀行に訪ね、〈西洋料理店で昼飯の御馳走になり、且つ銭別など頂〉く。そして、浅間山に連なる烏帽子岳の裾野、滋野村（小県郡東部町を経て現、東御市）にあって、晩霞に師事する同窓の画友の家を最初の目的地とする。

〈小雨降る三月下旬瓢然と上野駅を立った〉とあるが、一九一〇（明治四十三）年のことであろう。ここで茨木は、自炊生活をしながら絵の制作に励み、近くの鉱泉宿や、地蔵峠を越えて鹿沢温泉増屋などに出かけて湯に浸る。そんなある日、茨木は、別所温泉柏屋に滞在中の晩霞から「小諸小学校の図画教師」推挙の手紙を受け取った。かくして三年間に及ぶ茨木の小学校教師生活が始まる。二十代前半の若き小学校教師は、ここで、烏水宅で序文を読んだ『浅間山』の地図や挿画を描く縁に恵まれる。小諸市内「荒町の海應院」に一室を借りた茨木のもとに、夏、戸隠飯綱ヶ原へいくという東京高商（旧制、現・一橋大学）在学中の中村清太郎が訪れる。中村は、戸隠のあとは三枝威之介、辻本満丸らと後立山〜五色ヶ原〜立山を縦走するという。茨木はまた、大屋に帰省した山本鼎とも親交を深めるが、山本は石井鶴三らと烏帽子岳〜槍をめざす。茨木は、自分の世話で菱野鉱泉に籠って夏の勉学に精励する登山後の中村を誘い、学校を無断欠勤して浅間山に登ったり、鹿沢温泉に遊んだりする。

茨木は、『浅間山』担当教員・林の友人・岩崎樫郎の勤務先、田村病院で若山牧水を識り、牧水を囲む山本ら白閃会会員と飲む機会が増す。「白玉の歯にしみとほる秋の夜の酒はしづかに飲むべかりける」は、二十六歳の牧水、この小諸滞在中の作だ。二年後にも茨木は上田を訪れた牧水と逢い、その後の交わりを含めて「旅の若山牧水」を二葉のスケッチを添えて綴る。さらに茨木は、一九一一（明治四十四）年一月に大爆発した直後の浅間山に登っている。地震学者、測候所長らによる学術調査に随員として同行した際の紀行とスケッチが「凍てつく火山」である。

茨木は、まる三年滞在した小諸を発ち、再び木曽路をたどって関西へと放浪するのだが、「火山の街」小諸を「第二の故郷」と記している。それは、想い出の地再訪記「蔦色の浅間高原」に見るような、単に若い日を過ごしたというだけの意味ではない。自身の生き方の原型を形成した場所という深い意味をこめた述懐ではなかろうか。ふとした縁で足を運び、腰を据える。思いもかけぬ生活の展開に身を委ねながら、そのなかで新しい人間関係を創り出す。それらを既成の人間関係と重ね合わせながらたがいに支え合い、歴史的ともいえる場面にさえ立ち会ってしまう。それでいて、同じ場所に長く留まることなく次へ歩み出す。放浪と滞在と絵の制作。山岳画家・茨木は、これによって、各地で人々との新しい出逢いを重ねながら、それらの人々を結び合わせてゆく〝横糸の人生〟を生きた。

だからこそ、茨木が〈山の素描を中心として単行本に纏めて見たい気持〉を実現すべく、〈古い諸雑誌を引き出し拾い蒐め〉たら――「岳人の欠伸《あくび》」では上高地の上條嘉門次、「案内者と共に」では四ツ谷の丸山岩司、芦峅寺の佐伯平蔵・春蔵、台ヶ原の佐藤倉吉などの山人。「木曽の宿」では地元の人々

茨木猪之吉（いばらぎ　いのきち）　本名・影山伊之吉。一八八八（明治二十一）年～一九四四（昭和十九）年。静岡県富士市に生まれ、一八九一（明治二十四）年、茨木家の養子となる。長じて画業を志し、京都で洋画家・浅井忠、次いで東京で中村不折に師事。一九〇七（明治四十）年、文部省の第一回美術展覧会に入選。いっぽう、登山に関心を抱き、〇九（明治四十二）年、小島烏水らの南アルプス白峰～赤石岳横断に参加するが、途中、病気のため帰京。一一（明治四十四）年、日本山岳会入会。明治末期～大正初期に三年間、長野県小諸市の小学校で美術教師を勤め、以後、北アルプスをはじめ奥秩父、上信越、東北、北海道、朝鮮などの山岳に広く親しむ。これら登山活動や山村行脚で得た素材に拠って作品を制作・発表し、山岳画家の地歩を築く。日本山岳会理事となって会務に精励するとともに、「山岳」や小島烏水、木暮理太郎ら多数岳人の著書に挿画を描き、装丁を手がける。三六（昭和十一）年、日本山岳画協会を設立。四四年十二月二日、単身、涸沢小屋から穂高小屋を経て白出沢を下山中、行方不明となる。遺稿集に『山の画帖』。享年六十六。

や来訪の文人ら、「高原に初夏を訪ねて」では百瀬慎太郎、「雪山と人々」では藤木九三や宗吉ら、そして「旅の若山牧水」。「岳人素描」では木暮理太郎、小島烏水、高頭仁兵衛、田部重治、武田久吉、槇有恒、藤木九三、松方三郎などなど——おびただしい数の人物との交流を綴った作品が目立つのだ。紀行「春の浴泉記」「然別沼とその附近」「厳冬の奥秩父」「冬の三国峠」「初冬の乗鞍山麓」などや、絵画制作行「浅春の山」にしても、朝鮮「金剛山の旅」にしても、人々との交流のさまが必ず含まれる。

本書は、画文集としては前年の足立源一郎『山に描く』に続き、石井鶴三門下の加藤泰三『霧の山稜』は翌年の刊行。紙質・造本の粗悪・貧弱は惜しまれるが、田部の〈何人も真似ることの出来ない野趣があり、特に、山と人生との入り組んでいる方面の描写に於て優れ……山を背景とした山村や街道の風貌、……寂れた裾野の人家人間など氏に最もふさわしい題材〉(「序」)という評価は的確である。

かくして本書は、人恋しい放浪画家・茨木を鮮明に浮かびあがらせる。単身でも山ではだれかに逢えたが、戦争は山から人を追い払った。それに耐えられなかった茨木は、自ら山に消えてしまった。

『山旅の素描』 一九四〇(昭和十五)年十二月、三省堂刊。B6判・百六十四ページ。軽装で、表紙には著者の友人で彫刻家の佐藤朝山の装画と短歌を、扉には、著者の師のひとり小山正太郎作になる渋草焼徳利を、著者がスケッチしたものを用いている。巻頭の原色版口絵は、長野県南安曇郡烏川村(現、安曇野市堀金)の常念登山道より望む「朝の後立山連峰(爺岳、鹿島槍、五竜岳)」で一九四〇年三月の作。本文は、「山岳」をはじめとする諸誌に発表した「小諸時代」以下十七篇。本文中に著者の筆になる挿画九十五点を配する。巻頭には田部重治が「序」を寄せている。「日本山岳名著全集」第十一巻(一九六三年・あかね書房)に収められた。

今西錦司
『山岳省察』

今西錦司は、司馬遼太郎との対談のなかで自らこう語っている――〈山歩きで鍛えたカンは、社会生活にも、学問研究のうえにも、活かすことができるかもしれない。〝今西学〟の特色はひょっとするとそういうところにあるかもしれんと思うんです〉(『今西錦司座談録』)と。

よく知られているように今西は、登山家として、また探検家として、国内ではもとより、アジアおよびアフリカの各地に数々のパイオニア・ワークを展開してきた。いっぽう、今西は、自然科学の多岐にわたる分野の研究で際立った業績をあげ続けるが、それは、ダーウィンの自然陶汰的進化論を否定的に超克して確立した「棲みわけ」理論に始まる。そして、その研究は、「渓流」を舞台として生み出された――〈平素棲まっている町の中まで流れて〉来る流れの〈みな上の山々〉こそ、今西にとって〈私の山の揺籃である京都の北山〉(「初登山に寄す」)である。〈それは千米に満たぬヤブ山だ〉が、北山は、京都一中(旧制)時代、今西が山岳部に集う仲間とともに選んだ「山城三十山」の中枢である。今西は、三高(旧制)時代までを含む五年を要して、その三十山踏破を完了した。地下足袋を履いてヤブくぐりばかりの北山彷徨を重ねながら、今西は、ブナが繁茂していたろう太古の北山原始林を想像する。これ

にふれた「北山・一つの登山発達史」は一九三八（昭和十三）年の執筆で、「回顧と展望」の前に配してある。

贅沢なブナは、自然の一等地でなければ生育しない。人間が侵入して文明の光を当てれば、そこから姿を消してしまう。かつて〈草鞋脚絆に日の丸弁当で〉〈他の登山者に出遭うようなことは殆どな〉い〈北山ワンダリング〉の場だった「森林」の北山は、〈登山技術の進歩とともに、私達の登山の目標が日本アルプスの雪や岩に集中されて行ったとき〉〈もはや登山の対象としてよりも、私達がその中を気軽にさまよい歩く憩いの場所となった」。しかして、〈登山者で山男で、颯爽たるハイカーではない〉今西は、〝ハイカー〟たちに奥地へと駆逐されていく〝登山者〟である自身のありようを、駆逐されたブナに重ねるのである。この論稿は、当時盛んに議論された〝登山とハイキング〟の関係を吟味しながら、自然生態の変貌と文明批評とを重ねたユニークな登山史で、多くの示唆に富む。

かくして今西は、「森林」で基礎的体験を積み、「渓流」に関心を移した。彼の北アルプス入りは黒部川遡行に始まり、京大農学部の卒業論文は「日本アルプスの二、三渓流にて採集せる水棲昆虫について」だ。卒業後も〝岩と雪〟の北アルプスを主要な活動舞台とし、剱岳周辺の岩尾根に初登攀、黒部源流地帯の峰々にスキー初登頂を記録する。しかし、三十代の終わりに近い年齢に達して本書の〝序〟を執筆した今西は、〈二十代の山は、いかに山岳至上主義で張り切っていても、……その山はスポーツの対象とはなり得ても、その山がまだどこか自分のものには成り切っていない〉という。山との〈隔てのない間柄〉を深めながら、今西は冒頭の「初登山に寄す」に書く――〈登山上の正統派なるものは、初登山を求める人達を措《お》いてまた他にない。……その登山とはいわゆるスポーツアルピニズムであり、その対象たるべき山は雪線を抽《ぬき》んでた、地理学上の高山型に該当する山でなければならぬ〉。

にもかかわらず今西は、〈シベリアの端の、地球の皺のような波紋の起伏もまた山であり、それに登ることもまた登山である。私は初登山に値せずともまたそうした人跡稀なる未開の地に未知の山々を求

今西錦司（いまにし　きんじ）　一九〇二（明治三十五）年〜一九九二（平成四）年。京都市生まれ。府立京都一中（旧制、現・京都洛北高校）、第三高等学校（旧制、京都）を経て京都帝国大学農学部卒業、京大人文科学研究所研究員、岡山大教授、岐阜大学長などを歴任。渓流性カゲロウ幼虫の生態研究で「棲みわけ」理論を確立、さらに生物社会学の体系を確立するいっぽう、雪氷学にも業績をあげる。大正期初め、京都一中山岳部で活躍、三高で二三（大正十二）年、後輩の西堀栄三郎、桑原武夫、四手井綱彦らと山岳部を再建。京大進学後、二五（大正十四）年七月、剱岳源次郎尾根初登。翌二六年三月、黒部東沢に雪上露営して黒岳、赤牛岳、烏帽子岳にスキーによる初登。二七（昭和二）年八月、剱岳チンネ北壁初登などを記録。三一（昭和六）年十二月〜三二年一月、富士山で極地法登山を初めて試みる。また同年以降、南樺太（サハリン）、白頭山、モンゴル、ミクロネシア、大興安嶺北部などで探検調査。戦後は、ネパール・ヒマラヤ、カラコルムのほか、アフリカ各地に赴き、霊長類社会の研究を飛躍的に発展させる。五二（昭和二十七）年、日本山岳会マナスル偵察隊隊長。国内千五百五十二山に登頂。理学博士。京大名誉教授。第十二代日本山岳会会長。七九（昭和五十四）年、文化勲章受章。『生物の世界』（四一年）、『日本山岳研究』（六九年）など多数の著作は、『今西錦司全集』全十巻（七四〜七年、講談社刊）に集成された。享年九十。

めて歩きたい〉として、「ワンダラー」あるいは「エキスプロラー」を自認する。探検家・今西における行動施囲の広大さと多様さは、この発想に根ざす。

今西はまたいっぽうで、〈四十代になっても五十代になっても、日本がヒマラヤへの理想を実現するときがきたら、私は喜んで出陣しよう〉とも記す。今西のこの願望は、十二年後、彼がちょうど五十歳の一九五二（昭和二十七）年、日本山岳会のマナスル偵察隊を率いることによって実現した。

今西の関心は、三十歳前後の頃からいちだんと多様性を増してゆく。今西は、植生の垂直分布調査などを、日本アルプスばかりでなく東北、北海道、樺太の山野や大樹海を踏破しながら継続し、さらに一九三一（昭和六）年十二月～三二年一月、冬富士に極地法登山を初めて試み、三五年一月、朝鮮白頭山に冬季初登頂を果たす。これら雪山登山を重ねながら、先駆者・大島亮吉の業績を発展的に継承して、雪崩、風成雪、万年雪、氷河、雪線など、いわゆる雪氷学にも精力的に取り組む。三田博雄『山の思想史』によれば、「森林」「渓流」に続く「雪氷」の時代ということになる。

本書には「高山の昆虫の話」「冬と動物の生活」「白頭山動物の記」、あるいは「雪崩」「積雪雑記」を収めてあるが、これら自然科学分野の研究成果は『生物の世界』や戦後の『日本山岳研究』などに結実する。また本書では、豊富な先駆的冬山登山の体験に拠る思想的・技術的問題を論じ、とくにスキーについて、随所でその効用と活用の視点に関する卓見を披瀝する。「短スキー論」「山地スキー術私見」「冬山雑記」「学生登山界にみる冬山の傾向」「白頭山登行雑記」「私のスキー、私の登山」などがそれだ。

〈三十代になって、私ははじめてヒマラヤ遠征を考えるようになった〉という今西は、一九三六（昭和十一）年十月、堀田弥一が率いた立教大隊のナンダ・コット初登頂に触発されて、「ヒマラヤ遠征と我が登山の現状」「ヒマラヤ登山の目標」「ヒマラヤ登山の意義」「征頂祝福」を書いている。一校主義を脱し、小我を捨てたヒマラヤ遠征を訴える今西は、「山・登山・登山者の相互関係」では、技術的ヒマラヤ登攀と浪漫的ヒマラヤ探検とを対置させる議論を展開してもいる。

昭和期のほとんどすべての期間にわたって築きあげられた壮大な〝今西学〟は、今西の登山・探検活動に対応しながら進展した。科学者であることが職業であるなら、今西にあっては、その登山・探検活動と職業とはみごとに一致している。

そびえ立つ巨峰の原点に位置するのが本書である。

『山岳省察』 一九四〇（昭和十五）年六月、弘文堂書房刊。A判・二十取・二百七十八ページ。フランス装カバー付き。表紙に茨木猪之吉の「山の絵」（単彩）を用い、本文中にヒマラヤ、樺太、白頭山、モンゴルの写真各一葉を別刷で挿入。「自序」に続く本文二十八篇を、タイトルを付してはいないが「目次」で七ブロックに分け、〝あとがき〟に当たるのが「回顧と展望」。最初のブロックは「初登山に寄す」など三篇、第二は「短スキー論」など五篇、第三は「ヒマラヤ遠征と我が登山界の現状」など四篇、第四は「山城三十山」など三篇、第五は「春の山に登る」など三篇、第六は「雪崩」など六篇、第七は「私のスキー、私の登山」など三篇。本書は「日本山岳名著全集」第九巻（一九六三年、あかね書房刊）に収録されたほか、講談社学術文庫（絶版）、また大修館書店による覆刻版がある。九三年「今西錦司全集」第一巻（一九九三年・講談社）に収録。

浦松佐美太郎
『たった一人の山』

〈この青年は、英雄を讃歌する高調したリズムの交響曲に耳を傾けつつ、山を想う。山を仰ぐ時、彼の胸中にはそのリズムが音高く鳴り響く。彼の想像の中では、自身が英雄だった……山の世界で青年の心をしかと捉えたもの、それは山の雪、岩肌、山の姿。彼はそれらに恋心を抱く。山への烈しい情熱が彼の感受性を鋭くし、徴妙な岩肌の美しさや雪の感触の快さを知れば知るほど、その魅力に溺れていく。彼は、山の姿を遠くの谷間から眺めて胸をときめかせ、山に身も心も捧げつくす。夕暮れ、山が真赤に燃えて輝く時、彼は一人涙ぐみさえした。この青年にとって、山は、まさしく恋人だったのだ〉

本書所収のヨーロッパ・アルプス紀行の諸篇を執筆してから二十数年を経た一九五八年版に、浦松は初めて「あとがき」を付した。そのなかで〈若い二十代の一人の青年は、自分自身の若い姿でありながら、今となってみれば、愛すべき一人の青年といった感じで遠くから眺められる〉として、大要右のように自画像を描き出す。そして〈そうでなければ、どうして雪と岩との非情の山の世界に、命をかけての登山ができたであろうか〉といい、〈青春とは不思議なもの〉だと感慨を記す。

山は〈雪と岩との非情の世界〉だと浦松はいう。ならば、登山とは……浦松は、本書の随所で自らの

登山観を大胆に披歴する。たとえば〈山登りは……山との……命を賭けての闘いである。山登りは人と山との融合である、などといっている人もあるが、これは景色を眺める程度の山登りをしているだけで、真剣な激しい山登りを経験したことのない人なのだろう〉(「登山三昧」)という。また〈「山を征服した」という言葉……が間違っているとか、山を冒瀆するものであるとか言う人があるけれども、これは登山の経験の乏しい人の言葉である。「山を征服した」という言葉は、登山が危険との闘いであり、この危険を闘い抜いたという気持ちをよく現わしている〉(「山のあぶなさ」)とも書く。

だから、この登山家は山道具にこだわる。〝メンヒのノレン〟やブライトホルンのタール氷河登攀を語りつつ、氷壁に足場を刻むピッケルについて論じた「山と氷斧」、また〈山との激しい闘いに、最も大事な役目を司る〉山靴について、フィンステラールホルンやフィーシャーホルンのスキー登山を引き合いに述べる「山靴」などに、それはよく示されている。さらに浦松は、〈山に対する情熱を、一生涯大事に燃やし続けてゆく。これが登山家として、何よりも大切なことだ〉とする。その浦松が、齢六十をこえてなお、アルプス中、最も豪壮なブレンヴァ氷壁登攀のチャンスをうかがうイギリス人登山家に出逢い、感激させられる(「情熱」)。

「たった一人の山」でみじめなウェッターホルン再登山を味わった浦松は、〈山登りには、よき山、よき友、よき食物が欲しい〉との友人のことばを噛みしめる。〝よき友〟――〈お互いの安全を確保するロープではなく、死なばもろともという互いの信頼を表象する、美しい友情のロープ〉を結び合う仲間。こうした人間関係を作り出せるのが、〈スポーツとしての登山の持つ、一番尊い場合〉であり、〈顧みて一番愉しい時である〉。その〈二人は真剣である。だが、全力をあげて岩と闘える嬉しさで一杯である〉。しかし「死と紙一重の境を通っていることに間違いはない〉。その〈危険を十分知りつつも、少しも逡巡することなく飛びこんでゆくのが、登山の本領〉だと浦松はいう。だからこそ、〈登山が危険との闘いであることを知らずして、山に登ったとすれば、これは乱暴である〉、〈たとえ危険であることを知っていても、(それを)十分に考慮しないで登ったとすれば、これは無謀である〉と手厳しい。

冬山の雪は非情だが、人は真っ青な空と真っ白な山に飛びこんで未来を思い描くことができる(「雪」)。岩壁も非情だが、人は手の平に岩の荒々しさを痛烈な刺激と感じつつ緊張の一歩一歩を進める「岩登りの味」を楽しむことができる。こうして浦松は、〈非情の世界は、自分の心を、最終の一点までつきつめて、ながめ返す世界だ。その一点にともる情を、美しいと見る世界だと思う。非情の世界に焦がれるのは、情に焦がれることなのだと悟る〉に至る(「非情の世界」)。浦松には、無二の山仲間として松方三郎があり、信頼をおく山案内人としてフリッツ・シェイトリ(エミール)とサムエル・ブラバンド(ザミ)がいた。彼らとともにアルプスの山々を巡る密度の濃い紀行が本書の前半にはぎっしりつまっている。それらは〝古きよき時代の、よき山登り〟を語っていて、楽しく感動的である。

しかし、なんといっても、白眉はウェッターホルン西山稜初登攀の「頂上へ」であろう。浦松が初めてグリンデルワルトに着き、雨の第一夜が明けて窓を開いた正面に、その山は聳え立っていた。それは、運命的ともいうべき出逢いだった。それから二年、綿密な計画と周到な準備を重ねてついに登頂に至る紀行には、青春の鼓動が伝わってくるようなリズム感と迫力がある。

後半に収められた日本の山々――「富士山」、芦峅寺～室堂平～剱岳～黒部～針ノ木峠～大町（「四月の山手帖から」）、「燕岳」、上州白根（「山の雨」）、「穂高・徳沢・梓川」などの紀行や随想では、前半にみられた激しさは影をひそめる。が、文章はいちだんと美しく磨かれ、思索へと誘いこまれる――〈山への道は、その果ての極みが、山の頂きで、切って捨てられたように大空の中に消えている。仰い

浦松佐美太郎（うらまつ　さみたろう）一九〇一（明治三十四）～一九八一（昭和五十六）年。東京生まれ。東京商科大学（現一橋大）卒業後、一九二五（大正十四）年、ロンドン大学経済学部に進む。中学生のころ（大正初期）から登山に親しみ、渡英中、二歳年長の松方三郎とアルプスを訪れて本格的な登山活動に入る。オックスフォード大学に留学中だった秩父宮のアルプス登山に随行する槇有恒が松方を誘い、これに松本重治、藤木九三らとともに加わる。二七（昭和二）年八月、松方と、二一（大正十）年九月に槇が初登を達成したアイガー東山稜の未登部分を初登攀し、このルートは日本人によって完登された。そのほか、ユングフラウ、マッターホルン、ラ・メージュなどに登頂。翌二八年八月には二人のガイドとウェッターホルン西山稜初登攀に成功。ブライトホルン、メンヒ、ユングフラウの縦走をも達成するなど、四夏三冬のスイス滞在中は登山史上に特筆すべき活躍に満ちている。帰国後は、北アルプスなどに足跡を残す一方、社会・文芸評論家として健筆をふるい、また、翻訳家としてヨーロッパ山岳名著の紹介・普及に尽力。一九四〇年代後半まで日本山岳会会員。訳書はウィンパー『アルプス登攀記』、ノイス『エヴェレスト』など。享年八十。

で憧れた青空へ、人の心を結びつける〉（「山道」）というように。

さて、本書刊行の一九四一（昭和十六）年当時、この国は、中国侵攻が泥沼化し、ファシスト政権の独伊と軍事同盟を結び、国際的孤立を深めていた。太平洋戦争を想定して一段と戦争体制を強化すべく、前年には大政翼賛会が発足し、登山界も組み込まれた。山岳部を「山岳行軍部」と改称したり、「皇国登山道」思想を唱えたり、「集団錬成登山」「戦技スキー」を課せられたり、登山者に「戦時報国債券」を買わせたり、などが生じた。そんな状況下、本書に対して、内閣情報局が〝欧米的個人主義にすぎる題名だ〟とクレームをつけた事実は、ぜひ記しておきたい。

本書は、時と場所をこえて、読む者に感動をもたらす〝永遠の青春の書〟といってよいだろう。

『たった一人の山』　一九四一（昭和十六）年、文藝春秋社刊。B6判・三百一ページ。「たった一人の山」を巻頭に、ウェッターホルン西山稜初登攀の紀行「頂上へ」など、ヨーロッパ・アルプス紀行二十一篇、富士、燕、穂高など日本での紀行、随想など十篇を集める。扉に一点、本文中は七点の著者撮影とおぼしき写真が挿入されている。いずれも「改造」「中央公論」「文藝春秋」などの雑誌に発表したもので、のちの版に付された「あとがき」によると、〈山という特殊の世界の中に生きて来た青年の情熱の書〉であるという。太平洋戦争敗戦後の一九四六年八月、文藝春秋新社が『山日・アルプス回想』と改題して再刊したが、同社は五八年八月、完全な復刻版を、さらに六八年に新装版を刊行。七五年四月には文春文庫に収められた。九八年、平凡社ライブラリーとして刊行されたが、現在は品切れ。

加藤文太郎『單獨行』

加藤文太郎の遺稿集『單獨行』に、藤木九三は「生れながらの単独登山者」と題する序文を寄せ、エピソードを交えつつ加藤を紹介し、加藤の登山活動に的確な評価を与えている。

単独行のパイオニアとして華々しい業績を残した加藤だが、彼は〈こっちから山行の内容について問いかけない限り、決して自分から成し遂げた偉大な業績を語ろうとはしなかった〉謙虚な態度に終始し、それは彼の紀行の淡々とした叙述ぶりによく表われている。

型やぶりの岳人・加藤はどのようにして生まれたのか。藤木は、〈易から難へ、夏から春へ、そして冬山へ。あるいはローカルな低山からアルプスの高岳へ進展していった……用意周到で、しかも一歩一歩をより高く、より堅実に踏みしめてゆくやり方〉を指摘する。

『單獨行』は巻末に加藤の「登山経歴」を収めているが、三田博雄は、これと加藤の紀行を分類して「山行著作年表」を作成している。『山の思想史』（一九七三年、岩波新書）の「加藤文太郎」で三田は、加藤の十一年、七十二回に及ぶ山行は次の三段階に〈きっかり区分される〉という。すなわち、I夏山段階――一九二五（大正十四）年八月の白馬岳・富士山から二七（昭和二）年八月の烏帽子・薬師・

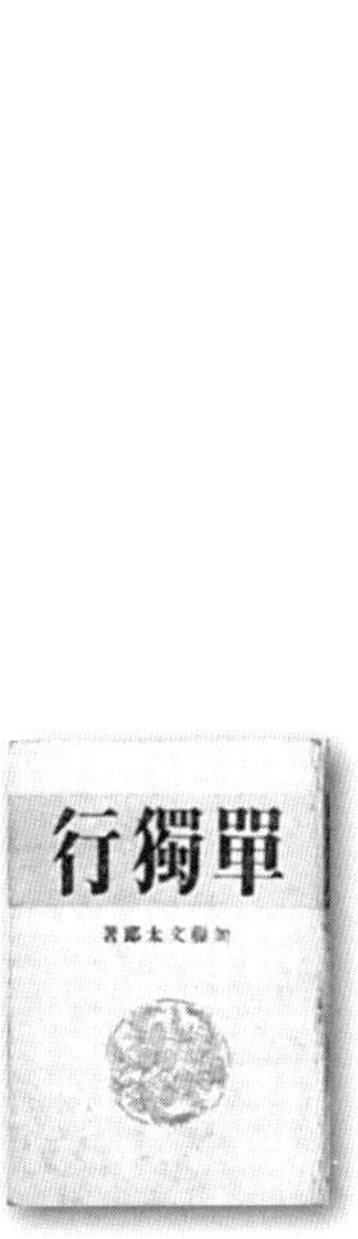

鹿島槍までの十四回、Ⅱ春秋山段階——二七年九月の立山から二八年八月の西穂・奥穂・槍までの七回、Ⅲ冬山段階——二九年一月の八ヶ岳・乗鞍から三六（昭和十一）年一月の乗鞍・槍北鎌尾根までの五十一回となる。

この表に、食料（餅、粟おこし、蒲鉾《かまぼこ》、揚パン、乾燥小魚の油炒めなど）、服装（地下足袋、目の部分にセルロイドを張ったヤッケ、肩まで入る手袋、ヤッケとオーバーズボンのつなぎ、など）、睡眠のとり方などの特徴を加えると、さまざまな加藤方式の成立過程も明確になってくる。

この睡眠のとり方に関して藤木は、加藤が〈睡眠と凍死に関する定説をくつがえした〉という。加藤は〈腹もできたのでまず一眠りと、合羽をぐるぐる身体に巻き付け風の入らないようにして横になった……目のさめたときは吹雪はますます勢いを増してきて、着ている合羽がバタバタと音を立てていた〉（「穂高にて」）と書く。

このように、経験と理論とトレーニングとが〝不死身の加藤〟を生み出したのである。

本筋にもどろう。加藤は、山行の各段階の終わりごろに内容を概括する論稿を書く。一九二七（昭和二）年七月にⅠに関する「縦走コース覚書」、二九年十一月にⅡに関する「山と私」、そしてⅢでは、単独行に終始した加藤にとって最初の本格的同行者・吉田富久（のちに加藤とともに遭難死）の凍傷を機に三四（昭和九）年十月に「山に迷う」、同年十二月に「単独行について」、また遭難直前、三五年十月に、冬山の気象や雪崩の知識をまとめた絶筆「冬山のことなど」がそれである。

加藤の山行構造と右の営為から浮かびあがる整然とした計画性は、彼の登山観を凝縮した「単独行について」の内容とみごとに符合する。

それは、〈なぜ僕はただ一人で、呼吸が蒲団に凍るような寒さを忍び、凍った蒲鉾ばかり食って、歌を唄う気がしないほど淋しい生活を自ら求めるのだろう〉（「冬／春／単独行」）とみずから問い、「山と私」「山へ登るAのくるしみ」で危険性や伎倆と単独行との関係を問い、「一月の思い出」に記す一九三〇（昭和五）年一月の剱沢での体験――加藤によれば、それは〈六人の party と一人の stranger とのあいだに醸成された感情〉の問題で、自身の〈不注意と親しみの少ない行動〉に起因する。パーティへの合流を懇請したが、〈案内者を傭うお金がおしいなら山に登らないがいいでしょう〉と拒否され別行動をとる。その後、六人は雪崩に襲われ全員が死亡――に煩悶し、山での敗退や失敗を自省し、世間の毀誉褒貶にさらされて苦悩しつつたどり着いた結論であった。

加藤文太郎　一九〇五（明治三十八）年～一九三六（昭和十一）年。兵庫県浜坂町生まれ。浜坂小学校高等科から三菱内燃機製作所（現、三菱重工業神戸造船所）に入社、設計技師への道を歩む。一方、一九二三（大正十二）年ごろから神戸徒歩会会員らと山歩きを始め、翌年から、県内の国道などを歩くトレーニングを重ねつつ本格的登山活動に入る。二七（昭利二）年ごろから藤木九三らのRCCの活動に参加、スキーの練習も積み、北アルプス・中国山地東部を舞台に八年間に四十回を超す雪山単独登山を記録。学生・学士中心の日本山岳界に、関西から社会人登山家として頭角を現わすが、三六（昭和十一）年一月、槍ヶ岳北鎌尾根で遭難死。享年三十。新田次郎の小説『孤高の人』はこの加藤の生涯をたどっている。

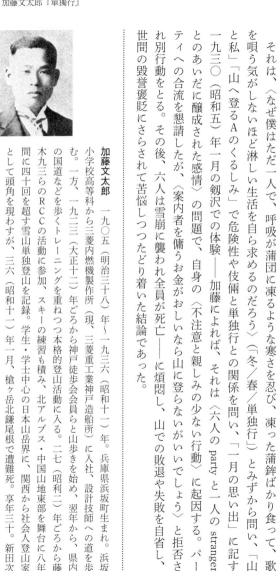

〈いささかも他人の援助を受けない単独行こそ最も闘争的であり、征服後に最も強い慰安が求めえられる〉とする単独行者・加藤。彼は「臆病な心と利己心」から〈心のおもむくがまま独りの山旅へと進んで行く……夏の山から春─秋、冬へと一歩一歩確実に足場をふみかためて進み、いささかの飛躍をもなさない。飛躍のともなわない単独行こそ最も危険が少ない〉と信じて。

加藤の「飛躍をともなわない単独行」はヒマラヤの峰まで続くはずだった。アルパイン・スタイルで登攀するヒマラヤを、加藤はしっかりと見据えていた。

『單獨行』 加藤文太郎の筆になる随想・紀行など二十六篇を収める。当初は、遺稿刊行会が編集し、一九三六(昭和十一)年八月に三百部を限定出版した。その後、四一年八月、朋文堂が普及版を発行。この版では、加藤の論稿をテーマ別に四部門構成とし、藤本九三の「序」、永楽孝一の詩、遠山豊三、島田真之介、高須茂の「後記」を付し、限定版の「捜査後援会のこと」「加藤、吉田両君遭難事情及前後処置」などが削除された。一九六〇年には二見書房「山岳名著シリーズ」に収められた。二見書房版は、全二十六篇の論稿をおおむね発表順に配列し、朋文堂版の藤木の「序」、遠山の「後記」を残す。二〇〇〇年、山と溪谷社から『新編 単独行』が刊行され、現在はヤマケイ文庫に収められている。

加藤泰三
『霧の山稜』

〈どなたも『自己の山』は、お持ちでありましょうが、私もそれを持っております。私は此処で、それを中心にした感情を、自分に出来る範囲の絵と文に託して描きました〉と、加藤泰三は本書の「後記」に書いている。そのとおり、加藤は、「自己の山」をみごとに表現しきって独自の世界を構築した。

彫刻家であり画家である加藤は、また達意の文章家でもある。散文、紀行だけでなく、本書には詩も短歌も収められている。本業の絵を添えてあるからではなく、その個性的な文体によっても読む者を魅了してしまうのだ。加藤の文体には、いささかの気負いもなく、平易な語彙を連ねた短い一文一文に、加藤の繊細な感受性がキラリと光る。

たとえば「出発前」――太めの線だけで描いた川原の絵が三ページにわたり、各ページの下から約三分の二を占める。残りのスペースを埋める文は、次のように綴られている。

〈天幕を片附けた時、その跡が白く、四角く乾いていた／半分は乾き、半分は濡れている、そんな石も在った。背中に当った場所はまだぬくもっていた／こんな当然な事実を、僕はこっそりと愛した／今、この渓間で乾いているのは此処だけだ。深い霧の朝だ／昨日、天幕を張る時、黄昏の中に動かした石は、

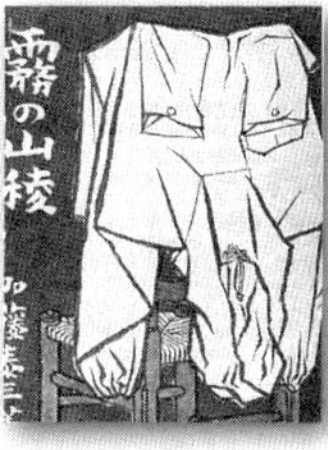

いま朝の光の中にあった／その丸みも、凹みも、重さも変らない。それはもう僕に印象された丸みであり、凹みであり、重さであった／一夜が過ぎた時間の不思議さは、仄かな親しさの種を、この川原の荒地に蒔いていた〉――ここでページを繰らせるレイアウトの心憎さ！〈「忘れ物はないか？」／リーダーが叫んでいる／振向いた僕は、ザックを担いでいるのは僕を除いて全員である事を知った／立上がる僕／朱に染った朝焼の稜線／華かな朝の出発〉

またたとえば、「雑」として五篇の散文を集めたなかの「星」の場合はこうだ――〈近所に貧弱な小川があって、丸木の一本橋が掛っている／そこを通る時、僕はいつも三歩で通過する／……／渡る時は必ず下を向いて渡る。だから必ず水面が、僅かの間見えて後に過ぎ去る。その僅かな間に、晴れた夜、僕は四季を通じて水に星を見る／貧弱な水の中の星と、大空の星は、無限の距離を隔てつつ非常な近しさを以て、お互に美しく輝いている／自然と芸術のような関係で輝いていると、僕は考え乍《なが》ら渡る／「今日は星が無いぞ」／曇った夜は、そう思って僕は渡る〉

さらにまた、同じ「雑」中の「空」の場合をみよう――〈たなびいた雲が、空と頂を繋いだ／僕は空が僕に近いと思った。頂に着いた時、空は霽れた。空は遠かった／空は空であり、雲は雲であり、頂は頂であった。雲の錯覚ではなくて、総て自分の錯覚であった。僕は頂を下った／雪渓の果てで雪を丸めて、空に抛ってみた〉

列挙したような、自然をみる加藤のユニークな視点に、読み手は意表を衝かれてしまう。そして、自然に対する感受性の繊細さに驚嘆させられる。それでいて、どこかひょうきんなのだ。「空の遠さ」を確かめようと雪玉を空へ投げ上げる加藤に、読み手はニヤリとしながら親近感を抱く。紀行中にも、加藤のひょうきんぶりを示す記述が随所にあり、それらは淡々と綴られているので、かえって吹き出してしまったりする。その最たるものは「困った話」であろう。

〈此処は大槍肩の小屋である／僕はさっきから、小屋の外に出て、TOILETのあくのを待っていた／……待ちながら壮麗な風景に見とれていると、次々に人が入ってしまうから中に入れない／やっと自分の番になった／涼しすぎて寒いくらいの、ALPINE TOILET - ROOMではある／OSIRIが冷い／冷い筈だ。尾根の斜面に突出した土台は、岩の破片を石垣のように高く積上げた物で、その隙間から海抜三千米の風が、一切お構いなしにひゅうひゅう吹上げて来る／……／偖《さ》て出ようとして、ぎょっとした／「落し紙片《パピエ》」が、どうしても下に落ちないではないか／うっかり手を離すと、落ちるどころか反対に舞上って来る／僕は中途半端で泣きたくなった／仕方がないので長い事かかって、風圧の最も弱いと思われる瞬間を狙い、穴の風下の横っちょに投出した／落ちたかどうか確かめるには、余りに危険であった。大急

加藤泰三（かとう　たいぞう）一九一一（明治四十四）年～四四（昭和十九）年。彫刻家・加藤景雲の三男として東京に生まれる。東京美術学校（現、東京芸術大学）彫刻科を卒業し、画家・石井鶴三の門下で学ぶ。東京府立四中（現、都立戸山高校）で美術教師を勤める一方、静観派風に東京近郊や北アルプスの山々を歩き、スキーに親しむ。三六（昭和十一）年、日本美術院に初出品し、画業の将来を嘱望されていたが太平洋戦争で戦死。享年三十三。

ぎで退却にかぎる。どうも板の裏側に張りついたらしい／それに見ると廻りには、実に怪し気な紙片《パピエ》が、ふわっ、ふわっと今にも飛翔せんばかりに浮立っている／戸を開く／途端にどっと渦を巻いて、紙片《パピエ》は外に飛出した／……／気がつくと、小屋の前には沢山の紙屑が散らばり、それが遠慮なく風でくるくる舞立っていた。実に不気味である／知らないと呑気なものだ。その中で悠々と写真を撮っている人が居た〉

さて、ここで「穂高――雨の中にて」と題するページに眼を転じよう。見開きいっぱいに描かれているのは、岩塊に埋まり、小さい社のある雨の頂上だ。画面の左側には、雨具をつけた登山者が、強い雨に打たれながら背を向けて独りたたずむ。雨雲の空の部分に刷り込まれた文は〈歓喜と悲哀は等量である／それは雨天に登っても、晴天に登っても、山の高さは変りはしないと云う事位に、確かな事だ／それなのに、僕等は錯覚をする。殊に悲哀の中に於いて錯覚をする。歓喜と悲哀は等量ではないと／僕等は、結局晴天にだけ登っていては、山の深さを知る事が出来ない／雨の中で登りながら、僕等を勇気づけているのは、今、標高は求められつつあると云う事だけだ／ああ、それだけだ〉である。

ここに綴られているのは単なる登山行為ではない。雨の山へ登りながら悲哀を嘆いた経験はだれにもあろう。だが、それは、さまざまな登山行為を見直すとき、晴天に恵まれた登山では味わえぬ「山の深さ」を知る好機と捉え直すこともできる。この一文は自身への戒めであり、ここに加藤の人生哲学が色濃くにじみ出ているといえよう。

冒頭に引いた「後記」は、さらに次のように続けられる――〈それ等のものは、例え書捨ての反古《ほご》に終るとしても、必ず一度は、何かの形で描いていたであらうと思うのです／文は私を慰撫するものであり、歓びであり、責任の無い気安さでありました。併《しか》しこうなってみると、気安さどころか、冬山のザックの如く重いものであると感じます／世に立派な山の絵本はありますが、もっと沢山、それが現れて呉れたら、海よりも山が好き、写真よりも絵が好きな自分にとって、どんなに嬉しい事でありましょう〉と。

本書が刊行されたのは、日中十五年戦争のさなかで、さらに太平洋戦争開戦が迫る時期だった。そうした時代的制約のなかで、加藤自身が「山の絵本」と呼ぶ本書は、香り高い絵と文とを多様に組み合わせ、自然と人間との交流が生む情感あふれる世界を提示した。戦争は、その対極にある世界を創出した、この若い才能をも無惨に奪い去った。しかし本書は、山の画文集にひとつのスタイルを確立したと評価され、広く永く読み継がれて今日に至っている。

『霧の山稜』 一九四一（昭和十六）年九月、朋文堂刊。A５判・本文三百十ページ。厚表紙・カバーはともに著者による装画。巻頭にも自作の多色刷木版画を貼付し、扉（雷鳥）、口絵（「山上雨後」・多色刷）に恩師・石井鶴三の作品を使用。これらの装丁は著者による。本文は三八（昭和十三）年七月の奥秩父から四一（昭和十六）年一月の上高地までの山行で生まれた小品、五十五篇で構成。また、目次を含めて大小百十数点の挿画（うち三点が色刷り）と写真一点が、さまざまな方法で本文と組み合わせてある。本文も、紀行、散文、詩、短歌、手書きの通信文とスケッチによる「絵はがき」など多彩で、独特の画文集となっている。戦後の一九五六（昭和三十一）年三月、同じ朋文堂から覆刻的新版が刊行されている。また、七一（昭和四十六）年に二見書房からも覆刻版が刊行された。一九九八年、平凡社ライブラリーに収められた。

中村清太郎
『山岳渇仰』

一九〇五（明治三十八）年、日本山岳会創設の年、中村清太郎は十七歳。積極的に徒歩旅行や昆虫・植物採集、登山などによって自然に親しむ、東京府立三中（旧制、現・都立両国両校）の中学生であった。中村は本書の「草の芽——彼が少年の日の事」にこう記している——〈御嶽などの講中に倣って「原人講」という登山仲間を聚《あつ》め写真や水彩画入りの回覧雑誌を作ったりした。彼等は捕虫網や写真機や胴乱や写生道具を担ぎ歩いた〉。そして〈小島烏水さんの本を読み、「博物ノ友」を読み、やがて『日本山嶽志』と雑誌「山岳」に眼を暴すようになる〉と。

烏水は、一九〇二（明治三十五）年八月の槍ヶ岳登山に拠る「鎗ヶ岳探検記」を、雑誌「文庫」（博文館発行）に〇三年一月号から十回連載し、これと浅間山、木曽街道・乗鞍岳などの紀行とを併せた『山水無盡藏』を〇六年七月に隆文館から刊行した。「博物之友」は、一九〇〇（明治三十三）年に東京府立一中（旧制、現・都立日比谷高校）の生徒とOBとが結成した日本博物学同志会の機関誌で、武田久吉、梅沢親光、河田羆《しずか》らが参加し、〇一年七月、回覧誌から発展して活版印刷の第一号を発行した隔月刊の雑誌である。『日本山嶽志』は高頭式（仁兵衛）の編になり、山岳にかかわる古今の地誌、紀行、

和歌などを集成した山岳百科案内ともいえる大冊で、○六年二月に博文館から刊行された。「山岳」は日本山岳会機関誌で、○六年四月にその第一年第一号が発刊されている。

日本山岳会は、さまざまな系統に属する登山愛好者を糾合して設立された。その設立発起人となった七人はみな若く、進取の気に燃えていた。○五年当時、城数馬四十一歳、烏水三十二歳、高頭二十八歳、武田二十二歳、高野鷹蔵二十一歳、梅沢二十歳、河田十九歳。

文明開化に始まる明治期は、あらゆる分野で〝近代化〟が多様に進んだ。軍事力を背景にした対外的な〝国威発揚〟や、伝統、民俗などのドラスティックな圧殺を伴ってはいたが、それはまさしく〝青春の明治〟ともいえる状況であった。近代登山黎明期の登山界も若々しさに満ち、その若いエネルギーに支えられて、〝探検の時代〟を切り拓いてゆく。わが中村清太郎も、その時代の登山界を先端で担った有力な一員であった。中村の登山活動が日本近代登山史上に光彩を放つのは、主として、彼の南アルプスにおけるパイオニア・ワークによっている。

さて、小島烏水は、雑誌「太陽」一九○四（明治三十七）年二月号に「甲斐の白根」を発表した。一九○○年（明治三十三）年八月に〈探検を企て、ともかくも絶巓を窮めてきた〉とする紀行を装ったが、実はマレーやウェストンに拠って登らずに書いた作品だった。日本山岳会設立前後の南アルプス開拓はめざましく、ウェストン、ウェッブ、岡田邦松、木暮理太郎、高橋白山、三枝威之介、伊達九郎、高松誠、荻野音松、石塚末吉らの足跡が、甲斐駒から鳳凰、白峰、荒川の各三山などに広がっていく。烏水の内心は穏やかではなかったろう。○五年に赤石岳に登った烏水は、○七年に初めて北岳をめざしたが果たせず、翌〇八年七月、ようやく念願の北岳頂上に立った。農鳥岳〜間ノ岳〜北岳の白峰三山を縦走し、野呂川を経て鳳凰三山に至り青木鉱泉に下ったのである。

翌一九〇九（明治四十二）年七月、烏水のパーティは、前年と同じく西山温泉から大井川源流田代川を遡行し、今度は南アルプス核心部の荒川三山をめざした。前年に日本山岳会に加入し、二十一歳になった中村は、高頭、高野、三枝らと初めて行をともにした。悪沢岳〜魚無河内岳（中岳）〜赤石岳を縦走して小渋川を下るコースだった。中村は、翌一〇年には北アルプスに大縦走を記録するが、一一年と一二年、再び南アルプスに入って独自の活動を展開する。本書の大半はこの活動の記録である。

一九一一（明治四十四）年十一月二十一日午前五時五十分、中村はひとり静岡駅から大井川源流へと歩き出す――この年の夏、大学卒業と同時に父を喪った中村は、ために〈当時の登山は殆ど夏期に限られていた〉その夏を逸した。しかし〈山へ！山へ！背負鞄を一つ肩へ引掛けたまま私は、濃爛な灯火の照り交わす都会の夜をしりめにかけて飛び出した。そして目指す処は？それはとうから、山といえば直ぐ私の眼の前へ出て来るほどな、赤石山系――そのうちでも又南の方、大井川の『奥山』なのだ。何でもそこの雪山が放つ紫色の光線の中へもぐり込めばいいのだ。何処からどう行くのか、登れるのか登れないのか、そんな細かい事はさっぱり解かっていない〉。溢れんばかりの〝山岳への渇仰〟のまま、中村は〈赤石以南の暗黒境へ分け入る準備予察ともいうべき〉行動に踏みきる。そこは、陸地測量部の地図も未発行のうえ登山記録もほとんど皆無、地元の猟師でさえ頂上のようすを知らぬ、まさに〝暗黒境〟であった。

そんな山域へ、雪の季節、敢然と立ち向かう烈々たるこの気魄。中村は、まる五日を要して梅ヶ島温泉に至り、硯島本村から猟師の案内を得て千挺木山で露営し、十二月一日、雪の笊《ざる》ヶ岳頂上に達する。〈看《み》れば看る程不可思議な冬の結晶、わが魂の母岩よ。上河内岳、聖岳、赤石岳、魚無、西河内岳、悪沢岳、もうそこだ。中にも聖、赤石が膚に触れんばかり近い。五六合から上はまるで氷雪だ。それは大理石の彫刻の鑿《のみ》の匂いもあるけれど、頂近いところは、磨かれて研ぎ澄まされて尖峯となり、圏谷となり、無数の凹面鏡と凸面鏡を交みに照り合わし照り返えしている。曝露した岩骨と雪自《おのず》からの陰影は菫青色を帯びて縦横錯落し、光りと光りの運動に明々白々の紛糾が惹起されている〉。山岳画家の眼は、

中村清太郎（なかむら　せいたろう）　一八八八（明治二十一）年〜一九六七（昭和四十二）年。東京・日本橋の浴衣問屋の家に生まれ育つ。東京府立三中在学中、家業の関係で交渉のあった川端玉章に師事、長じて画業を志し本郷絵画研究所で学ぶ。いっぽう、小学生時代に富士に登頂、明治三十年代後半、中学生時代に奥多摩、妙義、榛名、日光、箱根、伊吹山、木曽御嶽、乗鞍岳、槍ヶ岳、白馬岳、八ヶ岳などに登る。東京高商（旧制、現・一橋大学）に進んだ一九〇八（明治四十一）年に日本山岳会入会。翌〇九年に小島烏水らと悪沢岳〜赤石岳などを、一〇年に鹿島槍〜針ノ木〜立山〜槍ヶ岳を縦走。一一年に初冬の笊ヶ岳に登り、一二年には光岳から赤石岳まで赤石山脈南半の初縦走を達成。一五（大正四）年、黒部川を遡行して白馬岳、五竜岳に至り、一七年にジャワ島ブロモ山、セレベス島カラベット山に登る。一八（大正七）年、木暮理太郎と鐘釣温泉から池ノ平まで黒部川を遡行し、立山・室堂に至る。三六（昭和十一）年、茨木猪之吉らと日本山岳画協会を設立。日本山岳会名誉会員。著書に『ある偃松の独白』など。多数の山岳画を岳友の著書に掲載。没後、遺稿集『山岳礼拝』が刊行される。享年七十九。

雪山の姿を鋭く捉え、的確な比喩で美しく表現する。

この「冬の白峯山脈彷徨」は、「山岳」第八年第一号（一九一三・大正二年発行）に「白峯山脈の南半」と題して掲載された。中村による南アルプス積雪期最初の登山記録は、日録風に一日の行動を記し、それぞれの末尾に詳細なデータを付していて資料的価値も高い。中村は、本書収録に際して、かなりの補訂を施している。続く「大井川奥山の旅」は、一九一二（明治四十五、大正元）年七月九日～八月一日、赤石山脈南半の初縦走記録で、大井川信濃俣～光岳～イザルガ岳～ガッチ河内岳（易老岳）～仁田岳～上河内岳～聖岳～兎岳～大沢岳～赤石岳～大井川奥西河内を詳細に述べる。

中村は、若き日の旺盛な登山活動によって山岳へのロマンティックな思慕を蓄え、それを力強く描く山岳画家であった。

『山岳渇仰』 一九四四（昭和十九）年、生活社刊（著書検印シールは山と渓谷社）。B6判・三百二ページ。軽装。著者自身の装丁で、題簽のほか、表紙（「偃松」）、見返し（「わか葉」）、扉（「こまくさ」）、中扉（「偃松子」「御前橘」「芽生え」）の装画、巻頭の原色口絵「赤石岳新雪」および本文中の挿絵八点、地図一点は、すべて著者の作品。だが本文用紙に仙花紙を使用しているため、中扉や挿絵（凸版）は不鮮明である。本文は、大半のページを占める「記録・紀行」に「冬の白峯山脈彷徨」「大井川奥山の旅」「南溟を鎮むる山」の三篇、「随筆・雑篇」に「山岳浄土」「山籠りの覚書」「草の芽」の三篇を収める。それぞれ、文末に執筆年月・初出誌を記してあるが、白峯山脈、大井川奥山の記録には、それぞれ冒頭に〝解題〟を付す。鳥水学人（小島烏水）が「序」を、田部重治が「跋」を寄せる本書を、著者は父母に捧げた。本書は、「日本山岳名著全集」第十一巻（一九六六年・あかね書房刊）に収録されている。

桑原武夫
『回想の山山』

〈何ごとについても後向きよりも前向きになっているのをよしとする主義の著者も、登山ばかりはそろそろ後を向かざるを得ぬ年になったかと苦笑する〉（「あとがき」）――不惑に達した桑原武夫が、『回想《かいそう》の山山』と題名を付した本書の刊行（一九四四・昭和十九年）に際して抱いた感懐である。四三年秋、東北帝大文学部助教授となり、翌年早々、野田又夫との共訳になるアランの『デカルト』を刊行、フランス文学研究者としては脂ののりきる時期に入る桑原だったが、「あの頃のこと」は遠くなった。破局への道をひた走る戦争末期の重苦しい日々のなかにあっても、「楽しき回想をそそる」あの頃――。

小島栄（烏水の実弟）らが三高（旧制、京都。現・京都大学に併合）に山岳会を設立したのは、一九〇三（明治三十六）年。そのころに生まれ、京都一中（旧制、現・京都府立洛北高校）の山岳部で育った桑原、西堀栄三郎、今西錦司、四手井綱彦らが三高に進学してきたのは、ほぼ二十年後である。彼らによって、三高に正式な山岳部ができたのは一九二三（大正十二）年、日本登山界が〝岩と雪の時代〟を迎えた時期だ。〈私たちの仲間は京都の北山、比良、鈴鹿などを丹念にさぐり歩いた頃から、常にパイオニーヤ精神ということを口にしていた。時流を逐わず、あくまで未知の探求によって自ら新し

い道を拓きたいというのである〉（「あとがき」）。京大に進んでも、彼らはひとすじの道を歩み続ける。〈越後笹ヶ峯の開発、白根三山や黒部東沢一帯の峯々のスキー初登攀、剱の源次郎尾根、そして白頭山にはじまる各方面の探検など、みなその精神の展開であった〉（「あとがき」）。後年、桑原は〈私たちの山のグループを無視して日本近代登山史を語ることはできないのである。日本における海外遠征登山をだれがはじめたか。戦後ネパールへの入国と登山の許可をだれが取りつけ、八〇〇〇メートルを越すジャイアンツにだれが最初に登ったか〉と誇らしげに書く（『桑原武夫集』第一巻の「自跋」）。

「あの頃のこと」は、三高・京大山岳部に脈々と受け継がれるパイオニア精神の〝揺籃の記〟である。小使部屋をもらい受けた山岳部ルームには、全部員について三六五日の山行ぶりを記録する大エンマ帳が張り出されていて、みんな〈ただ無闇と熱心だった〉。大福餅の拠金を決めるアミダくじに英語テキストの巻末索引を活用したり、校舎の屋根を滑る雪で雪崩の研究をしたり、独仏の山岳書にふれて語学を磨いたり……。桑原自身も〈雪崩についての論文を部報に訳したのが、フランス語に身を入れるきっかけになったのかも知れない〉という。論文とは本書所収のクラーンスートヴェル「雪崩と雪」、部報とは一九二三年創刊の「三高山岳部報告」、掲載はその第三号（二五年）である。

〈一九二五（大正十四）年四月、私は京都帝国大学文学部フランス文学科に入学した。入学試験はなく、願書だけ出しておけばよかった。私たち三高山岳部の仲間は、入学試験のあるようなところへは入ってやらないなどと申し合わせていたのである。そしてその春休み（三月）には白根三山にスキー登山をこころみた〉（『桑原武夫集』第一巻の「自跋」）

男子普通選挙法、続いて治安維持法が帝国議会を通過した時期である。西堀をリーダーとする四手井、桑原、多田政忠、渡邊漸、田中喜左衛門のパーティで、人夫二人を伴って、三月十七日に戸台から北沢小屋に至り、十九日に仙丈ヶ岳登頂。二十一日に北沢小屋から両俣小屋に移り、二十二日に間ノ岳、北岳に登頂。この積雪期初登頂の報告は、部報第四号（二六年刊）に〈リーダーが筆の方は一向に無精なため、記録の失われることを恐れて、私（桑原）が代理に書いた〉。三二（昭和七）年発表の「積雪期の白根三山」はこれに拠る。

桑原武夫（くわばら　たけお）一九〇四（明治三十七）年～一九八八（昭和六十三）年。東洋史学者・桑原隲蔵の長男として敦賀市に生まれ、東京、京都で育つ。旧制京都府立一中、旧制第三高等学校を経て京都帝国大学文学部文学科フランス文学専攻卒業。京都一中時代から登山に親しみ、三高・京大山岳部では西堀栄三郎、今西錦司らと活躍、二五（大正十四）年三月、南アルプス仙丈ヶ岳、間ノ岳～北岳に積雪期初登頂。三七～三九（昭和十二～十四）年のフランス留学中、メンヒ、グロース・グリュンホルン、フィンステラールホルンなどに登る。四三（昭和十八）年、東北帝国大学文学部助教授、四八（昭和二十三）年、京都大学人文科学研究所教授に転じ、のち同所長。五八（昭和三十三）年、京大学士山岳会チョゴリザ遠征隊隊長をつとめ、登頂成功。フランス文学者、文明批評家として内外でも多岐にわたり活躍するいっぽう、京大人文研を中心に共同研究を推進、業績をあげる。日本学術会議副会長、京大学士山岳会会長、日本ペンクラブ副会長などを歴任。京大名誉教授、日本芸術院会員、文化功労者、勲二等瑞宝章授章、朝日賞を授賞。『桑原武夫集』全十巻など編著書・訳書多数。享年八十三。

「尾上郷川と中ノ川」は二九（昭和四）年夏、加賀白山をめぐる谷の遡行と下降、「能郷白山と温見」は越美の奥山歩きの紀行。「鈴鹿紀行」では、教え子と行をともにしつつ自らの若き日を想い、登山は〈原始的な、自然に還るような所業をして、その実極めて人間的な、文明的な感覚を楽しむいわば心の贅沢といってよい面がある〉と指摘する。大学卒業後、教師生活に入ってからも桑原は山行を続けるが、華々しい前衛的活動からは遠ざかり、〈途中で落伍したかたちで、留守隊にまわることが多〉くなる。しかし、〈山を知ったことを常に幸福と思っている。楽しい回想のかずかずをとどめた他に、学問や生活の上にも幾多のよき影響を受けたことを疑わぬからである〉と断言してはばからぬ桑原の登山界に対する啓発的発言は、一九三五年前後からきわだってくる。

一九三四（昭和九）年発表の「山岳紀行文について」はその好例だ。山岳文学を「山を眺めた文学」「山の中を歩いている文学」「山に攀じる文学」に分け、〈真に苦労して自ら山に攀ずる者によってしか生まれない〉第三のものを評価する。そして〈山は一先ず平凡化したけれども、真に山を愛せずにはいられぬ登山家ならば、その平凡のうちにも自ずと何か独自の登り方を、従って独特の喜びを見出すべき筈である。そうした人々のスタイルをもった紀行文の出現によって山はまだまだ美しくなる余地があるる〉という。

さて、桑原が「登山の文化史」と題して、斬新な視点からアルピニズム発生史論を展開したのは一九四二（昭和十七）年六月十一日である。日本山岳会関西支部と大阪毎日新聞社とが共催した山岳研究講座での講演であった。

〈登山とは文化的行為である。……文化のないところに登山はない〉――この講演を活字にして本書の冒頭に収めた「登山の文化史」は、登山史そのものではない。自然、とくに山岳と人間とのかかわり方を、ヨーロッパ、中国、日本などの文化・社会状況との関係でとらえ、その検討からヨーロッパに近代的登山が発生した条件を剔出《てきしゅつ》したユニークな論稿だ。

桑原は〈かかる種類の日本語文献は皆無〉なので捨石のつもりで発表したのだが、四十年を経ても〈残念ながら今日まで、これを無用に帰せしめるものが出ていない〉という。〝あの頃〟の〈精神だけは失うまい〉と精進して到達した先学の峰は、まだ越えられぬ高さを保持して後進を叱咤しているようだ。

『回想の山山』 一九四四（昭和十九）年四月、七丈書院刊。B6判・二百二十一ページ。アルベール・ゴスによるマッターホルンのスケッチを用いた二色刷貼表紙。巻頭に「グラン・シャルモの北面」（フェブレイ撮影）、本文中に「北岳」「同頂上」（多田政忠）、「尾上郷谷」「中ノ川のヘツリ」「同大ガレ」（山本慶次郎）、「フィンステラールホルン」（著者）などモノクロ写真七点を別刷（裏白）として四カ所に配する。本文は「登山の文化史」「山岳紀行文について」「戦時下の登山」「積雪期の白根三山」「尾上郷川と中ノ川」「能郷白山と温見」「鈴鹿紀行」「欧州山岳雑話」「服装と行為」「あの頃のこと」「山遊び」の十一篇のほか、「グランシャルモの北面」（デュ・モンセル）、「雪崩と雪」（クラーンストーヴェル）の翻訳二篇。本書は、一九五〇（昭和二十五）年十一月「登山の文化史」を増補し、「立派な風人」を加え、『登山の文化史』と改題して岡書院から再刊後、五三年八月には「なつかしさ」を加えて創元文庫、六一年七月には新潮文庫として刊行。また原題の版は、「日本山岳名著全集」第九巻（一九六二年・あかね書房刊）、「桑原武夫全集」第七巻（一九六九年・朝日新聞社刊）に収められ、一九九七年、平凡社ライブラリーに収められた（現在品切れ）。

モーリス・エルゾーグ
『処女峰アンナプルナ』

〈もうすぐ目的が達成できるのだ。いかなる障害もわれわれを引き止めることはできない。おたがいに相談する必要もない。相手の目の中には確固たる決意を読みとるだけだ。……本当だろうか？ ……本当だとも！ 烈風がほおを打つ。われわれはいるのだ……アンナプルナの頂上に。八〇七八メートル！ ……使命は果たされたのだ。いや、それよりもずっと偉大な、ある一つのことが成就されたのだ。人生とはなんとすばらしいものなんだろう！〉（近藤等訳。以下同／標高は当時のもの）。一九五〇年六月三日（十四時ごろ）モーリス・エルゾーグとルイ・ラシュナルはアンナプルナ初登頂を果たした。それはまさしく、〈偉大な、ある一つのこと〉――人類初の八千メートル峰登頂、歴史的瞬間であった。

G・O・ディーレンフルト（一八八六～一九七五）は、このエルゾーグらによる快挙に触発されてヒマラヤ登山史研究を本格化し、一九五二年、『第三の極地』と題する著作を刊行した。かつて（一九三三年）探検家マルセル・クルツは、南極と北極とが地球上の〝水平〟の極地ならば、地球表面の最高点エヴェレストは〝垂直〟の極地であるとして、それを「第三の極地」と呼んだ。ディーレンフルトは、この用語をさらに敷衍《ふえん》し、これに〈世界のもっとも高い山々、つまりヒマラヤとカラコルムの

《八〇〇〇米峯》をすべてふくめた〉のである。この世界最大の山々に対する闘争は世界人類の課題となっている、と捉えるディーレンフルトは書いている――〈多くの国の人々が、この闘いにその生命を捧げた。……もっとも有名な八〇〇〇米峯には、多くの勇敢な登山家たちが眠っている。高地アジアの巨大な山々では、多くの純粋な英雄的行為、誠実な友情、山男の友愛、犠牲的精神が見られた。……この本の目的は、忠実に力強い真理の光をあてて、これらの神秘的ヴェールをはらうことにある。あらゆる感情にとらわれることなく、《ただ真実のみ》をもとめることが、筆者の重大な目標である〉（諏訪多栄蔵・横川文雄共訳）と。

ディーレンフルトは、自身が一九三〇年代に重ねたヒマラヤ遠征体験（三〇年のカンチェンジュンガ、三四年のガッシャブルムⅠ峰、バルトロ・カンリ東峰、シマ・カンリ東峰など）、関係文献・写真の蒐集と研究、関係者へのインタヴューなどを拠りどころに、この著作を完成した。『第三の極地』は、ヒマラヤ各山域ごとに地誌を述べ、年代順に登山活動を解説する構成をとり、よく整理されていて、ヒマラヤ登山史の文献として国際的に高い評価を得ている。

『第三の極地』の第六章「ダウラギリとアンナプルナ」で、エルゾーグによる本書は有力な拠りどころとなっており、多くの基本的な情報を提供している。エルゾーグを隊長とする一九五〇年のフランス・ヒマラヤ遠征隊は、ダウラギリまたはアンナプルナ登頂を目標に編成・派遣された。エルゾーグと八人の隊員は、インド測量局作成の地図の誤記に振り回され、自らの踏査によって両山の山麓地形を確認する作業を余儀なくされる。ダウラギリに〝知られざる渓谷〟を発見したりするが、容易に登山ルートは発見できず、目標をアンナプルナに絞る。

アンナプルナにしても、その在りかを求めてチリチョの峠を越え、反転してミリスティ・コラの渓谷を遡り、西北稜下に仮のBCを設営して西北稜を試みる。このルートも岩と氷が峻険で長大なため断念するが、この踏査中、北面の壁に登頂ルートを発見してBCを北面氷河下に移動。ようやく登頂体勢に入りえたが、エルゾーグらは、東西に目標の山を擁するカリ・ガンダキ渓谷の上流ツクチャに到着して四カ月近くを費やしていた。ここに至るまでをエルゾーグは、本書全二十章中の九章を割いて詳述する。

モンスーンの襲来と競うように前進キャンプの設営が急ピッチで進む。グランド・ジョラス北壁第四登、アイガー北壁第三登を果たしているラシュナルとリオネル・テレイのコンビ。グランド・ジョラス北壁ウォーカー側稜第二登、マッターホルン北壁第五登を達成しているガストン・レビュファ。若手のシャッツとクジー。一騎当千のクライマーが五級の岩壁を次々に突破し、ついに第五キャンプからエルゾーグとラシュナルが項上に達する。アタック開始から十二日目という早業だった。

さて、エルゾーグの隊は、フランスがヒマラヤに派遣した史上二度目の遠征隊である。最初の遠征隊は、一九三六年、セゴーニュを隊長にヒドン・ピーク（ガッシャブルムI峰）を目標として派遣された。この遠征隊は項上（八〇八〇メートル）直下の七〇六九メートルピーク付近に第六キャンプを設営するまで進んだが、モンスーンによる降雪と雪崩に撃退された。しかし、ヒマラヤでは後発組に甘んじていたフランスが、わずか二度の遠征で、先発組の各国にさきがけて八千メートル峰を最初に手中に収める栄光をかちえた。それも、山麓調査、登路探索、登頂の三段階を一挙に達成する快挙によって。

ところで、わが『処女峰アンナプルナ』はまだ十三章までしか進んでいない。残る七章に綴られているのは、凄惨を極めた下山の状況である。登頂前から足に凍傷を負ったラシュナル、手袋を落として手を、次いで足を凍傷したエルゾーグ。吹雪のなかでおたがいを見失ってたどり着いた第五キャンプでは、レビュファとテレイが待っていた。

凍った手足の応急処置で呻いた一夜が明け、ほとんど歩行不能に陥ったふたりを抱えて下山するパーティに、吹雪は容赦なく襲いかかる。ルートを失って滑落したクレバスでビバークするが、レビュファも雪盲にかかっている。さらに雪崩の追い討ち。四人が奇跡的に難所を切り抜けたところへシャッツが駆けつけ、クジーも加わる。シェルパの助けも得て苦しい下山を続け、ようやくドクター・ウドーの手当を受ける。が、手足の切断不可避を通告されたエルゾーグは、〈ぼくはもうアイガーをやりに行けないんだ。あれほど行きたかったのに〉と鳴咽してしまう。BCを経て、ネパールの山村をたどる道々、

モーリス・エルゾーグ Maurice Herzog　一九一九〜二〇一二年、リヨン生まれ。フランス人。十六歳のときからアルプスに親しみ、おもにモン・ブラン山群を登る。ドリュ北壁、グラン・シャルモ北壁などを登攀し、四四年にレビュファ、テレイとブレンバ氷河からコル・ド・プトレイを初登攀。三十一歳の五〇年、フランス・ヒマラヤ遠征隊隊長となり、アンナプルナに人類初の八千メートル峰登頂を達成するが、帰途、手足に凍傷を負い指を切断する。フランス国立登山スキー学校校長、フランス山岳会会長（五二〜五五年）、初代スポーツ大臣（五八〜六六年）、シャモニ市長（六八〜七七年）、国会議員（六二〜七八年）などを歴任。また、国際オリンピック（IOC）委員としても活躍。著書に『ヒマラヤ大アドヴェンチュア』などがある。享年九十三。

エルゾーグもラシュナルも麻酔なしで次々と指を切断される。
ネパール王室の祝福を受けてフランスに帰着するころ、エルゾーグは、アンナプルナ登頂を〈実現された理想〉だと回想するようになっていた。そして自らに言い聞かせる――〈人間の生活には、別のアンナプルナがある……〉と。

『処女峰アンナプルナ』 *Annapurna, Premier 8.000*, Arthaud, 1952. ネパール中部、アンナプルナ・ヒマールの盟主、アンナプルナI峰（八〇九一メートル）初登頂の記録。帰国直後の病床で六カ月を要した口述により成る。内容は「出発準備」「ヒマラヤ」「知られざる渓谷」「ダウラギリ東氷河」「アンナプルナを求めて」「作戦会議」「ミリスティ・コラ」「北西ピーク」「アンナプルナ」「鎌」「第二キャンプ」「突撃」「一九五〇年六月三日」「氷雪の割れ目（クレバス）」「なだれ」「撤退」「レテの森」「稲田のなかの行軍」「ゴラクプール」「他のアンナプルナがある」の二十章で構成。隊員撮影の写真およびルート図などを豊富に添える。邦訳は、近藤等により一九五三年に白水社から刊行された。八七年に、改訳版を新装で刊行。二〇一二年、ヤマケイ文庫に収められた。

アルバート・F・ママリー『アルプス・コーカサス登攀記』

ママリー唯一の山岳著作（共著には『産業生理学』がある）である本書に拠って、彼の登山活動とその思想とを、この国に初めて本格的に紹介したのは大島亮吉であろう。大島は一九二四（大正十三）年の「山とスキー」第三十八・三十九号に寄せた「山への想片」のなかで、〈ピークハンティングの心は登山者にとって離すべからざるもの〉と書いたE・ジャヴェルにふれたのに続けて、〈これを一層高調して、「絶えず新しき登攀を求めつつある人のみが、まことの登山者である」〉としたママリーの登山観を、本書からの引用によって説明する。さらに、大島による「登山史上の人々・遊技的登山派の闘将マンメリイ」が、二九（昭和四）年の「登高行」第七号に掲載されている。この長大な力作は、大島の遺稿を編んでなった大著『先蹤者――アルプス登山者小伝』（アルプス〝黄金時代〟〝銀の時代〟に活躍した登山家三十二人の列伝、二五年、梓書房刊）に収められ、その中核をなしている。

大島は、この国の〝岩と雪の時代〟を拓くパイオニア的登山活動だけでなく、ヨーロッパの山岳書を渉猟し精力的な執筆活動をも展開して、登山思想の深化・発展に寄与する多大な業績を遺した。なお、大島は、ママリーを「マンマリィ」と表記していた。一九二一（大正十）年、アイガー東山稜初登攀の快挙を達成し、帰国後、大島らを導いた槇有恒。その槇もまた『わたしの山旅』に至るまで「マンメリー」と表記した。『先蹤者』刊行の三年後、石一郎は本書の邦訳を出版したが、これも、著者名は「マンメリー」。五五年、石は本書の改訳版を刊行したが、その「凡例」で〈A. F. Mummery の呼称は「ママリ」(mʌ́məri) が正しいと思われるが、従来の慣用に従い「マンメリー」とした〉と断わっている。

一八七九年、二十四歳のママリーはマッターホルンをめざした。ママリーは、十五年前に初登頂を果たしたウィンパーが選択した〝より容易な〟ヘルンリ山稜からでも、カレルが固執した南麓ブルーイユの谷からのルートでもなく〝より困難な〟ツムット山稜から初登攀を達成し、翌年には、やはり未登のフルッケン山稜(下部)から登頂する。さらにモン・ブラン針峰群中の難壁に次々と初登攀を記録し、また二度に及ぶカフカス(コーカサス)遠征など、ほとんど絶え間のない活発な登山活動を重ねた。そのママリーが、〈出版の目的で自身の登山体験談を書く意向を口にしたのは、(一八九四年の――大島による)ある冬の夜のことでした〉(石一郎の訳。以下、引用は同じ)と、ママリー夫人は「まえがき」に記す。

〈登山の記録をとることには、夫はいつも不注意で無頓着でした。覚え書きにしても、大概はひどく不充分な書き方をしています……。けれども、強力な記憶の助けをかり、また、いつもの目的についての粘り強さで、覚え書きを集め、拡大増補して文学の形に投げ入れ〉、一八九五年六月、本書はようやく刊行に漕ぎつけえた。夫人によれば本書の執筆は、ママリーに新たな旅だちへ踏みださせる決定的な契機となる――〈過去の登攀についての回想が、さらにこれからの旅行や冒険に向っての抑えがたい慾望を嘗てないほど鋭く夫の心にめざめさしました。高い山々の強烈な魅惑をふたたび感じると、登山に対しての古い熱烈な愛情がよみがえってきたのでした〉から。本書を執筆する行為を〈神々の命に屈して決断したママリーにとって、この決断はまさに運命的であった。本書上梓直後の六月二十日、ママリーはヘイスティングス、コリーとともに少年時代から夢みたヒマラヤへ旅だち、前人未踏の八千メートル峰――ナンガ・パルバットに挑む。ママリーは、夫人に宛てた六通の手紙（「まえがき」に収録）を遺して八月二十四日以降消息を絶ち、ついに帰らなかった。

さて、ママリーを紹介するに際して大島は、あえて〝闘将〟という語を冠した。また、ママリーの登山活動を生み出した思想は〝ママリズム〟と称され、当初、邪教に対するに似た多くの批判と反発を招

アルバート・フレデリック・ママリー Albert Frederick Mummery 一八五五～九五。イギリス人。ケント州ドーヴァー生まれ。学歴は不詳だが経済学に造詣が深い。製革業に従事するいっぽう、十五、六歳ころからアルプス登山に親しみ、ドーヴァー海峡の岩壁で登攀技術を磨く。七九年にマッターホルンのツムット稜、翌八〇年に同フルッケン稜下部をそれぞれ初登攀。さらにモン・ブラン針峰群のグラン・シャルモ、グレポン（八一年）、またティッシュホルンのトイフェルスグラート（八七年）などに初登攀を重ねる。近代スポーツ登山に〝より高く、より困難な〟活動を提唱、自ら実践して、アルプス〝銀の時代〟の主役を担う。このママリズムは、やがてアルピニズムの代表的思潮となる。八八年にカフカス山脈のデイフタウに初登頂、九〇年に同アダイ・ホフをめざす。九五年にヒマラヤ遠征、ナンガ・パルバットに初挑戦して帰らなかった。享年四十。

いた。なぜだろうか。

多くのアルピニストの挑戦を斥け、最後に残されていたマッターホルンが、ウィンパーに最初の登頂を許したのは一八六五年だった。高峰への探検的初登頂が相次いだこれまでの時期を、アルプス登山史では〝黄金時代〟と特徴づける。では、未登の高峰を失った後の登山活動をどのように創出すべきなのか。多くのアルピニストが模索を続けるまさにその時期に、ジャヴェルが登場し、ママリーが活躍した。ママリーによるアグレッシブな個々の登攀は、本書各章で具体的かつ詳細に述べてある。そのうえでママリーは、これらの行為に至った思想的基盤について、本書最終章で総括的に記している。挑戦的ともいえるラディカルなその思想の核心は……。

〈登山遊技の真髄は、ある山頂に登ることにあるのではなくて、困難とたたかい、それに打ちかつことにある。幸福な登山者は、……「力伯仲する者と相戦う喜びを呑んだ」人であり、この喜びこそは、その登攀に従う登山家の力を最高度に強要する絶壁を攻撃して、はじめて得られるのだ〉〈登山の……「存在理由」……を遊技と考えるなら、そこには何等かの危険がついて廻るし、常について廻らねばならない。それを……興味ある論文のための、法螺《ほら》と自慢の目的のための、素材と見做すのなら、……「英国山岳会」の創始者が使ったその言葉の意味に於て、登山とはならない〉〈どこか峻烈な絶壁とたたかうために、あるいはどこかやせ細って氷の被う岩溝《ガリー》を押し登るために、肉体的心理的に、自己の最高の能力を集中することは、男たるにふさわしい仕事である。……ガイドのあとから、ごろ石の長い斜面を喘ぎ登るのは、すべて香水と化粧油に湿った流行服をまとい、糊付きのリンネルシャツをつけ、ぴかぴか光る靴をはき、汽車でツェルマットに下り立つ、骨無し男にはふさわしい仕事である〉。箴言《しんげん》にも似た文言も豊富だ——真の登山家とは〈一箇の彷徨者である〉、〈常にあたらしい登攀を試みる人である〉、〈登山は危険というものから全然離れられない遊技である〉などなど。確かにオールド・アルピニストには耳障りな言辞であったろう。だが、若きアルピニストたちを惹きつけ、その多くがママリーの後に続いて〝ママリズム〟は主流となる。

『アルプス・コーカサス登攀記』 *My Climbs in the Alps and Caucasus*, T. Fisher Unwin, London, 1895　初版は、ママリーがナンガ・パルバットに出発する一週間前に出版。内容は全十四章からなり、マッターホルン登頂から二度のカフカス遠征までを年代順に記述した自伝的登攀記。章題は「マッターホルン・ツムット山稜」「同フルゲン山稜」「コル・デュ・リヨン」「トイフェルスグラート」「エギーユ・デ・シャルモ」「グレポン」「ダン・デュ・ルカン」「エギーユ・デュ・プラン」「エギーユ・ヴェルト・シャルプア氷河より」「同モアンヌ山稜より」「小さな峠・コル・デ・クールト」「ディク・タウ」「コーカサスの峠」「登山の楽しみと罰則」。邦訳は、石一郎により一九三八（昭和十三）年、朋文堂刊。石は五五（昭和三十）年に四六年版（ママリー夫人の序文つき、H・E・G・チンダル編）により改訳、再び朋文堂から刊行した。「世界山岳全集」第二巻（一九六〇年・朋文堂刊）に収録。二〇〇七年、海津正彦訳で東京新聞出版局から刊行された。

串田孫一
『若き日の山』

フランス哲学を専攻する大学教授・串田孫一は、多才の登山家である。エッセイ、詩、小説、翻訳、絵画など幅広い表現活動を展開し、自然科学にも造詣が深く、また音楽にも親しむ。その串田にとって、本書はほとんど最初の出版物で、山の文学者・串田孫一の歩む方向を決定づけたともいえる著作である。

串田の筆になる山の著作には、具体的な山名や地名を明示していない作品が多い。串田が作品中に綴っている、自分の行為や想念を生む舞台となった場所が固有名詞としてはほとんど登場しないので、紀行や登攀の報告を主とする山岳書を読み慣れた人は、あるいは戸惑いを感じるかもしれない。この点について串田は、彼の『著作集Ⅰ・山』（大和書房、一九六七年刊）の「後記」に、地名がはっきりと出てくるいわゆる紀行文のような種類の文章を書くことは避けている、旨を表明している。串田は、消極的にしか記してはいないが、これは、山の文章の基本にかかわる重大な問題を含んでいる。

山それ自体は自然の一部であり、あくまでも客観的な存在である。その山へ、さまざまな社会生活を営み、多様な世界を背負い、各人各様に感受性をもつ登山家が足を踏み入れる。そして、文才に恵まれた登山家が自らの行為に拠って山の文章を綴るのだが、その際、串田は、登高の記録や行為そのものよ

りも、山で抱いた想念や山と交わした心の対話のほうを重くみる。そうした立場で、串田は、自己の山の文学を創造する実践に取り組み、独自の文学世界を形成しようと努めた。

本書など串田の山の著作を読むかぎり、自然と闘う激しく厳しい場面やヒロイックな表現はほとんどない。本書の文体は柔かく優しく、また美しい。観察は細やかで時に胸を衝かれる。感受性は豊かで感動をよび起こしもする。表明される感懐はロマンティックで共感するところが多い。上質のユーモアも楽しい。箴言《しんげん》のようにひびく一句もあれば、著者と行をともにしているような錯覚に引きこんだりもする。串田が創出した山の文学世界は読み手を山から解き放ち、かえって広い普遍性をもちえてさえいる。

串田の山は、彼が暁星中学校（旧制、現・暁星高校、ここでは英語だけでなくフランス語も教えた）に進学した十三歳の一九二八（昭和三）年――本書「あとがき」には「一九二七年」とあるが、『光と翳の領域』（講談社文庫、一九七三年刊）所収の「自筆年譜」による――の年末から正月にかけて、東北・吾妻山麓の五色温泉へ出かけてスキーを覚え、周辺の雪山を巡ったのに始まる。ここで串田は、〈槙有恒氏に会い、吹雪の中を一緒に歩く〉（同、「自筆年譜」）。そして、たちまち上達したスキーに〈病みつきになったが、雪の斜面、銀色に光る世界だけを夢に見るのではなく、心は山へ向うようになった〉（本書「あとがき」）。二九年、〈河田楨《みき》氏の『一日二日山の旅』によって中央線沿線の山、秩父の山などを歩き、夏の休暇には、槍、穂高、立山、剣など主として北アルプスに登る〉（「自筆年譜」以下同）。三一年、〈山登りに使う日教はますます多くなり、小黒部谷のようにやや特殊な地域に入る〉。三二年に東京高校（旧制、現・東京大学に併合）に進学し、〈山岳部員として山登りを続け〉、十一月から二月にかけて谷川岳に挑み、三月には白馬岳、雨飾山などに登る（『若き日の山』実業之日本社版所収の「甦える記憶」から）。本書のⅠに収められている九篇と、Ⅱの「山と雪の日記」は、右の、まさに「若き日」の登山活動から得た素材によって執筆された。

また串田は、〈小学二年の時から、可なり細かく日記をかく習慣の出来て〉いて、〈どんなに小さな山へ出かけた時でも、時間と天候の記録は必ずつけて帰って来ると、一日の山歩きのことを、二晩三晩かかって文章にしていた。絵を入れ、落葉を貼り、……写真も入れ、無罫のフールス紙を、細かい升目の下敷きの上に置いて、きれいに書いて行くのがうれし〉い少年だった。〈時間と天候だけの記録帳が二冊、その文集が十数冊になっていたのだが、みんな戦争で焼かれた〉（本書「あとがき」）。「古いケルン」（『若き日の山』集英社文庫版所収）中の「北穂高岳」は、〈多分夏の休暇の宿題として提出したものであろう〉（同、実業之日本社版所収「甦る記憶」）という。

さらに串田は、彼が山の手引きとした『一日二日山の旅』の著者・河田楨と出逢い、その縁で『山の絵本』の著者で詩人の尾崎喜八を識る。静観的登山をリードするこれら先達との出逢いを機に、山の詩を読み、山の文学書をさがすことが始まった。いっぽう、〝岩と雪の時代〟をリードする槇有恒とは、すでに〈最初の五色でお目にかか〉っていた。串田は、中学・高校で、まさにその〝岩と雪の時代〟を担う活動を続けるのだが、〈私が少し乱暴な山の登り方を始めるころ〉、槇は〈それを知って、実にていねいな御注意の手紙を下さった〉（本書「あとがき」）。

第一級の指導者に恵まれて登山と山の文学に親しんだ串田は、一九三六（昭和十一）年、東京帝国大学に進む。山岳雑誌に寄稿しながら、登山と文学――登る行為と思索し執筆する行為との矛盾に悩み、ついに串田は登山活動から離れ、その想いを、三七年十二月、『乖離――あるいは名宛のない手紙』（『若き日の山』実業之日本社版に収録、筆名・初見靖一）にまとめる。学究生活に入るいっぽう、詩や小説を書き、文芸雑誌を創る。そして、戦争の激化、岳友の戦死、山形県への疎開（本書所収の「荒小屋記」）……敗戦。

一九四六（昭和二十一）年九月、串田は東京にもどり、その翌年から教壇にも復帰する。そして「自筆年譜」には〈一九五二年　昭和二七年　三七歳　再び山登りをはじめる。外語大に山岳部が出来て

串田孫一（くしだ　まごいち）　一九一五（大正四）年～二〇〇五（平成十七）年。東京・芝明舟町で生まれる。二八（昭和三）年、私立暁星中学に入学、年末から五色温泉へ出かけてスキーを覚え、槙有恒に会い周辺の雪山を登る。二九年から登山を始め、三二年に進学した東京高等学校では山岳部に入部、積雪期の谷川岳、白馬岳などで活動。三六年、東京帝国大学文学部哲学科に進学、翌年、登山活動から離れる。卒業論文に「パスカルの無限について」を書き、大学院に進む。四〇年から上智大学予科などで教鞭をとるいっぽう、詩や小説を書き文芸同人誌を発行。四五（昭和二十）年六月から山形県新庄の農村荒小屋に疎開、四六年九月に帰京。翌年から国学院大学などに勤務、五〇年に東京外語大に移る。五二年、登山活動を再開、外語大山岳部長となる。五七年、まいんべるく会入会。五八年三月、山の芸術誌『アルプ』創刊。百冊を超す編著書、訳書を刊行、絵の個展など多彩な活動を続けた。享年八十九。

部長を引受ける〉とある。このことを、本書の「あとがき」には〈それ（『乖離』刊行・筆者注）以来、山らしい山へ登らなかったが、三年ほど前から、またぽつぽつ出かけるようになった。それも何故だか分らない。そんなことは自分にも訊ねないことにしている〉と書いている。串田のやや屈折した心情は、本書Ⅲの「薔薇の花びら」「思索の散歩道」「孤独な洗礼」「山の歌」など、登山再開の時期の作品から推測するしかない。

再び山にもどった串田は、本書を出発点として山岳文学に新しい展開をもたらす。山と交わす心の対話や自らの内面に則して山に接する方法を提示して、登頂や登攀の報告がそのまま新発見だった時代を超えた。山を、山岳エリートの場から、より広い文学の場に解放した。

『若き日の山』 一九五五（昭和三十年）一月、河出書房刊。新書版百七十四ページ。カバー装で、カバー・表紙とも著者の絵を用いた庫田叕の装丁。巻頭に、ベレー帽、アノラックを着用し、ザイルを肩に、ピッケルを脇に抱えた著者の肖像写真を口絵として添えている。本文は三部構成で、Ⅰは、著者の中学・高校時代の山行から得た素材による作品九篇。Ⅱは、最後の「山と雪の日記」がⅠと同時期の内容だが、ほかの十篇は戦後の山行から生まれた詩、散文、エッセイなど。Ⅲは、疎開先に関する「荒小屋記」のほか、小説風の「笛」、登山再開期の作品など八篇。全篇にわたり、著者自身の手になる挿画が彩りをそえている。本書には、実業之日本社版（一九七二年刊、「自然手帳」「乖離」「霧と星の歌」「甦える記憶」併録）、現代知性文庫版（信友社、一九六四年刊）、集英社文庫版（一九八八年刊、『古いケルン』併録）、yama - kei classics版（二〇〇一年）があり、「日本山岳名著全集」第七巻（一九六二年・あかね書房刊）にも収められた（いずれも絶版）。

ガストン・レビュファ
『星と嵐　六つの北壁登高』

〈山登りは、わたしたちの考えにしたがえば、ひとつの芸術作品だ〉（『万年雪の王国』、一九五七年刊、近藤等訳。以下、引用訳文は同じ）と、ガストン・レビュファは明言する。そうだ、〈音楽家がシンフォニーを作曲するように、アルピニストは、その登攀を作りあげるのだ〉。

アルピニストは〈丈夫な心臓と、強靭な筋肉と、鋼鉄の指を有し、また完璧な技術をそなえていなければならない〉が、レビュファにあってはそれらは〈単に手段にすぎない〉。

〈ひとつの頂の名が、わたしたちの心のなかに鳴りひびき、とある山の姿がわたしたちを惹きつけ、ひとつの声がわたしたちを呼びよせるのだ。つづいて、登山は、わたしたちの全身の動きとなる。かくて、わたしたちが前方に張り出した岩壁をよじ登り、仲間を助けるために自分のベストを尽くしている時、清澄な歌が心に湧き起ってくる〉

〈頂に登りつけば、わたしたちは斜面にかがみつづけていた体を起して、地平線の果てまでみはるかすのだ。わたしたちの心の静穏さと、大いなる幸福感は、測り知れないものとなる。行動と瞑想とが、これほどじっくりと一致していることは、めったにない。山では、このふたつは切っても切れない関係にあるのだ。……わたしたちの山の頂に、もしも飛行機で降ろしてくれたなら、同じ眺めも、これほど美しくはなくなるだろう。よく見るためには、目をあげるだけでは足りないのだ。まず、心の扉を開かなければならない〉。

さらに『雪と岩』（一九五九年刊）では、〈山々は、ひとつの別世界なのだ。地球の一部というよりも、並外れた、独立した神秘の王国というべきであり、この王国に踏み入るための唯一の武器は、意志と愛情なのだ〉とも記す。これらこそ、レビュファの登山観の核心を最もよく表現している部分と言えないだろうか。

さて、本書は『星と嵐』と題されている。岩壁登攀、しかもすべて高難度の六級、アルプスを代表する〝六つの北壁〟を相手に激しい登攀を綴った著作としては、やさしく穏やかで意表を衝く書名である。これについてレビュファは、訳者・近藤等に宛てて次のように書き送っている（白水社版「訳者のことば」）――〈北壁を登るにはビヴァークせねばなりません。そこで《星》という言葉が出てくるわけであり、また登攀が長いことからしばしば悪天候に襲われます。ここから《嵐》という言葉が出て来て『星と嵐』としたわけです〉と。極度の緊張と過酷な行動が連続する北壁登攀という激烈な行為のすべてに共通し、大自然ときり結ぶ雄大な視点から象徴的で美しく詩的な語彙を選び出した、この非凡さ！

その美しく詩的なトーンは、はやくも本書の「まえがき」の随所に現われる。たとえば――〈一日の終りに、アルピニストは平らな場所を探し求め、ルックザックを下ろし、一本のハーケンを打ちこんで、これに体を結びつける。アクロバチックで辛かった登攀の後で、彼は詩人のように瞑想にふけり、より密接に山の生命に溶けこむのだ。ビヴァークする者は、彼の肉体と山の肉体とを一つにするのだ。石床の上で、大岩壁に背を寄せ、見馴れた大空を眼前にして、左手の地平線に陽が沈み、やがて、反対側の空では、星の肩掛が拡がるのを眺める。まず眠らずに時間を過ごすが、やがて、できることなら眠ろうとする。次に眼をさまし、空模様をうかがい、また眠りこむ。最後に彼は見張る。やがて右の方から朝日が昇ってくるだろうから。散り乱れたダイヤモンドの下の大旅行〉。

登攀を綴る本文中にも、琴線にひびく描写にしばしば出逢う。たとえば「マッターホルン北壁」の登攀を結ぶ一節――〈いま、私たちは最も美しい峰の上にいるのだ。私たちは眺める。天に向ってそそり立つピラミッドの頂上で、微々たる私たちは、地球が眠りにつく場面に立合っている。それから地球と

ガストン・レビュファ Gaston Rébuffat　一九二一〜八五。フランス人。マルセイユ生まれ。十二歳ごろからマルセイユ近郊、石灰岩の断崖絶壁が入り組むカランクをたびたび訪れ、岩登りに興味を抱く。十七歳のときラ・メイジュ（三九五三メートル）に登頂し山の虜となる。青年山岳研修所を経てフランス山岳会のガイド講習に参加、二十一歳で公認ガイドの資格を取得。フランス国立登山スキー学校教官、陸軍高山学校コーチを務めた後、四五年、シャモニ・ガイド組合のメンバーとなる。同年七月、グランド・ジョラス北壁ウォーカー・バットレスに第二登を果たし、以後、ドリュ、マッターホルン、アイガー各北壁などアルプスの難壁を次々に登攀。五〇年、アンナプルナ遠征のフランス隊に参加。七五〇〇メートルの第五キャンプまで登る。いっぽう『星と嵐』『天と地の間に』など十八冊の著書を刊行するとともに、『星と嵐』『星にのばされたザイル』など山岳映画六本を制作。五七、六七、七七年と三たび来日する。享年六十四。

ともに夜へ身をゆだねる〉。また「チマ・グランデ・ディ・ラヴァレドの北壁」のフィナーレは〈ザイルを外し、一般ルートを駆け下りた。今日、私たちはビヴァークしなかった。しかし星は、私たちの心の中で輝いていたのだ〉。

〝六つの北壁〟登攀を読み通すと、そこに共通する叙述の方法が採られていることに気づくだろう。それは、各北壁に対する先蹤者の苦闘の跡を、並々ならぬ敬意をこめて描写していることである。それらは必ず、各篇の冒頭に置かれている。このことは、たとえレビュファが彼らより困難な登攀を成しとげたとしても、彼らが拓いた道を引き継いだにすぎないとするレビュファの謙虚さに根ざしているのだ。そのような認識は、当然ながら、仲間に対する信頼と友愛の情を生む――〈ザイル・パーティの同志愛こそ、真にすばらしいものだが、このクラックの端までは一人の力で行かなければならない。一人でこれを攀じ登るのだ。二〇メートル下には仲間がいる。もし、スリップしたら、墜落はひどかろう。ザイルがちゃんとあるにはあっても、役には立たない。しかし、私はザイルなしには、友情なしには登れない。このザイルが心を温めてくれるのだ〉(「グランド・ジョラスの北壁」)。

そして、山岳ガイドという職業に対する誇りと愛着――〈ガイドの職業こそ、こよなく美しい。けがれを知らぬ土地で、その職務を果たすのだから〉〈彼の幸福は百姓が大地と関係を結び、職人がその作品と結び合わさっているように、山と切っても切れない関係を結んでいるという深い感情から生れているのだ〉(「まえがき」)。だからこそ、「登攀中、私はガイドの職業を通じての同志愛という、私の職業の最も純粋なよろこびに一日中ひたりきり〉(「グランド・ジョラスの北壁」)れるのだ。

〈この本はすべてを高山に捧げた青春の書である〉という。この〝行動と瞑想〟〝意志と愛情〟のアルピニストは、クライマーとして第一級であっただけでなく、登攀の報告・紀行のレベルをはるかに超えて、数多くの山岳文学作品を著わした点でも第一級であった。〈困難を愛するが、危険は大嫌いだ〉〈思い出よりもあこがれが好きだ〉など珠玉の名言を遺した彼を、近藤は「山のサン・テグジュペリ」だという。けだし、至言というべきであろう。

『星と嵐―六つの北壁登高』 *Étoiles et Tempêtes*, 1954, B.Arthaud, Paris.　一九四五〜五二年にアルプス〝六つの北壁〟をすべて登攀したレビュファによる個性的で詩情筆かな登攀記。五四年度山岳文学大賞受賞。本書は、「グランド・ジョラス」「ピッツ・パディレ」「ドリュ」「マッターホルン」「チマ・グランデ・ディ・ラヴァレド」「アイガー」各北壁登攀を綴る六篇、「まえがき」と、参考地図、登攀ルート図などを併せた〝附録〟とから成る。近藤等訳の白水社版は五五（昭和三十年）六月刊。六三年に新装版刊行。本文中にモノクロ写真三十五点を入れ、「訳者のことば」「ガストン・レビュファの登山観」を添える。九二年、集英社文庫に収められ、訳者による「解説」と「レビュファ年譜」、小林則子の「鑑賞」を付す。二〇〇〇年に山と溪谷社 yama - kei classics 版刊行。二〇一一年、ヤマケイ文庫に収められた。

坂本直行
『原野から見た山』

北大山岳部ＯＢ・坂本直行の日高への想い入れには、格別のものがある。坂本は若き日に情熱を注いだその山脈を朝に夕に仰ぎ、鍬や斧を握った手でスケッチを積み重ね、ときにはその懐に抱かれて魂に安らぎを与えた。坂本が熱く深い想いを寄せた日高山脈とは、北海道の屋根・大雪山を含む石狩山地の南、石狩平野と十勝平野とを結ぶ狩勝峠から、太平洋に突き出た襟裳岬に至る約百二十キロに及ぶ山稜である。標高二〇五二メートルの幌尻《ポロシリ》岳を中央に、山頂付近に氷河期のカールを残す約二十座の峰々が、それぞれ、鋭く切れ込む沢を抱いて南北に並ぶ。

北海道が、その中央部に擁する石狩山地は、石狩川・十勝川の源流地帯で、千島火山帯の西端を形成する大雪・トムラウシ・十勝の三火山群から成り、標高二二九一メートルの旭岳を盟主に約二十座の山々が連なる。大雪・日高の主稜の西側には芦別岳などの夕張山地が並行し、日本海側には暑寒別岳などの増毛山地があり、摩周湖・屈斜路湖の東には、斜里岳から羅臼岳を経て知床岬に至る山稜が走る。札幌・小樽を結ぶ線から南の室蘭に至る地域は、那須火山帯に連なる火山群が洞爺湖・支笏湖を含む複雑な地形をつくり出している。北海道の山岳は、本州の南北アルプスの山岳に比して標高が低い。しかし、緯度が北に寄っているため、植物相や積雪などの自然条件は、約一〇〇〇メートルを加えた標高の本州の山岳に匹敵する。ごく概括的に表現すれば、北海道の二〇〇〇メートル峰は、日本アルプスの三〇〇〇メートル峰に相当するのである。

　これら北海道の各山域への挑戦は、北大山岳部がイニシアティヴを握ってきた。一九一二（明治四十五）年創立、木原均、板倉勝宣、加納一郎らも所属し、山岳雑誌「山とスキー」を創刊するなど活発な活動を展開してきた北大スキー部から、山岳部が分離独立したのは二六（大正十五）年、坂本が北大在学中のことであった。伊藤秀五郎、沢本三郎、小森五作らがリードし、坂本も加わって北海道各地の山岳に積雪期中心の登山活動を積みあげる。二九（昭和四）年一月、すでにＯＢとなっていた坂本らは日高のコイカクシュサツナイ岳（一七二一メートル）などに厳冬期初登頂、伊藤らも大雪の石狩岳、日高の幌尻岳などにスキーを使って厳冬期初登頂。三月、井田清らが利尻山へ。三一（昭和六）年五月、奥田五郎らが大雪の愛別岳へ。翌三二年には、部を挙げて大雪山塊にスキー登山を試みるいっぽう、日高アタック——石橋正夫らの札内岳〜カムイエクウチカウシ山縦走、中野征紀らの神威《カムイ》岳、坂本と中学以来の友人・相川修らの幌尻岳、イドンナップ岳など——も行なう。三三（昭和八）年ごろから、山岳部は、未踏のペテガリ岳（一七三六メートル）を中心に日高山脈開拓の活動を中心に据える。井田、沢本、坂本、館脇操らが、アイヌ古老の話や河川名に拠って、日高の各山岳の名を定めたのもこのころのことだ。

　坂本は本書に、当時の回想を「くたびれもうけの山登り」と題して三篇収めているが、そこには、処女地開拓の使命感や悲壮感などはまったくない。ユニークな視点から、対話まじりでユーモラスに綴っているので、吹き出しながら惹き込まれて読んでしまうが、それが登山史にかかわる重要な一文とはなかなか気づかない。一九三二年三月、坂本は相川とペテガリ岳をめざして途中断念、目標をソエマツ岳、神威岳に変更したが、これもだめ。一度、勤務する牧場にもどってから、腹いせに往復七十二キロを二十二時間で登った。その日高山脈最南端の楽古《ラッコ》岳（一四七一メートル）が、前年に単独で登った最北端の芽室岳（一七五四メートル）とともに積雪期初登頂であったことなど、この「六〇個のフランスパン」を読んでもわからない。続く「十一日間のラッセル」は、同年末の戸蔦別《トッタベツ》岳（一九五九メートル）登頂のみで幌尻岳などを断念した葛西晴雄らとの山行を記すが、これも〈毎日深雪の中をラッセルしに行った〉ことに視点をおく。

三番目の「コイカク札内岳の三日間」は、一九三七（昭和十二）年二月、葛西をリーダーに板本も参加した、北大山岳部第一次ペテガリ隊の回想で、このとき初めてポーラーメソッド（極地法）をとるが失敗に終わる。その後、北大山岳部は、四〇（昭和十五）年一月、有馬洋をリーダーに第二次登山隊を出すが、コイカクシュサツナイ沢で雪崩に遭い八人が死亡。難攻不落のペテガリ初登頂は四三（昭和十八）年一月の渡辺良一隊。太平洋戦争後、残る未踏峰に登頂したのち、北大山岳部は五六（昭和三十一）年十二月、西信博らが悲願の日高山脈全山縦走を達成した。

本書に収められた北大時代の回想は「思い出の断片」中の三篇。最初は、札幌に近い「銭函峠」をめぐる思い出。二番めは、漁沢で集中豪雨に遭い、橋が流されたために大迂回を強いられた空腹の道中で、逃亡中のタコ（監獄労働者）を助けた「岩魚を食って歩く」。三番めは、山行中、世話になることが多かった札幌近郊の「造材飯場」で、「クラブのような便所」に出くわした驚きなどを綴る。もう一篇は「般若の五郎」。大雪は黒岳石室の番人と飼い犬の話を軸に、雪渓で見つけた熊を追い払ったら、その熊を狙って追い続けるアイヌの猟師に叱られた話など学生時代の想い出を語り、それに再訪が重なる。

坂本の紀行や挿画の主題は、北海道各地の山域に及ぶ。大雪山、十勝岳など石狩山地のものが最も多く、次いで日高山脈、さらに夕張山地、増毛山地、道央の漁岳、室沼岳、道東の摩周湖、斜里岳など。厳しい自然に正面から立ち向かい、過酷な労働に鍛えられた開拓農民の力強さに支えられて、文体は殻を突き抜けたように明るい。読む者を惹き込み、ときに爆笑を誘う描写も多く楽しい。景観の描写は、

坂本直行（さかもと　なおゆき）　一九〇六（明治三十九）年〜八二（昭和五十七）年。釧路に生まれ札幌で育つ。札幌二中（現、札幌西高）から北海道大学農学部農学実科に進み、二七（昭和二）年卒業。在学中、山岳部で活躍。三〇（昭和五）年から日高山脈東南麓・十勝平野の広尾で友人が営む野崎牧場で働き、三六（昭和十一）年から日高山脈南部の楽古岳山麓・下野塚原野の未開拓地に入植し開拓に従事。いっぽう、三四（昭和九）年一月、日高山脈コイカクシュサツナイ岳などに初登を記録、また三七（昭和十二）年一月、厳冬期ペテガリ岳をめざす北大隊に参加するなど、登山活動も継続。さらに入植した原野や情熱を注ぐ日高など北海道の山野を主題に、絵筆をとり続け、雑誌「山」などに作品を掲載する。六〇（昭和三十五）年、画業を認められて山岳画家として立ち、農業から離れる。ネパールにスケッチ旅行。著書に『山・原野・牧場』『雪原の足あと』『開墾の記』など。享年七十六。

簡潔明瞭でありながら、画家らしく繊細で、色彩の捉え方も鋭い。

しかし、坂本の紀行における最大の魅力は、なんといっても、ユニークな同行者や出会った人々の登場である。会話を多用する方法で人物像を鮮明に活写する文才には舌を巻く。「五月の十勝連峰」のチンパン、戦時中の山行を綴った「石狩の歌」の時計屋などは、個性豊かな同行者の代表例だろう。そして「斜里岳の旅」に登場する、登山口の宿を兼ねる農家の主との会話には、乱暴なことばのやりとりに見えて、じつは、心を通い合わせる開拓農民同士の熱い交情がにじみ、感動をさえ呼ぶ。

〈『原野から見た山』、それは僕にとって一番美しい山の姿である〉という坂本は、肉太で力強く明快な線を基調とする山岳画を、本書の随所に披瀝する。自分が立つのは〈いつも人影はないが、どこにでも人間が動いている〉原野だ。

本書は、子どもといっしょに楽古岳に登って幸せを味わう、人恋しいこの岳人の総体を示している。


『原野から見た山』 一九五七（昭和三十二）年八月、朋文堂刊・B５変型判・百六十二ページ。厚表紙、機械函入り。装丁は著者で、函・表紙・目次とも自身の絵を用いて構成してある。原色版は巻頭別刷口絵の「柏の立枯れ」など十点、大小のモノクロ挿画八十点。本文は、表題作をはじめ一〜二十ページの長短バラエティに富む回想・紀行・随想・詩など二十五篇を収めている。また、ほとんどの見開きに原色版あるいは挿画が配置してあり、画文集として視覚にアピールするよう行き届いた配慮が見られる。本書は、一九七四（昭和四十九）年、判型・装丁を改め、茗溪堂から復刊されている。

畦地梅太郎『山の眼玉』

〝強くて心やさしい山男〟というのは、いったいどんな顔かたちをしているのだろうか――人それぞれに思い入れがあろう。特定の具体的な人物に拠るイメージ、複数のモデルに拠って合成された人物像、あるいは、創造されたあるべき理想像などが……。畦地梅太郎は、そのような山男の創出に心血を注ぐことを、自身の画業の中枢に据えた。肉太で力強く単純明快な線と、効果的な色彩の面とで構成された〝強くて心やさしい山男〟は、状況に応じてさまざまなスタイルと表情を見せる。

「登攀の前」、彼は、身支度を整えると空を見上げ、磁石を手に山頂とそこに至る雪と岩のルートを確かめ、緊張の第一歩を踏み出す。アイゼンを効かせピッケルとザイルを駆使してたどり着いた高みで、彼は自らの苦闘を自ら労って、「山上に叫ぶ」。「山男」は、山小屋に飛び込むと、ヘルメットをとりヤッケを脱ぎ、湯をわかして熱いコーヒーを淹《い》れ一服つける。「鳥と山男」とが出逢うとき、彼の心やさしさが直截に示される。飛び立てぬほど疲れていたり傷ついていたりすれば、介抱し食べものを与えて鳥の回復を待つ。「鳥をいだく姿」は、雷鳥であれほかの鳥であれ、なかなか堂に入ったものだ。しかし、「冬の山男」は、ザイルが凍り縺《もつ》れる寒気のなかにあっても冷静だし、へこたれない。強いのだ。

今回はスキーを使ってコースを踏破し、小屋に入った。ジンジンとヤカンの湯がたぎる「ストーヴの前」に座ると、氷柱の下がった髭面が和《なご》む。

この山男たちは、北アルプスの燕山荘にも現われるし、白馬や八ヶ岳山麓のペンション、芦安山岳館などに姿を見せる。穂高・涸沢ヒュッテでは手拭いやTシャツなどに染めぬかれている。この画家が創り出した山男はどれもいかつく、決してスマートではないが、どことなくユーモラスで親しみやすい。そして、この画家の筆になる紀行もまた、描かれた山男たちと同様、飾り気がなく率直である。読んで楽しく、しばしば笑いを誘われ、また共感を呼ぶ。そうした魅力は、いったいどこから生じるのだろうか。

まず、この画家は、登山中におかした自分の失敗を隠したり、繕ったりしない――〃田毎の月〃の雪景色を見るために麻績《おみ》から一本松峠を越えたが、急な下り道はこちこちに凍っている。竹スキーで遊ぶ子どもたちはかたわらを滑りぬけて行くが、スキー靴を初めてはいた画家は、転がったまま姨捨駅へ滑り込む（「雪の峠道」）。信州峠で初めて輪かんをはいた画家は、歩くのもままならず、〈輪かんで輪かんを踏みつけて〉転ぶ。雪は浅く、雪の下の泥で手袋をすっかり汚してしまう。そのわきを、村人は地下足袋ですたすたと行く（「はじめてはいた輪かんじき」）。守屋山の山頂だと思いこんだ場所は間違っていた。再び雪の上を歩き始めたとたん、足もとから空中高くウサギがすっ飛んだ。画家は手に持っていた写生帳を飛ばされたうえに、尻もちをついてしまう（「わたしの雪中登山」）。烏川源流を徒渉中、深みにはまった画家は、〈重いザックとともに流れの中に横たおしになって〉流される。岩にぶつかって止まり、やっとの思いで岸にはい上がったら、沢の同じ側を下った場所だった（「烏川源流を下る」）。

まだまだある——小屋に着いて、さあひと休み。同行の友人が何やら探している。〈タバコならわしんのをのめ〉と画家は言ったものの、自分のも見つからない。ついに〈忘れた〉と二人同時に言い合う（「四国の高原大野ガ原」）。阿蘇の巨大な火口壁を伝っていた画家は、〈身体をもちあげるか〉のような強い突風に襲われる。〈乱れるオーバーの裾をおさえたが間に合わず、ポケットの中から一葉の阿蘇の地図が舞いあがり、見る間に火口の噴煙の中へ飛びこんでしまった〉（「阿蘇山」）。雨があがった峠で、画家は〈浅間山を見ようと思って、霧の晴れるのを待った〉。霧が流れると、高原の彼方に山脈がかすみ、その麓に湖が光っている。〈瞬間わたしは浅間山がなくなったかなと思った〉〈首を左へまげた。なんと、そこには大空を塞ぐような、でっかい丸坊主が、頭から白煙をゆるくはき出してどっかと坐っていた〉（「峠への道」）。……登山者なら、口には出さないにしろ、必ずこれらと似た経験をしているはず

畦地梅太郎（あぜち　うめたろう）一九〇二（明治三十五）年〜一九九九（平成十一）年。愛媛県北宇和郡二名村（三間町を経て、現、宇和島市）生まれ。平塚運一に師事して版画の修業をつむ。わが国の代表的版画家のひとりで、国画会、日本版画協会に所属。戦前から親しんでいた山を主題とする作品が多く、一九五九年、シカゴで個展を開催。以後、ルガノ、アンポーロ、チューリッヒなどの国際展にしばしば出品して国際的評価も高い。『山の絵本』、スタットラー編『畦地梅太郎版画集』などの作品集のほか、『山の足音』『山の出べそ』『せつなさの山』『北と南の話』『よろこびの頂き』など画文集も多い。宇和島市に畦地梅太郎記念美術館がある。享年九十六。

だ。だから、読むと思わずニヤリとしてしまう。それに、文章が与えるイメージを確かなものにさせる挿画が、見開きごとについているのだからたまらない。

本書を魅力的にしているもうひとつは、この画家の登山活動が生み出す意外性のある展開、また恐怖心を読み手と共有できる要素が少なくないことである。それら奇想天外な話や怪談めいた体験を、この画家は淡々と書いている――高千穂のお鉢で、画家と友人はウサギを拾う。罠を喰いちぎって逃れたものの、力尽きて凍死したウサギだった。二人は、高千穂河原の小屋番に調理してもらい、ウサギ汁にして食べた（「兎を拾った話」）。石鎚山に相対峙する瓶ヶ森山・氷見二千石原の営林署小屋で。一部屋しかないと信じて眠りについた画家は、〈突然リリン、リリンとベルが鳴りひびいて〉〈はっと目がさめた〉。「登山杖をさぐり寄せて、しっかりとにぎり〉ランプの光でよく見ると、部屋の片隅の引戸の上に「巡視人室」の木札がある。その部屋にある、里の営林署から通じている電話のベルだった（「瓶ガ森山」）。加茂川と、面河渓の支流との分水嶺に立つ土小屋は二階建てで広い。独りが不気味で、画家は土間に天幕を張る。古い小屋は強風にきしむ。小屋の名は〈土グモに語呂が似て気味が悪い〉。〈一本足のからかさや一ツ目小僧〉が画家の頭のなかをかけめぐる。〈不気味な家鳴りとともに、鳴り物入りの三味線がきこえてきた〉。と、思うとたんに、突然、二階の座を突きやぶって、わたしの鼻っ先へ毛むくじゃらのでっかい一本足がぶらさがった〉。画家は〈枕元に鈍く光っている鉈を握りしめた〉が、〈それは夢だった〉（「土小屋」）。大菩薩峠の勝縁荘で大雨に降りこめられた夜、画家は〈七ツ道具をもたない弁慶のようないでたち〉の男が、〈片手に小さな鉄鍋をさげて〉〈台所へぶらりとはいってきた〉のに出くわし、〈ぎょっとした〉。それは、近くの掘立小屋に住む若い修行僧だった（「大菩薩峠の宿」）。
――この画家は、自らの登山哲学を声高に語ったり、登頂記録を誇らしげに披歴したりは決してしない。瓢々淡々。時に、読む者をじりじりさせるほどの人のよさを見せさえする。小屋の宿泊代のつり銭をもらいそこね（「わたしの雪中登山」）、旅費不足を補うべく友人から借金しようとして、逆に持ち金全部を貸してしまう（「失敗した借金」）。そういう画家だから、大勢の登山者が群がり、客をビジネスライクに扱う山小屋にはなじめない（「もうけた山」「尾瀬の山小屋」「槍ガ岳の肩の小屋」）。この画家自身、まぎれもなく〝強くて心やさしい山男〟そのものなのだ。

『山の眼玉』 一九五七（昭和三十二）年十二月、山岳文庫の第九巻として朋文堂刊。B５変型判。厚表紙、函入り。本文二百ページ。装丁は著者による。巻頭に二点、本文中に十三点の原色版版画を挿入、うち「登攀の前」「山上に叫ぶ」「山男」「鳥と山男」「鳥をいだく」「冬の山男」「ストーブの前」の七点が人物画で、ほかは風景画。本文は四十七篇。紀行は四国の山に関するものが最も多くて八篇、ついで九州六篇、北アルプスに関するものは三篇だけで、ほかは奥秩父、尾瀬、西上州、八ヶ岳、志賀、戸隠、丹沢など各地に及び、合計四五篇。ほかに「登山と読書」「鳥山雑記」。見開きごとに、内容に則したスケッチ風の挿画が組みこんである。「あとがき」に〈いつから山を歩いたかという山歴などは、自分でもわからない。まるでルンペンの山歩きだと思っている。作文にしても、自分の眼玉で眺め、そして感じた印象の記憶をたよりに書くよりほか手がないのである〉と書いている。一九八六年、美術出版社から『山の目玉』として刊行。九九年、平凡社ライブラリー（品切れ）、二〇一三年、ヤマケイ文庫に収められた。

上田哲農
『日翳の山　ひなたの山』

この画家の登山ズボンには、尻のポケットにお守袋が縫いつけてある。画家は〈変なところへ迷いこんで道がわからなくなったり、ひどくむずかしい岩場などにぶっつかると、ポンポンとお尻を叩く〉。それには、画家の安産のために、父の友人が東京から天津へ送ってくれた〈戌の歳、戌の月、戌の日、戌の刻〉——六十年に一度しかない機会に水天宮から請けたお札が入っている。このお守袋はつねに画家の登山に同行し、北岳の雪崩でもろともに跳ね飛ばされ、死ぬかと思った穂高の岩崩れをくぐり抜け、一ノ倉の墜落ではいっしょに雪渓を転がり落ち、黒部の雨で立往生し、十勝の吹雪では雪庇のかげでともに震えた……（以上「守護符」より）。

芳野満彦は、少年時代から〈上田画伯のような偉い画家で登山家で詩人になりたい〉と憧れて育った。後年、〈洗練されたインテリゲンチャ〉であるこの画家から、山と絵とともに上田式飲酒法——〈大きなポリタンクで焼酎を持参し、馬の小便のような番茶で割りながら、雪山を眺め、鱈子のフリカケを指につけて、チビリチビリ——を伝授され、山でも街でもトレーニングにはげんだ〉という。

この画家は、数多くのパイオニアワークを達成しているが、この本では、それらは決してストレートには出てこない。たとえば「ある登攀」に記された、白馬岳東面の主稜（正面尾根）積雪期初登攀の場合はこうだ。〈四月——白馬岳の頂上で越中あげの烈風に抗しながら、信州側の削ぎ落したような氷崖を覗きこんでいた〉〈こいつはもっとのびやかに育つべき運命を自然の酷烈な取扱いによって、千メートルの垂直距離の間に、その長大な肉体を無理やりに押しこめられ、歪められ、右、あるいは左にたたまれて、憤怒の極点に達したという不敵な面魂をもっている〉。そこを登攀してくる二人の〈運命〉を眺めながら、〈悪戦苦闘の後、かつてぼくらが辛うじて克服し得たルート〉の記録を取り出す。そして……〝自分が初登攀に成功したというだけでは不十分だ。他人が失敗しなければいけない〟に近い自分のエゴイズムに不快感をもち、〈唇をかみ、ゆううつになる〉といった具合である。

画才に劣らず並はずれたこの画家の文才は、単なるエッセイ、紀行の味わいを超えて、人間の内面を

上田哲農（うえだ　てつの）本名・徹雄。一九一一（明治四十四）年～一九七〇（昭和四十五）年。中国の天津生まれ。文化学院美術部で画才を磨く一方、一九三〇（昭和五）年、小野崎良三を中心とする日本登高会の創立に参加。三八年まで、同会の主力として谷川岳、八ヶ岳、白馬岳などを主な舞台に岩登り、集中登山、放射状登山、雪上技術を推進し、岳界の注目を集める。戦後は、五八（昭和三十三）年、芳野満彦、安川茂雄らと第二次ＲＣＣを結成、六六年にソ連カフカズ登山隊、六九年にパミール登山隊の隊長として遠征。画業でも、主に水彩画の分野に優れた業績をあげ、四一（昭和二十六）年一水会会員に、六四年日展会員となる。著書に『山とある日』『たのしい造形　水彩』など。享年五十九。

鋭く衝く文学的世界へさえ、読む者を誘いこむ。大きな挿絵を添えた、ごく短い「黒い橇」——札幌で、毎朝スキーに出かける画家と出会う犬橇の主と〝軽快な朝の会話〟が突然途切れる。が、偶然に橇を曳いていた黒犬を山麓の農家に発見して、そこに「忌中」の札を見る。画家の心に広がる空洞を想像させる結びは〈ぼくの友人は逝ったのだった〉。また「冬の宿」——これもサッポロのミドリアパートに住みスキーに勤しむ画家と、同じ間借人の芸者・お幸さんとの出逢いと別れ。この安アパートは、作りつけの戸棚の中にツララが密生する〝水晶宮〟でもあった。どこか間の抜けた、それでいて人情味あふれる交流が重ねられるが、やがて〈サッポロの憂愁〉の深々と潜んだ別離へ。そして「ある出来事」——上高地で同宿した男が脱走兵。捕縛にきた憲兵に、画家が脱走兵と間違えられそうになった事件の展開。さらに「御坊沢由来」「焚火をかきたててからの話」「岳妖」などは、伝聞あるいは体験談なのだが、語りくちの巧みさに引きこまれ、ぞくっと背筋が寒くなる。特に、イメージの広がりをもたらす末尾数行の巧みさが際だつ。

この画家にとって、山岳画とは〈山を発生の場とし、山によって育くまれた美術〉という意味におしひろげられる。「山岳画家」では、この画家は、ペルシアやインドの仏説、肖像、動物と多岐多様にわたる題材のミニュアチュール、影絵をその実証的な例としてあげる。そして〈山岳画家の問題は、すべて山登りの問題のあらわれであり、登山家精神の延長線上に〉あり、〈かならず、作者が、どの程度の山岳人であるかに繫がる〉という。だから〈岩登りをする心、絵画する心、生やさしいものではない。そうして、どちらも同じもの〉(「地獄の門」——この画家の青春のハイマート、一ノ倉＝地獄の門にキャンバスを立て、回想と画論とを展開する〉だと捉えられ、地獄の門は〈厳しすぎて、三文画かきたちには到底くぐれない〉事態も生じる。

　この画家の登山観は、この本の表題に端的に示されている。父宛の手紙の形式をとった「跋」によれば、「ひなたの山」とは登る行為あるいは写実であり、「日翳の山」とは「山」をやった翳《かげ》を宿す思案あるいは抽象である。「車の両輪」のごとき両者は、登山をして「スポーツの王」たらしめているから、と。画家は、描くことと登山とを、ともに人間の表現活動として統一的に実践し、思索する生涯を貫いた。画才、文才、詩才、岳才がみごとに結実した著作は遺したものの、戌づくしのお守札に再びめぐり会う一年前に燃え尽きた。

『日翳の山　ひなたの山』　上田哲農の最初の画文集で一九五八（昭和三十三）年八月、朋文堂刊。エッセイ、紀行、詩、散文など三十九篇と「跋」、大小七十点の挿絵とを収める。B5変型判で、挿絵の効果を生かすために本文をグラビア印刷とし、彩色を施した絵をオフセット印刷にしたページを含む、凝った造本の二百二十四ページ。父と夭逝した娘とに捧げられた本書は、すでに昭和十年代後半に刊行の準備が整っていたが、〝戦時下不急〟の烙印をおされて陽の目を見なかった経緯がある。一九七九年二月刊行の中公文庫版で、芳野満彦が解説を付している。また安川茂雄編『上田哲農の山』（一九七四年、山と溪谷社刊）にも、本書から十五篇が抜粋、収録されている。二〇〇〇年九月に平凡社ライブラリー版が刊行された（現在は品切れ）。

山崎安治『穂高星夜』

山崎安治は、日本でほとんど初めてといっていい日本登山史の研究者として知られている。山崎が『日本登山史』の最初の版を上梓したのは一九六九（昭和四十四）年六月、彼が五十路に達しようとしていた時期であった。その業績を高く評価して、小林義正や望月達夫らは、山崎を、グリンデルワルトにあってアルプス登山史研究に一頭地を抜く存在だったクーリッジに擬した（『登山史の発掘』付録）。William August Brevoort Coolidge ―― 一八五〇年、アメリカに生まれ、イギリスに渡って学業を修め、カレッジで教鞭をとるいっぽう、アルプスに魅せられて登山に親しむ。七十年代に、ドーフィネ・アルプスに多くの初登攀を果たし、英国山岳会会員となる。国教会の聖職に就いた八〇年から八九年まで、同会会報「アルパイン・ジャーナル」の編集を担当。九六年からグリンデルワルトに居を移してアルプス登山史研究に打ち込み、一九〇八年、“*The Alps in Nature and Histry*”を著わし、二六年、その地で生涯を閉じた。望月らは、〈クーリッジがアルプスの登山史と不可分の関係があるように、山崎君は日本の登山史と不可分の間柄である〉として、山崎に「国産クーリッジ氏」の名を贈る。

登山史研究の書物を著わす作業は一朝一夕には成らない。クーリッジにあっては、アルプス登高に情熱を注いだ二十歳台、「アルパイン・ジャーナル」編集に従事し、会員らの多彩な登山活動の記録、紀行、研究などにかかわった三十歳台、そして、アルプス登山史研究の集成に費やした四十歳台、五十歳台が積み重なる。クーリッジは、五十八歳に至ってようやく、ライフ・ワークの刊行にこぎつけた。

いっぽう、山崎の場合はどうであろうか。山崎は、十歳台半ばから二十歳台前半、夏山縦走に始まり、前衛的な氷雪の岩稜登攀や極地法登山に至る豊富な活動体験をもつ。太平洋戦争による中断を経て敗戦後の三十歳台には、後輩学生たちの登山活動を支えて山への執着を持続した。このころから、山崎は、新聞社に勤めるかたわら登山史研究に着手する。紙誌や会報などに発表された登頂、登攀の記録を丹念に吟味するとともに埋もれた記録の発掘に努め、古今内外の文献を渉猟し、実地踏査をも重ねて論考を発表する作業に没頭した三十歳台、四十歳台を経て、『日本登山史』刊行にたどり着く。その後も『日本登山記録大成』全二十巻を編むなど飽くことなき研鑽を積んで十数年。そのうえで主著の全面的改稿に取り組むが、その業半ばにして山崎の生命は燃え尽きた。生涯最後の作業の成果は、山崎の死の翌年(一九八六)、『日本登山史』新稿版として刊行され、嶄然たる地位を保って今日に至る。

さて、この『穂高星夜』は、山崎が後半生を賭した登山史研究の過程で生み出された最初の研究ノート集で、記念すべき一里塚ともいうべき書物である。標題は〈筆者が愛読してやまないリュックサック第四号所載になる故書上《かきあげ》喜太郎氏の名文にあやかったもの〉という。

「リュックサック」とは早稲田大学山岳部部報の題名で、同部創設の翌年、一九二二(大正十一)年創刊。リュックサック同様、なんでもいっしょくたに入れる年報という趣旨から命名された。四二(昭和十七）年発行の第十号には、山崎による「第二次冬季冠帽峰遠征」「西穂高より奥穂高」「横尾尾根より奥穂高」が収録してある。書上の「穂高星夜」を収めた第四号は二五（大正十四）年の発行で、通常の四倍にも及ぶ分厚いこの会報には、舟田三郎、藤田信道、小笠原勇八、鈴木勇、四谷竜胤、小島六郎、近藤正ら、日本近代アルピニズムの最先端を担った精鋭たちの論稿がぎっしり詰まっていて壮観である。

三部から成る本書の第一部「山と人」で、山崎はまず、ヨーロッパにおける近代登山の芽生えからヒマラヤ黄金時代の閉幕までを概観する。また、一九二一年以来の英国エヴェレスト遠征隊におけるマロリー、フィンチ、シプトン、スマイスらの超人的活躍をあげて、山崎は〈山と人との壮烈なたたかいの中に秘められているアドヴェンチュアーの精神を私達は心の糧としたい〉と述べる。そして、マロリーによる偵察から三十二年、〈高度と風雪と寒気とのたたかい〉を制して達成した五三年の初登頂について、山崎は〈まさしく、人間とは探検し、努力し、発見していくもの〉だとあらためて確認する。さらに山崎は、一九五七年に創立百年に達した〈英国山岳会の歴史と伝統〉にも言及、アルプスからコーカサスへ、アンデスへ、ヒマラヤへとつねに新しい登山活動とその場を求め続けてきた英国アルピニストの不撓不屈の精神を讃え、この系譜こそが近代アルピニズムにおいて〈登山の本筋をゆく正統的な登山態度〉だと位置づける。

第二部「雪山の記録」で山崎は、積雪期初登攀を達成した「春の白出谷」、後輩の極地法挑戦に同行した「三月の前穂高北尾根」、初の海外遠征による「冬の冠帽峰」で自身の登山活動を回想し、その活動で舞台とした山域にかかわるさまざまな記録を提供する。また「厳冬期鹿島槍北壁の完登」や「積雪期剱岳池ノ谷尾根」では、埋もれた記録を掘り起こし、断片的資料を手がかりとした聞きとり調査などによって、先輩たちの苦闘を明らかにする。いずれも、登山史研究家ならでは不可能と思われる貴重な作業で、これによって山崎は〃岩と雪の時代〃の実相を浮き彫りにする。

第三部「登山史ノート」こそ、山崎が最もエネルギーを注いで精細な調査と研究を進めた〃日本人の登山史〃である。宗教的登山、戦略的登山、奥山廻り、講中登山、物見遊山などの古い記録を尋ね、記行、図譜、詩歌の作者たちの制作意図、心情、感懐を探り、江戸時代末期には、すでに〃山をみつめる人々〃が存在したことを確認する。〈ヨーロッパにおける初期の登山の歴史と比較して一脈相通ずるも

山崎安治（やまざき　やすじ）一九一九（大正八）年～八五（昭和六十）年。神奈川県小田原市生まれ。横浜二中（旧制、現・県立翠嵐高校）から三八（昭和十三）年、早稲田大学に進み、四二年、法学部卒業。中学時代の三四（昭和九）年に乗鞍岳登頂、三五年に笠ヶ岳～烏帽子岳縦走、三六年に槍ヶ岳～薬師岳縦走、三七年に餓鬼岳～唐沢岳～燕岳～槍ヶ岳などの山歴を積んで早大山岳部に入部。三九年三月に白出沢からジャンダルム飛驒尾根、西穂高岳北西壁を積雪期初登攀、四〇年三月に明神岳東稜を登攀、同年末から翌四一年一月に朝鮮・冠帽峰に遠征、三月に西穂高から奥穂高に極地法登山、四二年三月に横尾尾根から奥穂高に極地法登山を記録するなど部の第一線で活躍。四〇年、日本山岳会入会。戦後、日刊スポーツ新聞社に勤務。日本山岳会常務理事、同図書委員長、文部省登山研修所専門委員などを歴任。登山史研究に努め新分野として確立。訳書にウェストン『日本アルプス・登山と探検』（共訳）、マーリ『はるかなるエヴェレスト』など。享年六十六。

のが認められ、……しかもそれが全く外来登山思潮の影響を受けていないものだけに注目すべきであろう〉と評価する。続く「穂高岳の早期登山者」は、入手しえた資料に拠る〝山の履歴書〟であり、「早稲田の山」は〝山岳団体の履歴書〟である。〝登山家の履歴書〟を加え、これらの基礎的作業の成果を縦横に組み合わせると、そこに、壮大でパノラミックな登山史の一大構造が見えてくるだろう。

多様な視点から多彩な日本人の登山活動を照射した山崎は、さらに一九六二年『剣の窓』、六七年『山の序曲』を経て六九年『日本登山史』に達し、再び七九年『登山史の発掘』、八三年『日本登山記録大成』を編み、八四年『登山史の周辺』から八六年『日本登山史』新稿版に至る、越えがたい山脈を形成した。この『穂高星夜』は、その最初のピークである。

『穂高星夜』 一九五八（昭和三十三）年六日、朋文堂刊。B6判・三百二ページ。厚表紙・函入り。巻頭にモノクロ写真八点（飯島正敏「ジャンダルム飛騨尾根」、川崎吉光「同南面」「西穂高飛騨側」、吉川尚郎「北穂高滝谷第四尾根」、内田泰男「同第一尾根」、伊藤博夫「剱岳池ノ谷尾根」、相沢裕文「鹿島槍ヶ岳」「槍ヶ岳北鎌尾根」）による別刷口絵八ページ。本文は「第一部・山と人」「第二部・雪山の記録」「第三部・登山史ノート」から成る。第一部は「世界の山」「エヴェレスト登攀史に拾う」「英国山岳会の歴史と伝統」の三篇、第二部は「春の白出谷」「三月の前穂高北尾根」「厳冬期鹿島槍北壁の完登」「積雪期剱岳池ノ谷尾根」「冬の冠帽峰」の五篇、第三部は「日本人の登山」「槍ヶ岳北鎌尾根の登攀」「早稲田の山」の三篇で、合計十一篇。すべて誌紙に発表、加筆した論稿。

中尾佐助
『秘境ブータン』

今西錦司、西堀栄三郎、桑原武夫、四手井綱彦らは、大正末期（一九二〇年前後）の京都第一中学校（旧制、現・京都府立洛北高校）山岳部で育った。彼らは次々に第三高等学校（旧制、現・京都大学に併合）に進学し、その山岳部にワンダリングとパイオニアの思想と実践を持ちこんで、部の活動を一新させてしまう。さらに京都帝大に進み、おりよく北海道帝大から転じ来た木原均（農学部教授）の強い影響を受けつつ、京大の登山活動に新風を吹きこむ。

今西らは在学中も卒業後も、一貫して日本登山界の先端にあって、果敢な活動を展開しながら後進をリードする。早くからヒマラヤ登山を視野に収めて極地法訓練に打ちこみ、白頭山（朝鮮）、大興安嶺（中国東北部）などへ遠征し、いっぽう、モンゴル、サハリン（樺太）など東アジア各地の学術探検にも積極的に取り組む。今西らがきり拓いた旅行・探検・登山の要素を重層的に抱えこんだ多彩な活動は、京大に脈々と受け継がれてその内容はさらに拡充していく。一九三一（昭和六）年設立の京都大学学士山岳会（ＡＡＣＫ）は、これらの活動を担った京大ＯＢの多士済々を結集した組織であり、太平洋戦争後、いち早くヒマラヤ遠征・アジア各地の学術探検にのり出す。

このＡＡＣＫのメンバーには、今西のように、この種の活動を不可欠のフィールドワークとする研究分野の専攻者が多い。趣味と実益をかねるどころではなく、登山・探検を研究活動そのものとする人々なのである。そしてこのなかから、スケールの大きい仮説や精緻にして大胆な理論が生まれ、国際的な注目を集め、広く認知されて通説となった例も少なくない。本書の著者・中尾佐助も、この系譜に属する有力な一員である。

中尾は京大農学部で、木原について遺伝育種学・栽培植物学を学んだ。師の木原は、北大スキー部で活躍し、ヨーロッパ留学中には各国のスキー技術についても調査・研究を重ね、帰国後、その成果を日本スキー界の水準向上に活用する。中尾はまた、この木原や今西らに率いられるなどして、東アジア各地に探検活動を積み、フィールド・サイエンティストとしての修業にも精を出す。太平洋戦争後の一九五二（昭和二十七）年、中尾は今西を隊長とするマナスル偵察隊には単身で、翌五三年の第一次マナスル登山隊（隊長・三田幸夫）には、京大文学部地理学科出身の文化人類学者・川喜田二郎とともに、科学班員として、ネパールに入国してヒマラヤ核心部にふれる。続いて五五年、中尾は恩師・木原を隊長とするＡＡＣＫのカラコルム・ヒンズークシュ学術探検隊に参加して、ヒマラヤ西部に接する。この探検で木原は、コムギの原種・タルホコムギを発見した。こうしてヒマラヤ一帯の踏査を進め、その東部を残すのみとなった中尾は、いよいよブータンをめざし、五八（昭和三十三）年六月、ようやく待望の入国を果たす。

中尾の探検行は、その後もとどまるところを知らぬ状態でさらに拡大する。一九五八年には東北ネパールへ、自ら勤務する大阪府立大隊を率いて出かけ、さらにシッキムへ……。こうした広域にわたるフィールドワークの蓄積で得た膨大な情報収集の成果は、遺伝学・植物学の精緻な知識を基礎として、壮大でユニークな理論体系に集大成されていく。そのひとつは、農耕の起源と伝播、類型化の理論であり、いまひとつは、照葉樹林文化概念の提唱である。

前者は、いわゆる〝肥沃な三日月地帯〟に発する農耕が、北アフリカへ、西アジアからインドへ、そこから分岐して中国の黄河流域へ、またヨーロッパへと伝播した経路を大胆に推論したもので、現在、多くの高校用「世界史」の教科書に略図とともに紹介されるほど膾炙《かいしゃ》している。また、根栽・サバンナの農耕文化を類型化する理論も、欧米には見られなかったまったく新しい発想に根ざしている。

中尾佐助（なかお　さすけ）一九一六（大正五）年～九三（平成五）年。愛知県豊川市生まれ。京都帝国大学農学部卒業。遺伝育種学・栽培植物学専攻。同大旅行部（現、山岳部）に所属、三八（昭和十三）年以降、太平洋戦争敗戦の四五（昭和二十）年まで、木原均、今西錦司らに率いられ、中国（興安嶺）、モンゴル、サハリン、カロリン群島などに合計六度踏査に赴く。戦後は、五二（昭和二十七）年のマナスル踏査隊と五三年の第一次マナスル遠征隊に科学班員として、五五年にはカラコルム・ヒンズークシュ学術探検隊の植物科学班員として参加。五八（昭和三十三）年、ブータンに入国。六二（昭和三十七）年、大阪府立大東北ネパール学術調査隊隊長としてヌプチュー登頂成功。これらの活動を通して、農耕の起源、アジア大陸から日本列島に及ぶ照葉樹林文化の概念を提唱、国際的評価を得る。大阪府立大名誉教授。著書に『栽培植物と農耕の起源』『照葉樹林文化と日本』（共著）『料理の起源』『花と木の文化史』『現代文明ふたつの潮流』など。享年七十七。

後者、つまり照葉樹林文化概念の着想を、中尾はこのブータン踏査のなかで得たようだ。植物地理学で〝日華区系〟に属するヒマラヤ中腹〜中国中部〜日本へと連なる地域を仔細に観察し、中尾はそのなかに照葉樹林の存在を確認する。常緑・広葉の樹林を主とし、葉が深緑色で革質・無毛、光沢があるので、〝照葉〟と呼ばれるこの独特の樹林帯は、日華区系の南半部にのみ出現している。中尾はブータンの照葉樹林で、同じ森林におおわれていた日本人の祖先の生活に想いをはせ、樹林と生活・習慣・文化との深い関係に着目する（「照葉樹林帯」）。そして関心の赴くままのブータン国内旅行中、中尾は絹、茶、漆、シソ、納豆など日本の生活文化と共通する多くの存在を確かめる。こうしたフィールドワークから中尾は、やがてヒマラヤ中腹〜ビルマ（現、ミャンマー）〜ヴェトナム北部〜中国南部〜日本へと連なる照葉樹林文化概念へ到達する。自らの専攻分野を大きく超えるこの提唱は、その後、哲学者・上山春平、民族学・文化地理学者の佐々木高明（ともに京大ＯＢ）らとの共同研究を経て、壮大で精細な理論として練りあげられていくことになる。

さて、本書が山岳書としてもつ意義について検討してみよう。中尾がブータンに国賓待遇で入国した一九五八年当時、この国はようやく門戸を外国に開きはじめた時期であった。グレート・ヒマラヤの南斜面を擁するブータン・ヒマラヤはほとんどが未探査地域で、マナスルやアンナプルナへの挑戦をきっかけにして、一挙に高まった日本のヒマラヤへの関心に的確に応える内容を、本書は具えていたといえるだろう。日本人登山家には写真でさえ見る機会がなかった東部ヒマラヤの巨峰群を、中尾は肉眼でしっかりと捉えてきた。中尾はトレモ・ラ、セレ・ラなどの峠を越えて、チョモラリ、ツリムコン、タカコン、マサコン、そしてクーラ・カンリなどを眼のあたりにした。ブータン・ヒマラヤの最高峰クーラ・カンリ（七五五四メートル）は従来、その南斜面がブータン領に属すると目されていたが、中尾の踏査で全域がチベット領と確認された。

人々が〈山の上から広い風景を見下ろして暮らしている。目の前にヒマラヤの山が並び、足の下から雲が湧きたつ風景を毎日見ながら暮す〉ブータン行脚は、中尾にはもちろん、日本の登山界にも多大の収穫をもたらした。

『秘境ブータン』 一九五九（昭和三十四）年十一月、毎日新聞社刊。B６判・三百十六ページ。軽装判・カバー装（カラー写真使用）。口絵としてカラー四ページ、写真五点、モノクロ四十八ページ、写真七十七点を付す。本文中にも、地図八点、図解・表十点、写真九十九点を配して理解を助ける。本文は、ブータン王室に知己を得て入国に至るいきさつ、入国の意図に始まり、地形・地勢、植物生態、山岳にとどまらず、歴史、社会制度、風俗習慣、雪男さがしまで、著者の貪欲な関心を綴った紀行集で、三十二篇からなる。エッセイスト・クラブ賞受賞の著作で、一九七一年、現代教養文庫（社会思想社刊）、二〇一一年、岩波現代文庫に収められている。

芳野満彦
『山靴の音』

青春とはかくもひたむきなものか。かくも鮮烈なものか。芳野満彦の場合は、山に賭けた青春だった。一九四八（昭和二十三）年十二月、高校生だったこの山男は八ヶ岳で遭難し、入山後十日目に奇跡的に救出されたものの、凍傷で腐ってしまった両足を、山麓の茅野の病院で切断される。手術を終えた山男は、父に〈もう足のツメを切る必要がなくなったよ〉と笑って言う。大学教授で山好きの父は、息子の意地を認めて、〈好きな道を歩ませてやろう〉と決心する。〝五文足〟になった山男は〈ぼくを殺そうとしながら、ついに殺さずに生かしてくれた山そのものがなんであるか見てやりたい〉（新田次郎著『栄光の岩壁』による）と願い、登山靴の中の、足に巻いた厚い包帯からあふれる出血を隠しながら、登山活動にもどる。穂高で岩登りを試み、徳沢小屋で冬の小屋番を勤めながら、自分にとっての山を考える。

十二月中旬から五月の連休まで続く徳沢小屋での冬ごもり――電気・新聞はもちろん、水さえも途絶え、来る日も来る日も吹雪。小屋の中でもマイナス二十度Cの朝、沸騰した湯を土間にこぼすと一分ほどで凍結し始め、パンも鋸で挽く。囲炉裏の煙出しに舞いこんだスズメが床の上で凍死している。ネズミ、ナメクジまで食べた。屋根の雪下ろし中に熊とお見合いしたこともある。そのなかで、上田哲農に憧れていた山男は、せっせと油絵を描き、自ら「山靴の音」と題したノートにスケッチ入りの詩文を書いた。みずみずしい感性とロマンチックな情念とが、恵まれた詩才と画才と結合したこの自己洞察の蓄積が『山靴の音』の第一部となる。

一方、岩登りに活路を見いだしたか〝五文足の山男〟は、アルム・クラブに拠って次々に野心的な登攀に挑戦する。それは一九五〇年代後半（昭和三十年代前半）に特に目覚しく、前穂高岳北尾根四峰正面壁（北条・新村ルート）の冬期初登攀、北穂高岳滝谷グレポン初登攀、北岳バットレス中央稜の冬期登攀と続く。こうした先鋭的な登攀を担ったこの山男やクライマー仲間たちが、第二次ＲＣＣを結成する。さらにこの山男は、剱岳三ノ窓チンネ中央チムニーＣクラックを、冬期初めて攻め落とし、屏風

芳野（服部）満彦　一九三一（昭和六）年〜二〇一二（平成二十四）年。東京・根岸生まれ。早稲田高校在学中の四八（昭和二十三）年十二月に八ヶ岳で遭難、僚友を失い、彼自身も凍傷で両足先を切断。十二センチしかなくなった足のハンディを克服して岩登り主体の登山活動に生き、北アルプスなどの岩壁に十指にあまる初登攀を記録。五八（昭和三十三）年、上田哲農・奥山章・安川茂雄らと第二次ＲＣＣ結成に参加、日本山岳界の最先鋭クライマーとして活躍。六五（昭和四十）年八月には、渡部恒明と組んで日本人最初のマッターホルン北壁登攀に成功。激しい闘志で岩壁に挑む一方、詩や絵画にも才能を示した。著書は『われ北壁に成功せり』『アルプスに賭ける』など。新田次郎著『栄光の岩壁』は、この芳野の半生をモデルとしている。享年八十。

岩中央カンテも積雪期に征服する。これらの登攀を記録するだけでなく、岩に向かう自分自身の心情を微細に綴る五篇が『山靴の音』の第二部となる。

この第二部の冒頭に、山男の生涯を決定づけたともいえる「雪と岩の中で——遭難」がある。松原湖から本沢温泉、夏沢峠、硫黄岳、横岳、赤岳を経て権現岳をめざしたが、疲労はなはだしい僚友のために石室へ引き返そうとして道を失う。赤岳山腹で疲労凍死した僚友に自分の外套をかけて、山頂から石室に達し、幻影とともに死線をさ迷うこと五日間、この山男は奇跡的に救出された。〈追憶は永遠に新たに／そしてまた／永遠に尽きることなく〉と前書きした遭難記は、高校生の筆になるとはとても思えぬ冷静さで詳細に情況を報告し、読む者を感動させずにはおかない。鉛筆で地図の裏に綴った遺書は、父母にでも兄弟にでもなく、〈私がいちばん愛する山に宛てた〉。〈山は私の友を奪った。しかし山は、きっと私をも、彼八巻のように天国へ連れて行くことであろう。一人で地獄へ行く。地獄の針の山も天国の山も、私には美しく見えるであろう。私は針の山のガイドで暮そう……私は地獄へ旅立つのです〉

前穂四峰正面岩壁で、夏の登攀中にもパートナーを失ったこの山男は、のちに、〈山での死。それは本当に身近にあるのだ。……霊、あらば眠れ。僕は、これから登るのだ〉（二見書房版「アルム通信より」）と書く。この岩壁への冬の初登攀は壮絶だった。寝具なし、着のみ着のまま、吹雪にさらされて、マイナス十数度の寒気のなかで二晩のビバークを強いられた。アイゼンは靴に凍りつき、鼻からウインドヤッケまでツララが下がり、涎も鼻汁も小便さえも垂れ流し、切断した足が凍傷で痛んだ。が、この山男は苦難に耐えて目的を達した。

なぜだ？　「山がそこにあるから」ではない。〈山がそこにあり、何かそこにあるからだ。……あの水晶採りのお爺さんのごとく、僕は生涯氷雪の岩壁になにものかを求めて行くだろう〉（「登攀を終えて」）

激しい闘志を岩壁にぶつけるこの山男は、また詩情豊かでやさしい。〈山よ、お前はなぜそんなに美しいのか〉と命がけで惚れこんだ青春の詩が吐露され、眩しいくらいだ。「ゴンベーと雪崩」に綴る駄犬との交流もすばらしい。青春の山靴の音は〈僕の全身に／滲透《しみ》わたるように……〉聴こえてくるのだ。

一九六五（昭和四十）年八月、日本人として最初のマッターホルン北壁登攀に成功したこの山男は、愛妻にあてて〈ツェルマットより愛をこめて　我れ北壁に成功せり〉と打電する。このとき、この山男の長く、スケールの大きい青春は峠を越えた。『栄光の岩壁』は、心に重いものをもった淋しげな様子で、敗者のように見える山男の述懐――〈長い年月の間、ひと筋に山に賭けて来た自分自身が可哀相でならない〉――で結ばれる。だが、この山男は、自身の青春を決して悔いてはいまい。


『山靴の音』　芳野満彦の詩・散文・記録・絵画などを集成したこの題名の本は、これまでに三種刊行されている。最初のものは一九五九（昭和三十四）年十月刊の朋文堂版。詩・散文三十篇の第一部と、「八ヶ岳遭難」「徳沢越冬」「前穂四峰正面壁」はじめ、初登攀五つの記録など七篇の第二部とから成り、新田次郎の「序」と「芳野満彦のプロフィール」（「週刊朝日」より転載）を付す。次は二見書房版・山岳名著シリーズ中の版で七二（昭和四十七）年十二月刊。先の二部構成を廃して配列し直し、新たに十篇を加える。七五年、四季書館刊の特装限定版はこの版。八一年の中公文庫版では、前のふたつの版から十七篇を選び、五篇を加えて三部構成とし、ヨーロッパ・アルプスの登攀記録三篇を追加し、書名に「新編」と付す。「解説」は藤木高嶺で八一年二月刊。二〇〇二年、中公文庫ＢＩＢＬＩＯとして改版されたが現在は絶版。

山口耀久

『北八ッ彷徨』

八ヶ岳をめぐる紀行・随想を集めた本書の巻末に、ほかと内容を異にする「富士見高原の思い出」と題する一篇が付け加えられている。これについて山口は、「あとがき」に〈じぶんの一時期の souvenir としてじぶんのために書いておきたいと思いました〉と記している。

太平洋戦争末期の一九四四（昭和十九）年、十代の山口は山岳団体・獨標登高会の設立に参画し、青春を山に賭ける。戦後、この山岳団体は、未踏の岩壁や源流地帯へ向かって果敢なパイオニアワークを展開するようになるが、その矢先、山口は結核に侵されて病床に就く。海辺の療養所から、望んで八ヶ岳山麓・長野県富士見の高原療養所に転じた山口は、ここで手術を受け、一九五〇（昭和二十五）年から二年を要して肉体の病いを癒やす。だが、それだけではなかった。

この療養生活のなかで山口は、その後の〈生活に決定的な役割を果たすほど大きな意味〉をもつふたつの〝出逢い〟に恵まれた。いや、偶然の〝出逢い〟を意義ある〝出逢い〟たらしめたのだ。山口は〈病気の中からもとをとらなければならない〉と思い、療養生活が二十代の人間形成期の大損失だとしたら、その〈停止の一時期を人生の空白におわらせないためには、病気にならなければ得られないことを身につけなければ損だということを、一種の掟のように自分自身に言いきかせていた〉。こうした生きる姿勢の、受動から能動へのコペルニクス的転換のゆえにこそ、山口は〈病気で死ななかった私は、後から見れば病気になる必要があったと思えるほど〉重要な経験――それは、詩人・尾崎喜八を識り、その分水荘に通いつめて親炙《しんしゃ》し、多大の文学的影響を受けたことであり、また、尾崎を囲む文学仲間のなかに、のちに山口と結婚する川上久子を知ったこと――ができた。

尾崎は山口の退院に際して「風花をよすがに今朝の別れかな」と記した色紙を贈る。健康を回復した山口は、やがて登山活動に復帰して精力的に足跡を拡げる一方、執筆活動にもその才を示すようになる。本書は、山口の文学的到達点を結集した一里塚である。

〈八ヶ岳はいい山である〉――本書は、すっきりとした文で始まる。この導入は、著者がひとかたならぬ情熱と愛情を注ぐ八ヶ岳への想いが単刀直入に表現されていて、惹きつけられる。本書冒頭に配した「岳へのいざない」は、つづく「八ヶ岳の四季」と併せ、いわば〝八ヶ岳概論〟といった内容のものだ。〈天につきあげる岩の頂稜にはあらあらしい情熱と迫力があり、高嶺の花はゆたかに咲く。中腹をおおう針葉樹林帯の雄大さは、日本の山々でも屈指のものだ。山の姿がすっきりと美しく、登りやすいのもなによりだし、これだけすぐれた個性を持っている山はちょっとほかにないようだ〉

八ヶ岳の広大な山域を研ぎすました感性で捉え、慎重にことばを選びながら練りあげた、品位のある文で綴る〝いざない〟が続く。山口は、阿弥陀岳とか権現岳とかの山名を含む八ヶ岳が〝信仰の山〟ではあるが、〈重く、暗い、あの霊山の影はない〉という。〈くろいちいさい火山岩のかたまりに、神仏の姿や名前をきざみこんで、これを山の頂きや岩かどに置いた〉むかしの人たち。彼らの〈心のなかにいつも生きていた親しみぶかい仏たち、陽に灼かれ雨に打たれてもけっして不平を言わない善良な神々たち〉は〈むかしのひとたちの心のかたみ〉、であり、それは〈お山参りが登山という言葉にかわり、それがまたアルピニズムというきらびやかな意匠でよそおわれるようになったいまの時代でも〉〈天にちかい火山の頂きで無心に遠い夢をねむっている〉のだ。

次いで山口は、蓮華八花瓣説だの八峰説だの八即多数説だのを吟味するが、結局、〈折り目のないまっしろな紙に、大きな楷書で「八」という字を書いてみよう。清潔で余分なもののなにひとつないこの字劃のイメージのほうが、よっぽど、この火山全体のすっきりした姿をあらわしているような気がしてならない〉と投げ出す。一転して文体は動的になる。八ヶ岳のそちこちを行く登高者、あるいはワンダラーの動きに対応して展開する視野の変化。そこにある植生や岩や頂や眺望が、簡潔的確に描き出される。

〃いざない〃は、対照的な八ヶ岳の南と北を比較して締めくくられる——〈南八ヶ岳を動的《ダイナミック》な山だとすれば、北八ヶ岳は静的《スタティック》な山である。前者を情熱的な山だといえば、後者は瞑想的な山だといえよう〉〈北八ヶ岳には、鋭角の頂稜を行く、あのあらあらしい興奮と緊張はない。原始のにおいのする樹海のひろがり、森にかこまれた自然の庭のような小さな草原、針葉樹に被われたまずしい頂きや、そこだけ岩塊を露出している明かるい頂き、山の斜面にできた天然の水たまりのような湖、そしてその中にねむっているいくつかの伝説——それが北八ヶ岳だ〉〈さまよい——そんな言葉がいちばんぴったりするのが、この北八ヶ岳だ〉。

これほど格調の高い北八ツ讃歌は、ほとんど例をみない。八ヶ岳春夏秋冬の自然のたくみを、美しい散文詩風に謳いあげた「八ヶ岳の四季」、雪の大河原峠から編笠山までの主稜縦走の紀行「雪と風の日記」を挟んで、山口は、抑えていた〝北八ツの記〟七篇を重層的に展開する――それは、仲間たちと広河原沢奥壁を攀じようとして偶然発見した岩小舎にまつわる「岩小舎の記」に始まる。山登りは〈人間がふだん忘れている、いちばんたいせつな、いちばんつつましい幸福の条件というものを、よろこんで教えてくれるもの〉とする感性があるからこそ、〈水を

山口輝久（やまぐち　あきひさ）　一九二六（大正十五）年、東京生まれ。日仏学院に学ぶ。四四（昭和十九）年、獨標登高会を創立して、その初代代表となる。静かな山旅を愛する一方、より高く、より困難を求める山行や、未知の山域をめざすパイオニア的活動を推進する。八ヶ岳、北岳バットレス、不帰岳東面、甲斐駒摩利支天などの岩壁に数々の記録を残す。また、上越・赤谷川、魚沼・只見川、南アルプス・三峰川など未知の源流山域を開拓。五〇（昭和二十五）年から約二年、結核のため富士見療養所に入院、登山活動を中断するが、その間、詩人・尾崎喜八の知遇を得て、文学上、強い影響を受ける。五八（昭和三十三）年から、串田孫一らと同人となって雑誌「アルプ」の編集にあたる（八三年終刊）。著書に『烟霞淡泊』、編著に『現代登山全集』全十巻、共著に『山のＡＢＣ』、訳書に『ドリュの西壁』（ギド・マニョーヌ著）などがある。

くんだり、薪をあつめたり、火をおこしたり、いわばこの世のどこにでもあるような些細な生活のひとこまでできあがっているとしても〉〈喰べることと寝ること、それにときどき歌や空想が参加すれば〉、岩小舎の幸福は完成できたのだ。〈「にゅう」の頂きで静かな森の山域を展望したときから〉、北八ツは山口にとって「こころの山」となる。そして、山口の「あこがれのまんなかに」、いくつもある「雨池」。〈風に吹きはらわれる金いろの落葉松の葉が、舞い狂う雪と一緒に、いちめんに空に飛び散る〉情景に魅せられた、小さな「落葉松峠」。気のおけぬ仲間との山行を綴った「北八ツ日記」。後半の圧巻は、「八月」と「冬の森」に挟まれ、表題となった「北八ッ彷徨」。

北八ツの秋に〈奥ぶかいしずけさに充ちたやすらぎ〉を求めて彷徨する山口は、登山に優れ、人間の内面を深く見据える非凡な文学者であるといえよう。

『北八ッ彷徨—随想八ヶ岳』 一九六一（昭和三十六）年四月、創文社刊。B6判・二百五十四ページ、函入り。「アルプ選書」中の一冊で、副題のとおり、八ヶ岳をめぐる随想的散文十一篇を集めている。巻頭の「岳へのいざない」「八ヶ岳の四季」は朋文堂・マウンテンガイドシリーズ『八ヶ岳』に、「雪と風の日記」「岩小舎の記」「雨池」「落葉松峠」「八月（或る山行・改題）」「冬の森」の六篇は雑誌「アルプ」に、「北八ツ日記」は獨標登高会会報「獨標」に、表題とした「北八ツ彷徨」は同会「年報獨標」に、それぞれ発表されたもので、巻末の「富士見高原の思い出」は書きおろし。三宅修の撮影になる「著者近影」と風景写真三点が挿入されている。二〇〇一年に平凡社から『定本　北八ッ彷徨』、二〇〇八年に平凡社ライブラリー『北八ッ彷徨　随想八ヶ岳』として刊行されたが、いずれも品切れ。

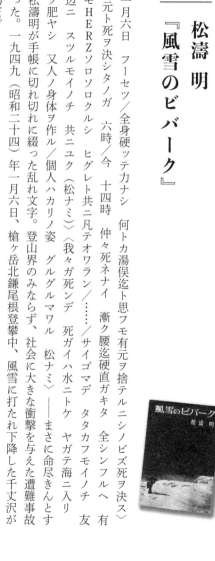

松濤 明
『風雪のビバーク』

〈一月六日　フーセツ／全身硬ッテ力ナシ　何トカ湯俣迄ト思フモ有元ヲ捨テルニシノビズ死ヲ決ス〉〈有元ト死ヲ決シタノガ　六時／今　十四時　仲々死ネナイ　漸ク腰迄硬直ガキタ　全シンフルヘ　有元モHERZソロソロクルシ　ヒグレト共ニ凡テオワラン／……／サイゴマデ　タタカフモイノチ　友ノ辺ニ　スツルモイノチ　共ニユク（松ナミ）〉〈我々ガ死ンデ　死ガイハ水ニトケ　ヤガテ海ニ入リ魚ヲ肥ヤシ　又人ノ身体ヲ作ル／個人ハカリノ姿　グルグルマワル　松ナミ〉――まさに命尽きんとする松濤明が手帳に切れ切れに綴った乱れ文字。登山界のみならず、社会に大きな衝撃を与えた遭難事故だった。一九四九（昭和二十四）年一月六日、槍ヶ岳北鎌尾根登攀中、風雪に打たれ下降した千丈沢が現場だ。

　さてこの国の登山史を述べる代表的な二著――山崎安治『日本登山史』（新稿版、一九八六年刊）と、安川茂雄『近代日本登山史』（増補版、一九七六年刊）。実は、わが松濤明の登山活動の取扱いに、両著の対照的な特徴が鮮明に浮かぶのである。

　山崎が松濤あるいは登歩渓流会について言及しているのは、後にも先にも次の一文だけだ――〈積雪

期の滝谷第一尾根は登歩溪流会松濤明、上条孫人が昭和十四年十二月二十三日完登し〉。それも「奥又白谷における登攀」の項の末尾に付け加えて。また谷川岳の開拓についても、一九二四（大正十三）年三月、大島亮吉による谷川温泉～天神平経由の登頂、法政大学山岳部の活動などスキーを用いた積雪期に関する記述のみで、岩壁登攀の苦闘史にはふれない。対して安川は、昭和初期（一九三〇年代前半）の登山の大衆化状況を具体的に考察する。この時期に著しかったのは、学生・学士の大学山岳部とはまったく異質の、いわゆる〝町の山岳会〟の活況である。安川はこれに着目してその成長を追い、〝町の山岳会〟に所属する〝実業登山家〟を中心とする谷川岳一ノ倉沢開拓の苦難を跡づける。

松濤が一九三八（昭和十三）年に入会した登歩溪流会も、二九（昭和4）年に結成された〝町の山岳会〟のひとつだ。それまでの赤毛布《ゲット》山岳会と日本橋山岳会とが合同した組織で、東京「日本橋周辺の商店の主人や商店員」などをメンバーとした。ハイキング、スキーのほか、観月会、サイクリング、芋掘り会なども催し、「東京とぼける会」と称した。一方、本格的な登山活動をめざす会員もいて、彼らは、早大ＯＢらが唱導した山岳研究会における岩登り講習会に参加し、また〝関東のＲＣＣ〟たらんとする日本登高会の活動などから強い刺激を受けた。おりから、清水トンネルが開通して上越線が全通（三一年）し、東京から谷川岳が近くなった。学生・学士と違って時間的制約の多い実業登山家にとって、谷川岳は、本格的な岩登りも可能な至近の山として一挙に注目を集める存在となる。こうした状況のなかで、三二年十二月、東京とぼける会は、規約の活動目的から「旅行」を削除し、純粋な社会人山岳会に生まれ変わる。名称も「登歩溪流会」と変え、谷川岳全域の岩場を集中的に登攀する活動を中心に据える。幾人もの犠牲者を出しながらも、谷川岳の登攀ルート開拓に情熱を注ぎ続け、それは『谷川岳』（一九三六年刊）の刊行に至ってひとつの結実をみる。

一九三七（昭和十二）年七月、松濤明は、西黒沢～天神平の一般ルートをたどって初めて谷川岳に登頂した。東京府立一中（旧制）四年生、十五歳。中学入学以来、すでに五十回以上の山行を積み重ねていた。それは、東京近郊の山々を登り尽くし、北アルプス（燕岳～槍ヶ岳、白馬岳～祖母谷）、南アルプス（甲斐駒ヶ岳～鳳凰燕頭山）の縦走、毎冬のスキー行を含んでいる。この年には、初の谷川岳以後、白馬～槍～上高地など十七回も出かけ、谷川のヒツゴー沢、一・二ノ沢間リッジなども試みている。翌

松濤明（まつなみ　あきら）　一九二二（大正十一）年～四九（昭和二十四）年。仙台市生まれ。幼時に東京へ移り、東京府立第一中学校（旧制、現・都立日比谷高校）に進む。小学五年の秋に奥多摩・御岳山に登って山の虜となり、中学時代には東京近郊の山々から北・南アルプスへ足跡を拡げ、スキーも習得する。中学五年（三八年）の五月、谷川岳一ノ倉沢を単独登攀中、登歩渓流会の川上晃良を識り、誘われて同会へ入会。以来、互いによきライバルとして競いあい、同会活動の中枢を担う。谷川岳一ノ倉沢の登攀ルート開拓に活動する一方、穂高にも通い、三九（昭和十四）年十二月、上条孫人と滝谷第一尾根を登攀。翌四〇年三月、南アルプス易考岳～聖岳～赤石岳～悪沢岳に積雪期単独縦走を果たす。四一年、東京農大に進んで同大山岳部入部。同年と翌四二年、北岳バットレスなどを登攀。四三年十二月、召集を受けて南太平洋戦線に従軍、四六年に復員。四七年、登山活動を再開、八ヶ岳の登攀ルート開拓などに励む。四八年十二月～四九年一月、有元克己と槍ヶ岳北鎌尾根を登攀中、猛吹雪にあい遭難。その状況を克明に認めた遺書を残し千丈沢で死去。享年二十七。

三八年には、一月に唐松、夏沢峠～硫黄、三月に岳沢～西穂、岳沢～奥穂～涸沢、四月に立山へ、格別の指導者も仲間もなく単独で。そして五月～六月、谷川岳一ノ倉沢の岩壁に挑戦し始める。

一ノ倉沢では、登歩渓流会の若手クライマー・川上晃良との運命的な出逢いが待っていた――〈一ノ倉で中学生が唯一人で無茶苦茶に登っているやつがいるが、あれではきっと事故を起す。危くて見ていられない。どこの会にも入っていないようだし、ウチの会に入れて厳重に指導したらきっとよい登山人になりますよ。彼も是非入れてほしいと言っていました〉（杉本光作『私の山・谷川岳』）。当時の登歩渓流会を牽引していた杉本が記す松濤は――〈初めて会う松濤君はきちんとした学生服を着た人好きのする紅顔の美少年だった。こんな少年のどこに雪の穂高や、あの一ノ倉を登る闘志があるのかと不思議にさえ思われた。しかも山の話になると瞳を輝かして顔を紅潮させ、熱を帯びてくるのにも何か好感がもてた〉。松濤は七月に入会した。

松濤の登山活動はいちだんと熱をおび、川上をよきライバルとして氷雪の高山や岩壁に全精力を注ぎ込む。中学校の成績が低下し、出席日数不足で、母が学校に呼び出されたり、悪天候の涸沢に閉じこめられて憧れの松本高校（旧制）が受験できなかったりしながら。これらの記録は、本書の「Ⅱ山行」に収められている。十七歳で達成した穂高岳滝谷第一尾根の積雪期登攀、翌年の易老～聖～赤石～悪沢の積雪期単独縦走も、行動を精細に記すだけでなく、感性豊かな自然描写を併せて読み応えがある。

さて、杉本の著作中には〈「実業登山家」と呼ばれて一種の侮蔑の目で見られていた私達〉という一文がある。登歩渓流会などが示した、あの精力的な活動のバネは、学生・学士の大学山岳部を中核とする日本山岳会への対抗意識に潜んでいたのかもしれない。近代登山、つまり〝岩と雪〟に挑むアルピニズムを担うに足る力倆を、社会人のわれわれも十分に具えている。そのことを「近くてよい山」谷川岳で実証しよう、と。そうした登歩渓流会に流れる意識を、松濤も共有した――〈優秀な案内人に引きあげられて登って、真の登山といえようか。金《かね》で登っただけではないのか〉。松濤は、大学山岳部が熱中する極地法登山にも批判的であった。松濤最後の山行となった北鎌尾根～槍・穂～焼岳を厳冬期に縦走するプランは、サポートも山小屋もいっさい排除して、自力のみを頼るアンチテーゼの実行だった。不幸にして敗北したが……。

松濤の登山観・壮絶な最期――パートナー有元克己と死をともにする決意、全身が凍るその死に臨んで克明に状況を記録し、家族や知人へ感謝と訣別の言葉を手帳に綴る――を小説にも用いた安川は、『登山史』でも二段組九ページを充てて詳述している。

『風雪のビバーク』 一九六一年（昭和三十六）年九月、朋文堂刊。B6判・三百十ページ。カバー装（写真・碓井信吉）。松濤・有元遭難の翌五〇年一月、二人が所属した登歩渓流会は同題名の遭難報告書を制作・発行した。本書はこれを拡充し松濤明の著として二年後に刊行された。内容は、Ⅰ山と仲間（「山の仲間の一人として」など八篇）、Ⅱ山行（「穂高生活」など山行記録三十二篇）、Ⅲ風雪のビバーク（遺書を含む「槍ガ岳・北鎌尾根」、杉本光作による「遭難の概要」）。巻頭に杉本、芳田美枝子、安川茂雄の追悼記、巻末に精細な「松濤明・登山経歴」を付す。二〇〇〇年に『新編　風雪のビヴァーク』（山と渓谷社 yama - kei classics ）刊行。二〇一一年、ヤマケイ文庫に収められた。

深田久弥
『日本百名山』

この本は、どこから読んでもよいし、あえて読み通さなくてもよい。山の文学者・深田久弥が、自ら設けた基準に拠って選び出した百座の山について、それぞれの景観、山名考証、信仰、民俗、歴史、詩歌・文学、登山史、自身の登山記などを混じえ、自在な方法と簡潔な記述とでまとめてあるからである。登山計画作成や準備の一助にもなるし、読み手の体験と重ね合わせたり、机上登山を楽しんだり、また目次を追いながら、登った山、登りたい山、未知の山のチェックリストにもできる。さらに、登山経験豊かな読み手なら、自分の百名山と対比させるのも興味深い。

この山の文学者が〈わが国の目ぼしい山にすべて登り、その中から百名山を選んでみようと思いついた〉のは、昭和十年代のこと。一九四〇（昭和十五）年、雑誌「山小屋」に二座ずつ十回、二十座を執筆した時点で中断。この連載では、高千穂峰、乗鞍岳を第一回に、岩菅山、妙高山、燧ヶ岳、至仏山、五竜岳、立科山、宝剣岳、高田大岳、白山、会津駒ヶ岳、薬師岳、太郎山、高妻山、霧ヶ峰、赤岳、開聞岳、湯ノ丸山、岩手山をとりあげている。

〝皇紀二千六百年〟に当たる昭和十五年——当時、国史の教科書は、『古事記』が記す神話的伝説を史

実としていた。イザナギ、イザナミの両ミコトが国土を創り、ニニギノミコトが高千穂峰に降り、その子孫の神武天皇が大和に朝廷を開いた、という。その日、二月十一日は〝紀元節〟とされ、小学生は「雲にそびゆる高千穂の／高嶺《ね》おろしに草も木も／なぎき伏しけん大御代《みよ》を／仰ぐ今日こそ楽しけれ」と歌わされた。日中戦争下（一九三八年、深田は漢口攻略従軍作家、いわゆる〝ペン部隊〟の一員として陸軍班に参加した）、国民精神総動員運動は「贅沢は敵だ」を標語とし、「山小屋」にも〝錬成登山〟とか〝登山報国〟とかの活字が氾濫していた。

こうした状況下で、この山の文学者が「日本百名山」の連載を、高千穂峰からスタートしたことの意味をどう考えたらよいのだろうか。戦後、改めてスタートした連載でも、彼は、その七回目（「山と高原」一九五九年九月号）に高千穂峰をとりあげているが、単行本『日本百名山』では、九十八番目の「霧島山」に含め、一九三九（昭和十四）年の登頂当時を回想する内容が半ばを占める。山が特定の政治的意味をもたされた、不幸な時代のことであった。

〈私は山に関しては執念深いから、戦後再び志を継いで、還暦の年にそれを完成した〉――今度は雑誌「山と高原」一九五九（昭和三十四）年三月号から六三（昭和三十八）年四月号まで、二座ずつ五十回連載して、この山の文学者は目標を達成した。彼が五十六歳から六十歳にかけての時期である。

「山小屋」連載のうち、高田大岳は八甲田山に、赤岳は八ヶ岳にそれぞれ吸収、岩菅山、宝剣岳、太郎山、湯ノ丸山ははずされた。さらに単行本『日本百名山』では、連載四十九回目の有明山を収録せず、奥白根山を加えた。百座の山を選択した基準について、この山の文学者は次のように説明する。

第一は山の品格――〈誰が見ても立派な山だと感歎するもの〉。第二は山の歴史――〈昔から人間と深いかかわりを持った山〉。第三は山の個性――〈個性の顕著なものは芸術作品と同様である〉。そして〈大よそ千五百米以上という線〉を付加的条件とした。それは、しかし〈愛する教え子を落第させる試験官の辛さ〉を味わい、また〈眺めただけで、実際に登っていないという不公平な理由で除外した〉〈山に対して甚だ申しわけない〉作業であった。新潮文庫版『日本百名山』に解説を寄せた串田孫一は、この点について〈〝名山〟としてこの本には落ちた山についても、多く深田さんの文章が残されているのであって、山としての資格が失われたわけではない〉と念を押している。

『日本百名山』が第十六回読売文学賞を受賞（一九六五年、評論・伝記部門）した際、選考委員で山の文学者の旧い岳友でもある小林秀雄は、こう書いた。――著者は〈山を人間と見なして書いていると言っているが、山が人間なみに扱えるようになるのには、どれほど深山の山々につき合ってみなければならなかったろう〉〈人に人格があるように、山には山格があると言っている。山格について一応自信ある批評的言辞を得るのに、著者は五十年の経験を要した」。さよう、小学生時代に始まる登山体験は「深田久彌・年譜」（『深田久彌・山の文学全集』第十二巻所収）から拾い出しただけでも、優に三百回を超える。この山の文学者自身も、〈私の眼は神の如く公平ではない。私に自信を持たせてくれたのは、五十年に近い私の登山歴である〉と言いきる。そして小林は、〈文章の秀逸は、そこからきている〉と評価する。

一座について四百字詰原稿用紙五枚を標準とした（ただし、阿寒岳、大雪山、岩手山、早池峰、安達太良山、磐梯山の六座は七枚）記述は、簡潔を旨としつつも、その展開方法はきわめて多彩であり、山の文学者らしい表現に満ちている。たとえば、槍ヶ岳は〈悲しいまでにひとり天をさしている〉、〈穂高はそのきびしい美しさで誘惑しつづけるだろう〉、薬師岳は〈ただのっそりと大きいだけではない。厳とした気品をもそなえている〉、剱岳は〈太刀《たち》の鋭さと靭《つよ》さとを持っている〉、白馬岳を縦（南北）から見ると〈東側が鋭く切れ落ち、キッと頭を持ちあげたさまは、怒れる獅子といった感じ〉などなど。

深田久弥（ふかだ　きゅうや）一九〇三（明治三十六）年～一九七一（昭和四十六）年。白山山麓の石川県江沼郡大聖寺町（現、加賀市）生まれ。福井中学（旧制、現・県立藤島高校）、一高（旧制、東京。現・東京大学に併合）を経て東京帝国大学へ。東大在学中の一九二七（昭和二）年から三年間、改造社に勤務後、文筆生活に入る。このころ、女流作家・北畠八穂と〝私流の結婚〟生活。小説『津軽の野づら』（一九三五年刊）で作家としての地歩を築く一方、精力的な登山やスキーの体験を基礎に膨大な〝山の文学〟――紀行・随想・研究など――の執筆を継続。登山歴は小学生時代の富士写ヶ岳登頂に始まる。中学生時代に白山登頂。一高在学中、田部重治『日本アルプスと秩父巡礼』に読み耽り、旅行部に所属して本格的登山を開始。以後、同窓同好の士との交友を深め広げつつ、茅ヶ岳で倒れて死去するまで、ヒマラヤ、シルクロードの踏査を含めて広汎に活動。また、蒐集したヒマラヤ文献は、宅地内の〝本小屋〟・九山山房にあふれ、研究成果に『ヒマラヤ登攀史』『ヒマラヤの高峰』「ヒマラヤ登山年表」（『世界山岳百科事典』）など。『深田久彌・山の文学全集』全十二巻がある。一九六八～七〇年、日本山岳会副会長。享年六十八。

また、立山に『三代実録』、北岳に『平家物語』、月山に『おくのほそ道』、筑波山に『万葉集』、岩手山に『名山図譜』、雲取山に『武蔵通志』『新編武蔵風土記』、鹿島槍ヶ岳に三好達治の詩、蓼科山に島木赤彦、伊藤左千夫、斎藤茂吉らの短歌など、古今の文献や詩歌を駆使する。

『日本百名山』は、この山の文学者がもつ審美眼・批評眼の確かさと、山に対する愛情の深さと、五十年に及ぶ登山活動の重い豊かさとが一体となって、読むものを惹きつけ続けるだろう。

『日本百名山』 一九六四（昭和三十九）年七月、新潮社刊。四六倍判・二百二十四ページ。雑誌「山と高原」に「日本百名山」として二座ずつ五十回（一九五九年三月号〜六三年四月号）連載した百座の山についての論稿を集成。利尻岳から宮ノ浦岳まで、北から順に配列し、一座ごとに写真と地図を配した見開き構成（ただし、阿寒岳など六座は三ページ）とする。大谷一良の版画のある布貼り厚表紙で函入り（写真・風見武秀）。扉に山川勇一郎の小カットを入れ、巻頭に四ページのグラビアを付す（写真は田淵行男、船越好文）。また、見返しには収録した山の位置と掲載番号を示す地図があって、検索には便利。一九七三年『深田久彌・山の文学全集』（朝日新聞社刊）第五巻に収録（写真・地図なし）。七八年、新潮文庫（写真を全面的に改め、地図つき）に、八二年、朝日文庫（地図つき）に入る。

加藤泰安『森林・草原・氷河』

井上靖の小説『あした来る人』をご存じだろうか。『氷壁』に先立つこと三年、一九五四（昭和二十九）年に「朝日新聞」に連載されたこの小説には、五人の人物が主要な役割を担って登場する。六十歳の梶大助は関西の大実業家。社会的地位、名声、経済力、教養などなにひとつ欠けるものはなく、精力的に活動し円満な家庭生活を営む。梶の娘、八千代が融通のきかぬ潔癖さで対する夫の大貫克平は、登山に生きがいを見いだし、当時、日本人がだれも足を踏み入れていないカラコルムをめざす。八千代に、山と私とどちらが大切かと詰問された克平は、「山だろうな」と答える。八千代は、山以外に好きなものを知らぬ夫に冷たさを感じ、登山家のエゴイズムを背負う克平にいらだつ。ふたりの破局は決定的のように見える。

そして曽根二郎。彼は、底抜けに人がよく、他人をまったく疑わず、けたはずれにのんきだが、カジカの研究に全精力を注いで他を顧みられない。残るひとりは美貌のデザイナー、山名杏子。梶が東京・銀座のバーから足を洗わせ、パトロンとなって洋裁店を持たせ、彼女の夢をかなえさせたい女性。杏子は、なんの代償も求めぬ梶の浪費の対象であり、梶は彼女から秘かに慰めを得る。このような人物設定

のなかで、八千代が曽根と恋に落ち、杏子が克平に憧れて、四人が交錯する。

このような二十代、三十代の男女四人の自由な振舞いに、井上が日本的紳士の理想像のように描き出す梶は、〃昨日の人〃として温かく広い心と理解とをもって接する――〈みんな欠点はあるが、どこかに自分などの若い時持っていなかった純粋なものがある。その純粋なもののために、みんな傷ついたり回り道をしたりしている。……しかし、やがて、彼等は完全な人間として、あしたやって来るだろう〉。

ながながと井上の小説について述べてきたのには理由がある。本書の別刷付録中に、当の井上自身が〈加藤泰安氏には『あした来る人』という小説のモデルになって戴いたことがある。〃君とはまだ十五年（小説では十年）のつきあいだが、山とは三十年（同じく二十年）のつきあいだからな〃という、主人公の奥さんに対する名台詞は、加藤氏が考えて下さったものである〉と書いているからである。

日本山岳会によるマナスル遠征の時期（一九五二年に今西錦司らの偵察隊派遣～五六年槇有恒らの第三次隊登頂）から京大学士山岳会はカラコルムへの関心を強め、遠征実現の準備を併行させていた。その動きは五五（昭和三十）年の木原均らによるカラコルム探検を経て、五八年の桑原武夫、加藤泰安らのチョゴリザ登頂、六二年の四手井綱彦、加藤らのサルトロ・カンリ登頂へと結実してゆく。本書の「サルトロ・カンリ」中に〈誓いあってから八年、実行計画に移してから四年〉とあるが、それは五四年、五八年に当たり、その最も初期の段階は井上の執筆時と重なる。いまひとつ、前記小説の内容と符合させうる記述の例を見よう。

夫人とスキーに行く準備中、西堀栄三郎から電話が入る。再度、副隊長としてサルトロ・カンリへ行け、という。〈内心ニタリとしたが、女房の手前そうもいかない。第一いくらのんきでも、会社のこともある。マナスルに行ったあとは、株主にほうり出され、チョゴリザのときは、社長とケンカして飛び出してしまった。五十歳すぎて、またまた失業するのはたまらない〉……社長・加藤の長期欠勤を常務はOKしてくれた。大株主も、平地での能力は半人前だが、三千メートル以上では一人前らしいから、人間の効用価値からみて行かせるほうが経済的だ、と許しが出る。〈残るは女房だが、山との付き合いは三十五年、女房とは、たかだか二十年、ものの順序として承知してもらうより仕方ない。それに失業しないとなれば、うるさい亭主が、三、四カ月いなくなるほうが、いいにきまっている。ただ、いまはかけ引き上まだふくれているが、そのうちあまり文句をいわなくなった〉。

加藤泰安（かとう　たいあん）一九一一（明治四十四）年～八三（昭和五十八）年。東京生まれ。加藤家は一六一七年から明治の廃藩まで十三代、大洲城主（愛媛県）を務めた。学習院から京都帝国大学に進み、一九三八（昭和十三）年に経済学部卒業。学習院時代から山岳部で活躍し、三一（昭和六）年十二月、槍～奥穂～西穂の冬季初縦走を記録。京大では三四年に朝鮮白頭山、三六年に中国東北部・大興安嶺、三七年に内モンゴルへ遠征。その後も三八～三九年、四四～四五年の二回、モンゴルの踏査探検に出かけ、戦後は第一次マナスル登山隊（五三年）に参加、京大のチョゴリザ（五八年）、サルトロ・カンリ（六二年）登山隊の副隊長として登頂成功に導く。六四年、京大西イリアン（ニューギニア中央高地）学術調査登山隊隊長。日本山岳会および日本山岳協会の常務理事を歴任。著者に『放浪のあしおと』など。享年七十二。

前記の本書付録は、加藤を識る人々の筆による泰安像の集成である。深田久弥は「山の蕩児」と題して、加藤は放言の名人だと紹介する。三田幸夫は、加藤が自分のヒマラヤ登山を〝ヤクザ稼業〟と表現していたことから〝ヤクザ泰安〟という。桑原武夫は「文は人なり」の題で〈泰安では行動が一ばん立派で、お話がついでよく、文章はまだ少し〉だったが、この十年で〈加速度的に文章が立派になった〉と記す。これに対して今西錦司は「話し上手」と題して、白頭山登頂が、早朝、軍隊のラッパにせきたてられて宿酔のまま達成されたこと、あわてた加藤が靴の左右を履き違えてスキー操作に難渋したこと、などを書く。

このように愛すべき泰安だが、四十歳台後半の実業家で登山家の加藤は、井上靖の小説では、〝昨日の人〟として三十歳台の登山家・大貫克平と、〝あした来る人〟として六十歳の実業家・梶大助とに分割され、拡大再生産されたとみることはできないか。

深田がいうように、本書の表題は、森林が大興安嶺を、草原が蒙古（モンゴル）を、氷河がヒマラヤを、それぞれ象徴している。この三つの山域を並べると、加藤の大きな登山人生がトータルに表現されるのだ。そこから想像されるのは頑丈屈強な山男の像だが、加藤はけっしてそうではない。「あとがき」によれば、虚弱児童だの筋骨薄弱な痩身だの、強固な意志の持主でないだの、まったく正反対のイメージにつながる表現が続くのだ。

〈ただ山登りが好きで、放浪癖があり、山の先輩や友人たちが好きだった〉加藤は、〈私は全く幸運な登山者だった〉と、自らの登山人生を振り返って言い切れる生涯を生きた。読み通すと、未知の世界への純粋な志向や、人々との温かい交流や、心に響く詩的感性や、登山界への指導的発言がちりばめられている。

加藤は自らの原点となった蒙古の回想を巻頭に配した。それは、四十路、五十路に至ってようやくヒマラヤに分け入る道につながった。加藤泰安は、まさに〝幸運な登山者〟である。

『森林・草原・氷河』 一九六六（昭和四十一）年九月、茗溪堂刊。A5判・四百四十六ページ。厚表紙、クロス装、カバー付、函入り。装丁およびカットは佐藤久一朗。巻頭口絵に「大インダス河畔をゆく」カラー写真を入れ、モンゴル六点（四ページ）、カラコルム十二点（八ページ）、ニューギニア七点（四ページ）、山の仲間十三点と著者夫妻（八ページ）のモノクロ写真を別刷で本文中に配する。また内蒙古、カラコルム、ニューギニアの三色刷地図を折込みで挿入。本文二十五篇は、一九五三年以降、諸誌に発表した報告、紀行、回想、人物論、随想などで、巻頭の「山の遍歴」、続く「蒙古の思い出」と末尾の「同心円」を除き、執筆年代順に配列する。

辻まこと
『山からの絵本』

いったい、辻一《まこと》なる人物は、どれだけの才能に恵まれ、どれだけの人間的魅力を秘めていたのだろうか――個性豊かな画家であり、風景画も描けば漫画も手がける。詩やエッセイや紀行も、読む者を魅了する巧みさと意表をつく鋭さを具えている。ユーモアがあふれ、機知に富み、自然や人間への接し方があたたかい。ユニークな登山家でありスキーヤーであり、またハンターでもある。ギター演奏家としての伎倆も抜群だった。ウイスキーグラスを傍らに置いた演奏ぶりは颯爽としていたと、辻を知る人はいう。洗練された洒脱な都会人であり、同時に山に精神の健康法を求める自然人であった。どこにいても似合う人だった、とも。さまざまな分野と場面で発揮された、万華鏡のような辻の才能と魅力は、とどまるところを知らない。

辻は、大正期日本を特徴づける思想的あるいは社会的活動を担って異彩を放つ人物を父母とし、特異な体験を積みながら成長した。父・辻潤はニヒリズム、ダダイズムを日本に紹介し、アナーキストとも深く交わるが、のち、放浪生活の果てに精神に異常をきたす。母・伊藤野枝は婦人解放運動の青鞜社に加わり、三歳の一を残して家出、次男・流二を里子にして大杉栄の許に走る。その大杉と野枝、大杉の

甥・宗一は、関東大震災（一九二三・大正十二年）直後、憲兵大尉・甘粕に虐殺される。辻は大杉の家にも出入りしており、宗一と同じ悲運に遭う危険は大であった。辻は十歳、衝撃的事件だった。

辻は、父の知人・飯森正芳に預けられて静岡工業学校に入学するが、やがて十五歳の一九二八（昭和三）年、学校を中退して父とともにパリに赴く。滞在は一年。その間、ルーヴル美術館に通い、自転車で市内を走り回ってパリの文物に接し、また中里介山『大菩薩峠』を耽読する。帰国後、辻はさまざまな仕事に就くが、三四（昭和九）年、徴兵検査前日に撮影した自分の写真——長髪を逆立て、蝶ネクタイ姿でコートを羽織り、何ごとか叫んでいる——に、「自由の髪を切らるるときぞ、兵隊検査を明日に御名御璽」と書き込む。寂寥と孤独に耐え、自立心の強い青年に成長した辻は、反骨精神も旺盛だった。

一方、辻は、少年時代からすでに山にふれていた。最初は小学校五年生の一九二四（大正十三）年の夏休み、友人と二人、「多摩川探検隊」（『山の声』所収）と称して多摩川源流へ向かって歩く。水源には遠く達しきれなかったものの、山が水のもとであることを知り、連なる山々からの耐えがたい誘惑を体験する。ついで静岡工業学校時代の二七（昭和二）年、飯森に連れられて甲斐駒ヶ岳に登る。後年、辻は記憶によって「山の景観」と題する一文（『わが心の山』所収、『辻まことの世界』再録）を書いている。頂上で接した御来光について、色彩の微細な変化を描写していて画家らしいが、それだけ、当時の印象が鮮烈であったことの証左であろう。色彩ばかりでなく、御来光の景観からハープやトランペットの音色を感じとった感性も非凡である。心の中で「セカイセカイ」と繰り返した辻は、この体験について〈ともすれば街で見失いがちな自分と世界とのきずなを取りもどす手段として、私を山の方に向かわせた契機の一つになっているように、今にしておもうのだ〉という。

一九三六〜三七（昭和十一〜十二）年、満州（中国東北部）から華北へ中国侵略が拡大、国内では軍国主義の風潮がいちだんと強まる。辻は世の風潮にはっきりと背を向け、本格的に山歩きを始める。

ひとつは、富士山麓西湖畔津原《つぶら》に勤務先の同僚と小屋を建て、山野跋渉と狩りと読書三昧に耽る方法で。この湖と小屋とを舞台にした辻の作品は数多い。本書には、〈五年まえ突然わが家へはだかでやってきて、以来何十年でも居候をしてやろうといった顔つきで、ずうずうしくも住みこんでいる若い女性〉つまり娘と、父親との対話で展開するファンタスティックな絵物語「夏の湖」。マルビ（樹海）が続くツブラの入江の小屋へはバッテラ（和船）で行くしかルートがない。その小屋での浮世ばなれした生活をユーモラスに描く「小屋ぐらし」。トラバサミ（罠）に右前趾をちぎられてもひるまぬ伝説的な三本足の狐と人間の知恵くらべ、根くらべ。そして、辻がしでかした大失敗を語る「三本足の狐」などが収められている。

いまひとつは、〈充分なばからしさと僅かの資金のもとに出発した素晴らしい事業〉つまり、金鉱探しである。竹久不二彦（画家・夢二の次男）と福岡了三（経済学者・徳三の三男）と組んで始めたもので、〈一カ月に一度、二、三日東京に留るだけで、あとは山から山を歩いていた。とはいえ登山家が対象とする名山秀岳にはさっぱり縁がなく、……甚だ変格的な山筋ばかりたどっていた〉（「三つの岩」中の「黄金岩」）。かくして、辻の足跡は東北、信越の山域にも拡大する。ルートをはずれた山歩きだから、沢歩きやヤブこぎや岩登りは避けられない。いきおい、登山技術が身についてくる。

戦争で中断していた登山活動を再開した辻は、現地に〝山の教師〟を見いだし、自然人として生きる技法を吸収する。心を開いて交流を重ねる。〝山の教師〟の代表格は「ある山の男」の主人公キンサクと、奥鬼怒手白沢温泉を舞台にした「キノコをさがしに行ってクマにおこられた話」の宮下老人あたりだろうか。キンサクの授業内容は、夏の岩魚とり、秋の鉄砲打ち、冬の罠掛け、そして、犬なしで動物を追跡したり、月夜の山を灯火なしで急ぐときの歩行術、頭を突き出して足許と遠方とを同視野に入れて歩く猟師の歩き方、雨の夜、熊笹の中で手さぐりで安眠できる小屋を編むこと、夜の鉄砲打ちで必ず起こる狙いの誤りとその修整法など。辻に対するキンサク先生の評価は、〈東京に生まれてよかったな

辻一（つじ　まこと）一九一三（大正二）年〜七五（昭和五十）年。父・辻潤、母・伊蔵野枝の長男として母の郷里・福岡県糸島部今宿村（現、福岡市西区今宿）で出生。三歳のとき、母が去り、以後、父の親戚・知人に預けられ、また父と放浪しつつ育つ。二六（大正十五）年、静岡工業学校に入学するが、十五歳の二八（昭和三）年、中退して父とパリに行き、滞在一年。三〇年、法政工業学校夜間部に編入学するが中退。〈ペンキ屋、図案屋、化粧品屋、喫茶店など転々として最後に……金鉱探しに夢中となって東北信越の山々を駆けめぐった〉。四二（昭和十七）年、東亜日報社入社、記者として中国の天津文社勤務。四五年、現地で召集され、四七年に復員。日本アナーキスト連盟機関紙「平民新聞」に挿絵、風刺画文を寄稿。四八年、詩誌「歴程」同人となる。三十六歳の四九年ころから登山を再開、〈画描きに近い職業で暮し〉、「アルプ」「旅」「岳人」「山と高原」に画文を発表し、表紙を担当。六四年、スペインに遊ぶ。著書は歴程賞受賞の『虫類図譜』のほか、『山の声』『山で一泊』『すぎゆくアダモ』など。没後も矢内原伊作編『辻まことの世界』（正続）など、さまざまな作品集が編集・刊行されている。享年六十二。

あ、俺みたいに山子《やまご》になったら一年ももたなかったな、きっと。山登りにくるお客にしちゃ悪くない〉。

辻はフランスのアルペンスキー技術習得にも精を出し、谷川岳周辺で試みた「はじめてのスキーツアー」のときに比べれば、志賀高原を独り楽しむ「白い散歩」では、〈胸の前のところに雪煙が渦となりアゴの下が冷たくていい気持ち〉を味わえるほどに上達する。

先の「山の景観」を、辻は次のように結ぶ――〈健康が生む機嫌のよさ。この実感を生きようとする私にとって、山と孤独とはいつでも心を支える大切な二要素だ〉と。〃山と孤独〃を求めて、辻は西湖津原や上越や会津や奥鬼怒や志賀高原に親しみ、画文の舞台とした。ピークハンターでも前衛的クライマーでもない辻に読む者が惹かれるのは、彼がほんとうの〃自由人〃だからである。辻の父はシュティルナーの『唯一者とその所有』を翻訳した。〃唯一者〃とは、なにものにもとらわれず服従しない自己を所有する者だという。辻は、まさにその〃唯一者〃として生きた。彼の画文はその証《あかし》だろう。

『山からの絵本』 一九六六（昭和四十一）年七月、創文社刊。A5判・二百二ページ。厚表紙、函入り。山に関する著者最初の画文集で、装丁は著者による。巻頭に「夏の湖」に関する六点、本文中に「秋の彷徨」に関する七点、「絵はがき三通」に関する三点の彩色挿絵を収める。ほかに「小屋ぐらし」に五点、「峠のほとけ」に三点、「一人歩けば」に六点、「キノコをさがしに行ってクマにおこられた話」に二点、「はじめてのスキーツアー」に四点、「二つの岩」に三点、「けものたち」に五点、「白い散歩」に五点、「三本足の狐」に二点、「ある山の男」に二点の単色挿絵を付してあり、すべて一ページ大。本書に収録された十三篇は、いずれも画文一体となって〃辻まことの世界〃を豊かにくりひろげている。二〇一三年、ヤマケイ文庫に収められた。

スウェン・ヘディン『トランスヒマラヤ』

〈トランスヒマラヤ！　あの雄渾かつ未知の山岳世界にわたしがあたえたこの名称は、何とたくましい響きをもつだろう！〉（「序」より。青木秀男の訳。以下、引用は同じ）。

ヘディンの数ある業績のひとつとして〝トランスヒマラヤの発見と命名〟があげられている。ヘディンの先蹤者たち——クリシュナ、ユック、ナイン・シン、リトゥルデール、ドレスデーン、カルヴェルらは、それぞれひとつまたはふたつ、合わせて七つの峠を越え、ヒマラヤ山脈の北に存在する山岳を部分的には確認していた。ヘディンは、第三回中央アジア探検中、自らの東西八つの峠越え（うち六つが初踏）を加え、さらに渓谷などの踏査から、それらの山岳が連なってひとつの山脈を形成している事実を明らかにした。そして〈もろもろの山の背が一体をなす全家族にふさわしい緊密に融合した、名を採るべきだ。この全山岳体系に関しては、何ら誤解をおこさぬ地理的概念において、相互関係と在りかたとを証明しなければならない。そういう使命が、わたしにあたえられている。《トランスヒマラヤ》という呼称を採ることに、わたしは決意した〉（「下巻38・トランスヒマラヤ」より）。ヘディンのこの記述は多くの反論を招いた。その詳細は、訳本の巻末に付された深田久弥の「解説」に譲ろう。

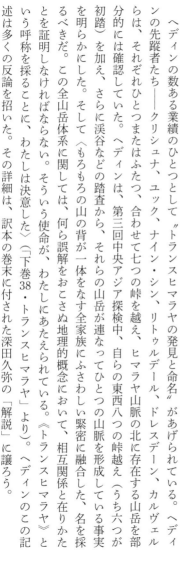

さて、その〝トランスヒマラヤ〟だが、現代の地図のほとんどには、表示されていない。では〝トランスヒマラヤ〟はどこへ行ったのだろうか。中国西部に拡がる広大なチベット（シーツァン）高原、平均四五〇〇メートルの高度をもつこの高原の南縁、ヒマラヤ山脈の北側に並行して東西に走るのはカンティセ（岡底斯）山脈で、東はニェンチェンタングラ（念青唐古拉）山脈で連なり、西はカラコルム山脈東端のチャンタン（光塘）高原に接している。

〝トランス〟とは〝向こう側〟、つまり〝ヒマラヤの向こう側〟はインド側から見た表現である。その視点は、チベットを、白人支配地・インドの〝向こう側〟＝〝川向こう〟と位置づけており、文明先進国を自負する欧米人のそれであった。中国に属するチベットの山脈に、当然ながら、中国は自らに固有の言語による呼称を付したのである。

ヘディンは〝大地理学者〟と称されるリヒトホーフェン（ドイツ・一八三三〜一九〇五）に師事した。リヒトホーフェンは、中国・インドネシア・日本など東アジア各地の地質調査で多くの業績をあげており、ヘディンにアジアへの関心を高めさせた。当時、アジアの〝地図の空白部〟——欧米人にとって未知の地域であった中央アジア探検に生涯を賭ける道を、ヘディンは歩み始める。

ヘディン最初のアジア旅行は一八八五〜八六年、満二十歳の年に始まった。それは、ロシアを南下してカフカズ山脈を越え、カスピ海を渡ってイランに上陸し、エルブールズ山脈を越えてペルシア湾に至り、メソポタミア（イラク）を北上したのち、再びイランに入り、小アジア（トルコ）を経て帰国した、従者一人との二年に及ぶ旅であった。イギリスのリヴィングストンがアフリカに渡ったのが一八四〇年、アフリカの〝奥地〟を伝道して回る彼を探索するスタンリの活動開始が七一年。リヴィングストン病没後もスタンリは探検を続け、ナイル川源流発見、コンゴ探検に次いで、ルウェンゾリ山周辺の探査にかかろうとする時期であった。

ヘディン第二回のアジア旅行は一八九〇～九一年。スウェーデン国王がペルシア（イラン）へ使節団を送るに際して、ヘディンもその一員に加えられたのである。ヘディンは八七年に、第一回アジア旅行の挿絵入り紀行を刊行しており、それによって〝ペルシア通〟と目されたのだろう。任務終了後もヘディンは、現地にとどまり、デマヴェンド山（五六七一メートル）に登頂を果たす。これは、ヘディンの生涯ただ一度の本格的登山であった。三度の中央アジア探検のなかで、ヘディンはこれより高い峠は踏破しているが、登頂を目的とした行動はいっさい行なっていないからである。登山に続いてヘディン

スウェン・ヘディン Sven Hedin　一八六五～一九五二。スウェーデン人。ストックホルム大学卒業後ベルリン大学に留学、地理学者・リヒトホーフェンに師事。当時の〝地図の空白部〟中央アジア各地に大規模な探検・踏査活動を精力的に展開する。一八九二～九七年にロシアからウラル越えでパミール、タクラマカン砂漠周辺、チンハイ、オルドスを経てペキンへ。九九～一九〇二年にトルキスタンからタリム盆地、ゴビ砂漠を経てチベット北部に至るが、途中、ロプノール付近で楼蘭遺跡を発見。〇六～〇八年にインドから西北チベットにはいり、トランスヒマラヤの存在を明らかにし、インダス、ブラマプトラ、サトレジ各河川の源流を確認。二七～三五年にスウェーデン・中華民国合同の西北科学考査団を組織して広域の総合的学術調査を進めるが、国際情勢悪化で中断。著書は『アジア縦断』『中央アジアとチベット』『探検家としてのわが生涯』など多数。享年八十八。

は、パミール高原西麓に赴き、ブハラ、サマルカンド、タシケント（現、ウズベキスタン）を回り、テンシャン（天山）山脈の峠を越えてカシュガル（中国シンチャンウイグル自治区）まで足を延ばす。ヘディンは、いよいよ中央アジアの一隅に達したが、まだ〝旅行〟の域を出てはいない。

ヘディンが中央アジアの〝未知〟の領域に足を踏み入れ、本格的な〝探検〟に入るのは、二十七歳の一八九二（明治二十五）年からである。五年を要した第一回探検は、ロシア経由ではあったが、第二回アジア旅行の到達地カシュガルを起点とした。そこから、ヘディンにおける行動の連続性がはっきりと浮かびあがってくる。テンシャン山脈とクンルン（崑崙）山脈との間に拡がるタクラマカン砂漠の踏査後、ヘディンはクンルンを越えて揚子江、黄河各源流地帯へと進む。このタクラマカン踏査が、第二回探検で重大な意味をもっている。テンシャン南麗のタリム川を東進し、タリム盆地の東端に位置するロプノール（ロプ湖）、楼蘭で、〝世紀の発見〟ともいうべき成果を得るに至るからである。また、クンルン越えでチベット北部に入り、カラコルム山脈南麓を踏査した活動は、第三回探検で、トランスヒマラヤの存在を確認しえた成果に結びつく。

さて本書は、圧縮されたとはいえ、第三回探検を精細に記して読む者を惹きつけてやまない。波瀾に富む探検行は、カラコルム山脈を越えてチベット北西部を進み、クンルン山脈に至る。さらに湖沼地方から東方へ進んでニェンチェンタングラ山脈を越え、シガツェへ。再び山脈に沿って西進し、ブラマプトラ川源流からカイラス（カンティース）山を望むマナサロワル湖へ。湖上で嵐に遭う、一年も行を共にした人夫を帰す、探究の不十分さに焦だつ、氷点下四十度の酷寒、盗賊への警戒……、ヘディンは自らを鼓舞する――〈行こう、たとえ、いのちを落としても！　わたしは行かなければならない。たとえ、……襤褸《ぼろ》を身にまとい、黒いテントを一軒一軒、托鉢して回るとしても！〉サトレジ川源流、インダス川源流を発見して探検は続く。それは〈四つの政府と、チベットのあらゆる当局を敵にまわし、わずか一二人の……ラダク人を《とも》に、唯ひとりの護衛兵をも持たず、二年間チベットを、あらゆる方向にすすむ〉探検だったが、ヘディンは成しとげた。

この探検の直後、ヘディンは帝国地学協会の招きで来日、一九〇八年十一月から約一カ月滞在して、東京などで講演した。

『トランスヒマラヤ』 *Transhimalaja*, F. A. Brockhaus, Leipzig, 1909.　ヘディンの第三回中央アジア探検（一九〇六〜〇八年）の旅行記である。一九〇九年刊の原書は全三巻からなる大著だが、第二次世界大戦後、著者自身が原著を圧縮して一巻本にまとめた。後者が青木義男によって全訳され、深田久弥監修『ヘディン中央アジア探検紀行全集』（全十一巻、一九六四〜六六年、白水社刊）第四（上）、五（下）巻に収められている。内容は戦後版に付した「序」に始まり、ヘディンが探検の起終点としたイギリス領インド（当時）の「シムラ」から「シムラ」に至る七十四の章からなり、著者による多数のスケッチ、写真を添える。なおヘディンは、この探検に関して『南チベット』と題する全九巻の学術報告書と地図二巻も著わしている。

望月達夫
『遠い山 近い山』

望月達夫にとって、眩しく輝く青春の山は〝白峯北岳〟であり、そのバットレス登攀である。それは、〈夜叉神峠の近くにあって芦安から野呂川へ越える杖立峠〉で〈思わぬ美観に足をとめられた〉美しい紅葉の思い出につながる。

一九三〇年代半ば、東京商大山岳部にあった望月たちは、南アルプスの盟主・北岳の、未踏の尾根を残すバットレスに執着する。白峰御池の小屋（望月たちは大樺小屋と呼んでいた）をベースに、一九三五（昭和十）年六月、山岳部の同僚の小谷部全助・鷹野雄一・森川真三郎が、その第三尾根を初登攀し、バットレスのスケールの大きさに魅せられたのがきっかけだった。

その年の秋、望月は村尾金二、小林重吉とザイルを結び、第四尾根を登攀する。九時間に及ぶ苦闘のすえに、〈その最も困難なルートから（マッチ箱稜線ルート初登）〉初めて達した北岳頂上の情景を、望月は二十七年を経てなお鮮明に記憶している――〈まさに暮れなんとする西の空には、夕焼がわずかに茜を残し、遠霞む伊那の盆地はすでに夕闇に模糊《もこ》として、すぐ目の前にはあの大きな仙丈岳が黒々とうずくまっていた。間ノ岳にも鳳凰山塊にもすでに陽のあたっている山肌はなく、山々はすべて夕べの淡い光りのなかに静もりかえっていた。……三角点のすぐ傍らに見覚えのあるコーヘルが一個残されていて、蓋《ふた》が飛ばないように小石がその上にのせてあった。……蓋をとってみると、紅茶がいっぱい残されていた。先きに下った小谷部らの心尽しであろう。三人はそれを回し飲みしながら、友の温かい心までを体のなかに呑み込んだ。冷えきった甘い紅茶のなんとうまかったことだろう〉。

望月たちが大樺小屋へもどる道をまちがえて帰着が遅くなったのを心配した小谷部は、食料と灯を持って北岳の頂上まで登りかえす。小谷部は、頂上の「コーヘル」がなくなっているので、望月たちが無事登攀し終えて北岳小屋へ向かった、と判断してそこまで足をのばし、翌日下山してくるという付録がついた登攀だった。その小谷部と望月は、メンバーの下山後、ふたりきりで第五尾根を登る。冒頭に紹介した杖立峠の紅葉に出逢ったのは、その合宿を終えた帰路のことだった。東京商大山岳部のバットレス挑戦は、その後、小谷部らによって、三六年十二月、第三・第五尾根の積雪期初登攀、三七年一月、第一・第四尾根の厳冬期登攀などを達成、望月はサポートなどで活躍した。

若き日、東京商大山岳部の黄金期を担った望月だが、本書では、その輝ける日々にかかわる記述は、右にその内容を紹介したただ一篇を収めるのみである。それも、「秋の山」と題し、紅葉の美に結びつく遠くはるかな光芒を懐かしむ筆致である。本書は、一九五九（昭和三十四）年～六六（昭和四十一）年、望月が四十歳台後半から五十歳台前半の十年足らずの間に、「アルプ」などの諸誌に発表した紀行から成っていて、望月の戦後の山行を照らし出す内容になっている。望月の戦後の山行とは――〈年々急増してゆく登山者をきらって、戦後のぼくの山登りはほとんど北アルプスを除外してしまったが、そのかわり北アルプスや南アルプスなどの、いわゆる日本での高峻山岳へ足をむける前に、ぼくたちをつちかってくれた東京付近の奥多摩や奥秩父や西上州などの、いまでは流行から忘れられた山や峠がぼくをとらえはじめた〉(「遠い山　近い山」)のだった。その結果、藤島敏男が「序」に記すように、〈はげしい登攀記や、華々しい遠征記などとは、およそ縁遠い、名前だけではどこにあるのか、見当《けんとう》もつかないような、山や峠の紀行が多い〉のだ。輝ける日々の直截な記録は、本書にはそぐわない。

望月と〝四十回近い山歩きを共にした〟藤島は望月より十八歳年長で、やはり若き日、茂倉岳〜一ノ倉岳〜谷川岳の初縦走を達成(一九二〇・大正九年)し、日本登山史上、〝ピークハンティング時代の掉尾を担った。その後は望月と同様、銀行に勤めながら登山活動を続けていた。藤島は、〝避衆登山論〟を唱えて、若き日に〝岩と雪の時代〟の一翼を担った望月と、世代を超えて意気投合する。本書にも、望月が避衆登山の師を畏怖しつつ、奥秩父の天狗山や男山に案内した「避衆登山」の一篇がある。〈山歩きは一人でもいいが、本当に気の合った少数の友とする場合がいちばん愉しい〉という望月にとって、藤島は得がたき先輩のひとりであり、またとないよきパートナーであった。このふたりに作家の深田久弥を加えたトリオによる「ブドウ峠」を読むと、〈俗受けしない、ひとっ気のすくない、ひっそりとした山や峠の遍歴が、いかに楽しいかを、かざり気のすくない文を通じて、炉辺閑話のような気易さで、山仲間に淡々と語っている〉という藤島の評価(「序」)もうなずけよう。

南会津の山旅などをともにした三歳年長の川崎精雄もまた、よき岳友であった。この銀行員登山家は、利根川源流から奥只見にかけての未開の山域を精力的に踏破した。川崎の『雪山・藪山』中公文庫版の

「解説」は、望月の執筆。経済の高度成長期、登山者が集中して〝開発〟が急テンポで進む山域に背を向け、独自の登山活動にこだわり続けた熟年登山家のしたたかさ。それによって、彼らは、おのれのハイマートを、〝開発〟にも群衆にも侵されまいと死守していたのかもしれない。

銀行勤めの望月にとって転勤は避けられない。東京から札幌への転勤が決まったとき、望月はすぐ北海道の山歩きを考える。諸々の願望を取捨整理して望月は、〈⑴日高山脈の山を一つか二つ一つでも多く。⑵十勝川水源の山々。石狩岳、ニペソツ、ウペペサンケあたり。⑶知床半島の山々。できれば利尻島の山――できれば残雪の豊富なとき〉（「転勤と山」）と計画する。しかし実際は、〈渡道一ヵ月余のあいだに樽前山、空沼岳、札幌岳、芦別岳、後方羊蹄山などに登って〉しまうハイペースだった。

望月達夫（もちづき　たつお）　一九一四（大正三）年～二〇〇二（平成十四）年。東京・赤坂（千代田区）に生まれる。麻布中学（旧制）から東京商科大学（現、一橋大学）に進み、山岳部で小谷部全助らと活躍。三五（昭和十）年に北岳バットレス第四尾根登攀、岳川谷間ノ沢から厳冬期の西穂・間ノ岳登頂、三七（昭和十二）年に厳冬期の北岳・間ノ岳登頂などを記録し、三八（昭和十三）年卒業。三井信託銀行に入行後も登山活動を継続するいっぽう、海外における登山活動、とくにヒマラヤ研究の論文を発表する。日本山岳会の理事、評議員、副会長などを務め、会誌「山岳」の編集を二十余年間担当。八五年、名誉会員。一橋大山岳部ＯＢの針葉樹会、南会津山の会にも所属して山行を続けた。著書に『折々の山』『忘れえぬ山の人びと』、共著に『静かなる山』正続、『藪山辿歴』、訳書にロングスタッフ『わが山の生涯』、共訳書にハント『エヴェレスト登頂』、メイスン『ヒマラヤ』など。享年八十八。

「北海道へきて登った山」には後方羊蹄山など五つの登頂を記し、冬には札幌近郊の「砥石山」「百松沢山」などでスキーツアーを楽しむ。〈枯草を踏む冬の山、この味は北海道にはあるまい〉といってきた深田久弥を呼んで礼文島に行き、「新冠川から戸蔦別川へ」に記すように、日高の幌尻岳と戸蔦別岳の頂を踏む。「南日高の牧場」も訪ね、「ニセコ、ムイネ、チトカニウシ」も滑り、「ウペペサンケヌプリ」にも、大雪の「トムラウシ（紀行）」にも、知床の「羅臼岳（の五月）」にも登頂を果たす。札幌時代の望月は、目標をはるかに超える登山活動に恵まれた。

これら〝北の山々〟は、東京に戻れば〝遠い山〟だ。木暮理太郎や大島亮吉ら大先輩の書にも導かれた東京近郊の〝近い山〟歩き。両者を併せた本書は、山歩きの原点をしみじみと考えさせる個性豊かな好著である。

『遠い山 近い山』 一九六八（昭和四十三）年三月、茗溪堂刊。B6判・三百二ページ。厚表紙、布装、函入り。先輩の藤島敏男が「序」を、坂本直行・橋本誠二が挿画を寄せる。本文は合計三十四篇の紀行からなるが、半ばを越える十八篇――「転勤と山」「北海道へきて登った山」「ヘルヴェチア祭」「砥石山」「ニセコ、ムイネ、チトカニウシ」「夏の山」「新冠川から戸蔦別川へ」「南日高の牧場」「ウペペサンケヌプリ」「雄阿寒岳」「北の山」「余市岳」「狩場山日記」「トムラウシ紀行」「百松沢山」「早春の山」「迷沢山」「羅臼岳の五月」など、著者が札幌在勤中の山行に拠る北海道の山に関する紀行で、表題作「遠い山 近い山」は「北大山岳会会報」への寄稿。ほかの十四篇は、最後の「秋の山（白峯北岳の思い出）」を除き、奥多摩、奥秩父、西上州、南佐久、足尾、南会津の低い山や峠に関する紀行。本文中に、著者の撮影になる十二点のモノクロ写真を、挿画とともに、別刷で配する。

高田光政『北壁の青春』

一九六五（昭和四十）年夏、日本人クライマーによるヨーロッパ・アルプス難壁の登攀ラッシュともいうべき状況が現出した。

先鞭をつけたのは、これに先立つこと二年の六三年夏、第二次ＲＣＣ同人・芳野満彦と大倉大八によるアイガー北壁への挑戦だった。ふたりは通称〝第一雪田〟と〝第二雪田〟とをつなぐ〝氷の管〟付近まで達したが、天候悪化のため二度までも〝勇気ある撤退〟を余儀なくされる。ふたりは翌六四年に再度挑戦するが、またも失敗。しかしこの挑戦は、日本山岳界に強烈な衝撃を与えた。

まず、アイス・ハーケンなど現地の優れた用具を駆使すれば、日本人クライマーの登攀技術がアルプスでも通用する事実を立証した。また、学生・学士山岳会の多くが〝組織と金〟を背景にヒマラヤをめざすのを、切歯扼腕しつつ横目で見ていた社会人登山家に、活動の場と方法を具体的に示した。さらに、日本山岳界が主流とする集団的組織的な登山に、個人実力主義による技術を媒介としたパーティの有効性を対置した。

六五年夏のヨーロッパ・アルプスは、〝百年に四回〟しかないといわれるほどの悪天候。そんな気象条件のもとで、アルプスの岩壁をうかがう多くの日本人クライマーが、アイガーなどの山麓にテントを張り、チャンスを待っていた。本書の著者・高田光政もそのひとりで、単身、シベリアを経由してスイスに至り、アルプス山麓を徘徊中、そちこちで顔見知りに出会う。このような状況からまず抜け出したのが、芳野満彦だった。

芳野は渡部恒明とザイルを組み、マッターホルン北壁に日本人初登攀を果たす。八月四日早朝に行動を開始し、六日十時四十五分に頂上の大十字架前に立った。二泊三日、正味三十時間四十分に及ぶ岩と氷と寒気との激闘のすえ、手中にした栄光である。

その六日後、今度は渡部と高田が組んでアイガー北壁の登攀を開始する……。が、ここで、芳野・渡部によるマッターホルン北壁登攀成功を導火線に、日本人クライマーによるアルプス岩壁登攀が一挙に爆発的な展開を現出した六五年夏と、その後の状況を一瞥しておこう。――この年、日本人クライマーが登攀に成功したアルプスの岩壁は、ヴェッターホルン北壁、エギーユ・デュ・ミディ南壁、パピヨン岩稜、ヴァッツマン東壁、ドリュ西壁、ドリュ北壁、ドリュ・ボナッティ稜、チマグランデ北壁カンテなどである。クライマーの多くは第二次RCC同人で、加藤滝男、大谷計介、星川政範、大倉大八、吉尾弘ら多士済々、個性豊かな実力派ばかりだ。これに続く三大北壁登攀達成の記録は次のとおり。

一九六六年八月　伊藤敏夫らがグランド・ジョラス北壁ウォーカー稜を日本人初登攀。高田光政らがマッターホルン北壁を登攀。

一九六七年二月　小西政継らがマッターホルン北壁を日本人最初の冬季登攀する。

七月　今井通子、若山美子がマッターホルン北壁を登攀、日本人女性初登攀を達成。高田光政が長谷川勝らとグランド・ジョラス北壁を登攀、日本人最初の三大北壁登攀者となる。
一九六八年七月　南川和勇らがグランド・ジョラス北壁ウォーカー稜を登攀。
一九六九年七月　中谷三次、大倉大八らがアイガー北壁を登攀。
七月〜八月　加藤滝男、今井通子らがアイガー北壁に直登ルートを開拓する。
一九七〇年二〜三月　遠藤二郎らがアイガー北壁を直登し、同ルートを下降する。
一九七〇年十二月〜七一年一月　小西政継らがグランド・ジョラス北壁を冬季登攀。
一九七一年七月　今井通子が高橋和之らとグランド・ジョラス北壁を登攀、女性最初の三大北壁登攀

高田光政（たかだ　みつまさ）　一九三四（昭和九）年、名古屋市生まれ。同市守山区立守山中学在学中、鈴鹿・御在所山に集団登山して山に興味を抱く。岩登りに関心を寄せ、十七歳の一九五一（昭和二十六）年、名古屋山岳会入会。合宿など同山岳会の活動のなかで登攀技術を磨き、五七（昭和三十二）年二月に前穂北尾根四峰北条・新村ルート積雪期初登攀、六四（昭和三十九）年一月に屏風岩東稜冬季第二登を達成。このころから山岳会を離れて個人実力主義を標榜、所属団体や地域をこえて実力あるクライマーとザイルを組み、登攀活動を展開。五八年設立の第二次ＲＣＣ同人となる。六五年八月、アルプス・アイガー北壁に日本人初登攀を果たすが、パートナーの渡部恒明が墜死。六六年八月にマッターホルン北壁、六七年八月にグランド・ジョラス北壁を登攀して、日本人最初の三大北壁登攀者となる。

者となる。

以後、三大北壁挑戦はさらに困難の度を強め、一九七七、七八、七九年、長谷川恒男がマッターホルン、アイガー、グランド・ジョラスの順に、各北壁の冬季単独初登攀を達成する。

右に見たように、本書の著者・高田光政は、日本人最初のヨーロッパ・アルプス三大北壁登攀者であり、本書は、三十三歳にしてその栄光を手中に収めるまでを自ら率直に綴った半生の記である。この、ロック・クライミングに賭けた長く激しい青春の記は、哀歓と苦闘に満ちてドラマティックに展開する。集団に埋没することなく、つねに自己を保持して歩み続けたクライマー・高田の半生の軌跡は、読む者に鮮烈な衝撃を与えずにはおかない。

最初の北壁挑戦――アイガー（標高三九七〇メートル、北壁千八百メートル）では、著者とパートナー・渡部とが栄光と墜落とによって生死を分ける（「第二部・アイガー北壁」）。八月十二日朝、鉄道トンネル入口を出発し「ツバメの巣」でビバーク。十三日、「氷の管」を通り「第三氷田（雪田）」上の「ランペ」でビバーク。十四日、「もろい岩棚」上の「神々のトラバースへ出る割れ目」で著者が三十メートル墜落、肋骨を骨折しビバーク。十五日、「白い蜘蛛」をへて「頂上へ抜け出る割れ目」で渡部が三十メートル墜落、「白い石英」を過ぎ「コルティ・ビバーク」上の「カミーン」で渡部が再び四十メートル墜落し、左足を骨折――〈ここで留まり、救助隊が来るまで待つか……それとも単独で今日のうちに頂上へ登り、一刻も早く麓に知らせるか〉著者は迷う。

けっきょく著者は、単独で「頂上氷田」からミッテルレギ稜へ出て頂上に達し（十五日二十一時ごろ）、西稜を下って救助を求める。頂上直下三百メートル地点で墜落した渡部は、さらに千二百メートル落下して遺体で発見された。渡部の就職の世話をしていた『アルピニスムス』編集長・ヒーベラーが駆けつけて語る――〈ワタベは傷の痛みと孤独に耐えきれず、みずからザイルを解き、空中へ身を投げすてたのだ……人間はあのアイガー北壁で単身では耐えきれないのだ〉と。

著者最初の栄光は、個人実力主義に拠って選んだパートナーの墜落死を伴って、辛く苦かった。日本国内の非難と白眼視に耐えて著者は、六六年にマッターホルン（標高四四七八メートル、北壁千二百メートル）、六七年にグランド・ジョラス（標高四二〇五メートル、北壁ウォーカー稜千二百メートル）の北壁登攀をみごとに達成した。

『北壁の青春』 一九六八（昭和四十三）年六月あかね書房刊。B6判・三百ページ。厚表紙、函入り（撮影・中沢義直のカラー写真使用）。巻頭に三大北壁のカラー写真（四ページ）、登攀ルート、パートナーなどのモノクロ写真十七点（八ページ）の口絵。本文中四カ所にカラー写真六点（各二ページ、裏白）、モノクロ写真十六点で構成した「思い出の登攀」「ヨーロッパの岳人」各四ページを別刷で配する（撮影は著者ら五人）。本文は「第一部　山に賭けた青春」「第二部　アイガー北壁」「第三部　マッターホルン北壁」「第四部　グランド・ジョラス北壁」からなり、六五年までの国内登攀と六五年から三年間のヨーロッパ・アルプス岩壁遍歴とスキー行脚を記す。

日高信六郎
『朝の山 残照の山』

一九二一（大正十）年九月十日、槙有恒が果たしたアイガー東山稜初登攀は、日本山岳界に新しく"岩と雪の時代"の開幕を告げる快挙として広く知られている。それに比べると、同年八月七日、日高信六郎によるアルプス最高峰モン・ブラン（当時四八〇七メートル）日本人初登頂は、意外に知る人が少ない。それは、日高によるこの初登頂が、日本山岳界で幕を下ろそうとしていた"登頂と探検の時代"の延長線上に位置づけられ、時代の新旧が入れ替わろうとする、まさにその時期の活動だったからだろうか。

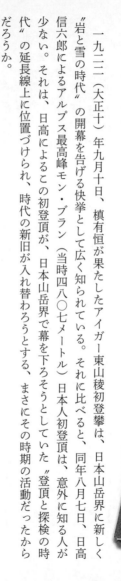

日高は、大正期初頭、新たな登山活動の先端的な担い手となってゆく学校山岳部の、草創期をリードする役割を果たしている。一高～東大時代の日高は、梅沢親光、木暮理太郎、武田久吉、田部重治、高野鷹蔵、辻村伊助ら、日本に近代的登山活動を生み出した諸先達から直接の指導を受けた。以来、生涯登山に親しんで、太平洋戦争後には、日本山岳会ヒマラヤ委員会委員をつとめ、のち会長となる。また、戦中にはイタリア大使の任にも就いた外交官・登山家である。

日高が福岡県立修猷館中学校（旧制）から第一高等学校（旧制、東京）に入学したのは一九一二（明治四十五・大正元）年。日高は、若松（現、北九州市）の小学校時代から近郊の高頭山などの丘陵や鶴見岳連山に登っていたが、中学に進んで山岳への傾倒をいっそう強くする――〈宝満山から三郡山、背振山などに、足しげくのぼったり、英彦山、由布岳などに歩をのばす〉。一九〇八（明治四十一）年、十四歳・中学二年の日高少年は、日本山岳会機関誌「山岳」を識り、寮の図書室で手にした高頭式著『日本山嶽志』に挿入されていた〝山岳会〟入会申し込み書を使って、同会への入会手続きをとる。そして一一（明治四十四）年夏――〈四国に渡って石鎚山にのぼったのち、九州にもどり、大分をふり出しに、湯の平温泉から歩き出し、開墾がはじまってまもない千町無田を通って、九重山山麓の寒の地獄の冷泉にとまり、霧にまかれて星生山から久住山にのぼった。翌日は神原《こうばる》から祖母山頂をきわめ、五ヶ所に下りて高森まであるき、阿蘇の中岳、高岳にのぼったのち、熊本に出て、十余日にわたる九州横断の山旅を終った。毎日一山のぼっては、次の山麓まで五里（約二十キロ）以上のみちを、夜をかけてテクるという、強行軍の一人旅であった〉（「九州の山旅」）。そんな日高が入学した一高では……。

一高では、陸上運動部の大木操が、寮で同室のボート部員・守島伍郎らと山歩きを楽しんでいた。守島が修猷館同窓の縁で日高もこの仲間に加わり、やがて、大木の主唱で山岳会設立へと動き出す。梅沢親光の助力を得て、一九一三（大正二）年六月（「山の追憶」では〝五月〟）、日高らは陸上運動部内に一高山岳会を設立する。発会式では、日本山岳会幹事の高野鷹蔵、辻村伊助のスライド付き講演会、夜は小島烏水の談話会を催した。設立記念の山行は〈中房から燕常念槍に登り、上高地に下りて前穂高と焼岳に登る〉コース（「略年譜」では翌一四年の山行としてある）。翌一四年、一高山岳会は〈旅行部という名の下に校友会運動部の仲間入りを認められることになったが、最初の部費は僅か五十円、それを握って築地の片桐のおやじのところ（片桐帆布店）に馳けつけ、テント大小三つを大割引きで作ってもらった〉。

旅行部委員の日高らは、〈日本アルプス、赤城尾瀬大台原などに登山班を出したり、研究講演展覧会登山行などもっぱら登山趣味の普及に努める〉活動を展開する。〈志賀重昂・柳田国男・山崎直方・丸山晩霞・徳川義親などの人々はよろこんで講演会や座談会に来てくださった〉し、〈木暮さんのお住いは一高の寮に近い本郷蓬萊町にあったので、ずいぶんしばしば夜分不意に押しかけたり〉〈木暮さんを偲ぶ〉して冠松次郎を識る。こうして日高は、岳界に知己を拡げ、また〈赤城の猪谷（猪谷六合雄経営の宿）にこもる〉なども含め、各地山岳に大規模な縦走を積んで学窓を巣立つ。本書は、藤島敏男に教えられて登頂した「武尊山」「白砂登山記」など学生時代の山行に拠る紀行・回想七篇を収めている。

日高らによる一高山岳会の設立と活躍は、どの分野であれ一高に対抗心を燃やす第三高等学校（京都）の生徒たちに強い衝撃を与えた。三高も同じ年十月に山岳会を設立して一高を追い、これを機に他の旧制高校にも山岳部設立が相次ぐが、それがピークに達した大正期半ば、日高は外交官としてヨーロッパに赴任する。日高は、在外公館勤務や国際会議の合間を縫って、アルプスをはじめピレネーなどの山岳に登り各地に旅行した。本書中に、これにかかわる紀行・回想・通信など五篇を収めているが、ハイライトは、なんといっても「わが青春の山」と副題を付した「モン・ブラン」であろう。

一九二一（大正十）年、日高はすでに二十八歳に達している。この年一月、日高はユングフラウをめざしていたが、吹雪に遭い、頂上直下で登頂を断念したのだった。七月から八月にかけて、日高はシャモニに二週間滞在し、〈かねて目星をつけておいた〉アルプス最高峰への登頂を敢行する。日高のこの登高は、木暮理太郎あて書き送った「ヨーロッパからの通信」を併せ読むと、いっそう鮮明になる。

七月三十日にブレバン（二五〇〇メートル）、八月一日にブュエ（三一〇〇メートル）登頂、三日にメール・ド・グラスで氷河渡り。六日から登り始めてグラン・ミュレの小屋に泊り、七日午前一時半出発、グラン・プラトーを経て〈午前九時すぎ頂上についた。四八一〇メートル、西欧の最高峰である〉。〈そのとき、あらい息づかいが聞こえて、黒いスエーターの小柄な中年紳士があらわれた。握手を交わ

日高信六郎（ひだか　しんろくろう）　一八九三（明治二十六）年〜一九七六（昭和五十一）年。神奈川県久良岐郡太田村（現、横浜市内）で高橋家に生まれ、五歳のとき、祖母の実家・日高家の養子となる。福岡県立修猷館中学校、第一高等学校（ともに旧制）を経て東京帝国大学法学部に進み、一九一九（大正八）年に卒業、外務省に入る。フランス、スウェーデンの在外公館員、南京総領事を経て四三（昭和十八）年、イタリア大使となる。小学生時代から福岡近郊の山に親しみ、中学二年生（十四歳）のとき、「山岳」、高頭式『日本山嶽志』に接して日本山岳会に入会、九州・四国の山に登り続ける。一高時代、旅行部の初代委員を務め、東大時代にかけて各地山域に足跡を拡げる。フランス大使館勤務中の二一（大正十）年八月、モン・ブランに日本人初登頂を果たしてフランス山岳会に入会。日本山岳会会長、自然公園審議会委員、日本山岳協会海外登山審議会委員長などを歴任。享年八十三。

すひまもなく彼は〝ムッシュー、踊りましょう〟と……有無をいわさず私をかかえこむのであった〉。

意欲的に山岳と向き合うかぎり、日高の青春は年齢を超え、終わることはなかったのだ。

『朝の山　残照の山』　一九六九（昭和四十四）年十月、二見書房刊。A５判・三百五十ページ。厚表紙・布装・貼函入り。装丁は佐藤久一朗・堀内俊宏。愛鷹山で富士を背景とする「著者近影」（撮影・小野利次）を巻頭口絵（モノクロ）に、川喜多壮太郎による挿絵十六点（単色、各一ページ）を本文中に収める。安川茂雄の編になる本文は三部構成で、１は「山は終生の友」など紀行十七篇、２は「山の追憶」など研究・考証・評伝など七篇、３は「ヨーロッパからの通信」など随想・紀行二十四篇。巻末に、著者の登山歴を主とする「略年譜」と、本書収録の全四十八篇に関する「執筆年鑑」を付す。本書には三百部限定の特装版もある。ヤマケイ新書『山の名作読み歩き』に「南アルプスへの郷愁」「山は終生の友」を収録。

川崎精雄『雪山・藪山』

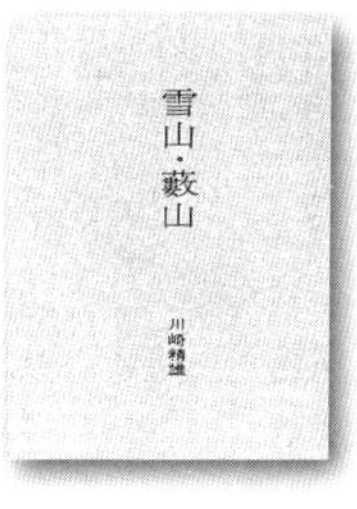

本書茗溪堂版の付録に、上田哲農が「頑固な山」と題して書いている。――〈山登りは頑固でなければならない。……山登りなんてそこへ登ろうとする個人のものなのですから、登りたいと考える山も自分の心で選び、その登り方の傾向を自分で納得のいくものであることが本筋で――だとすれば、他人からみていきおい頑固なものとなってくるはずです。……この頑固さをひそめている人は案外すくなく、また、その数少ない人だけが本当の山好きのような気もするのです。川崎さんは、……円満なくせに、その山登りはまことに頑固なのです。……わたしたちのように（岩登り、スキー登山など新しい形式の山登りに夢中になり）北アルプス一辺倒ではなく、……渋い、しかも奥深い山々をさがしだしては、こつこつと登っていました。つまり、ほんとうに登りたいなあと思ったところへ自分で道を拓いていったようです。川崎さんのこの登り方は三十年間一貫していてすこしも時流にまどわされていない〉と。

そんな川崎の登山観を、最も端的に示している論稿のひとつに「やぶをこぐ」がある。「あるえせやまおとこのたわごと」と副題があり、際立って諧謔的なこの一文は、一九四一（昭和十六）年に発表されている。川崎は〈一体、道のある山を登ることが、果して登山といえるかどうか〉と疑問を呈し、

〈道のある山登りの安易さに比べて、岩登り、沢の溯行、藪こぎの山には、遥かに真剣味がある〉という。どれもひとしく自然に親しむ登山行為だが、岩登りには〈形而上学的に知性〉が、沢の遡行には〈どこまでも潜り込んで行く人間性の執拗さ〉が感じられるのに対して、藪こぎは〈単純な野蛮〉でしかない。

だが、〈人は雑踏の中を行く時、前方を遮る人々を、片っぱしから跳ね飛ばして闊歩したい衝動を感じる。これは太古、草木を蹂躙して横行した恐竜や巨象時代から、今日の人間時代まで受け継いだ我々本来の性質である。このバーバリズムを自由に楽しみ得る者は、実に、藪を無茶苦茶にこぐ時の登山者だけである〉。〈藪こぎの山登りは、最も原始的なものだ。ここには道も小屋もないし、ピトンもカラビナも使用されない。……うだるような真夏に、こんな古臭い山登りをする「蓼喰う虫」が、少しは棲んでいたとて差し支えなかろう〉。

事実、上越や東北の山で、藪こぎの悪戦苦闘を綴った紀行も少なくない。たとえば「中ノ岳と荒沢岳」（一九三二年）中のマエグラ尾根無雪期初登攀のくだりや、懐中時計をナナカマドにはねられて飛ばしてしまったうえ、肩に肉離れまで起こした「荒海山」（一九四〇年か）などがそれだ。そして後年（一九六六年）には、〈地元の山岳会や宿屋がやたらに山道を開きたがる傾向を、やめて貰いたく思っている。残り少ないよい山を俗化させることには大反対である〉（「大嵐山」より）と言い切るに至る。いかにも『藪山』の著者らしい。

また〈山でも、トランジスターラジオを腰に鳴らしながら歩いたり、頂上でコーラスをやるだけの、単に都会生活を持ちこむだけの山登りは、やりたくない〉。〈派手な服装のスキーヤーたちが、リフトに乗っては滑るだけのスキーを繰り返している。私には、そういうスキーは出来ない。少なくとも、自分の足で登るのでなければ〉（「冬の小さな峠で」より）とも。

かくいう川崎は、藤原や尾瀬を拠点に、豪雪地帯の上越や、利根川・只見川源流の山々で、スキーを駆使した活動を早くから積み重ねてきた。本書の「平ガ岳と至仏山、笠ガ岳」（中公文庫版は「三月の平ガ岳」）、「会津駒ガ岳と尾瀬の山々」「小沢岳と奈良沢上流」「鳥甲山と佐武流山」などの紀行に詳細な記録を付して、それらは綴られている。

川崎精雄（かわさき　まさお）　一九〇七（明治四十）年～二〇〇八（平成二十）年。神奈川県生まれ。中央大学法学部を卒業して三菱銀行に入行。大学在学中、山岳部に所属。以来、北アルプス、南会津、尾瀬、上越を中心に各地の山域に足跡を残す。ことに、利根川上流の藤原周辺（旧核心部は藤原湖に、芦沢・上ノ原が洞之湖に沈む）から奥只見にかけて、未開の山々を精力的に踏破した活動は高く評価されている。この活動のうち、一九三一（昭和六）年八月、単独の中荒沢～マエグラ尾根～荒沢岳は無雪期の、四〇年四月、屋敷～鳥甲山、和山～佐武流山はスキーによる初登頂。また、三三年三月の平ヶ岳スキー登山、三六年（推定）四月の小沢岳スキー登山、四〇年（推定）十月の荒海山単独登頂なども、川崎による紀行がほとんど最初の記録である。大学卒業後は、おもに日本登高会、南会津山の会に拠って継続した。日本山岳会会員。著書に『山を見る日』、共著書に『静かなる山』などがある。享年百一。

パイオニア・ワークに挑みながらも、川崎の筆致は淡々としてまったく気負いがみられない。風景や行動の描写が簡潔で美しいのは、俳句で練られた文章力に負うているのであろう。本書中の俳句を吟味すると、川崎の山登りと折々の感懐はさらに鮮明になる。この部分に限らず、本書には、風景や自然の営みに接して脳裡に浮かんだクラシック音楽の曲名、泰西名画の題名が頻出する。また、古今東西の書物からの引合いも多く、読む者に、この著者が博学多趣味の教養人であるとのイメージを抱かせる。

一方で川崎は、〈山のためには勤め先を休まない〉をモットーに、〈一日も休んだことはない〉ほど自らを厳しく律してきた銀行マンでもある。だから、〈苗場の周囲を大きくめぐる旅〉の最終日には、朝五時半に赤湯を発ち、赤湯山〜栃沢〜三国街道〜二居峠〜八木沢を経て夜中の十二時に湯沢駅に着き、夜行列車で帰京する強行軍もあえてした。

さて、ここで、四十八篇からなる本書の構成について概観すると、それぞれの論稿の内容から三つのグループに大別できる。第一のグループは、冒頭の「八ガ岳の裾野」から「湯の花」までの十三篇で、著者四十数年の登山活動を集約的に述べる随想風のもの。「夜道」「邂逅」「九月の断片」などは、豊富な活動なしには成立しない。第二のグループは、一九二〇年代末から四〇年代初め、著者二十代から三十代までの時期の紀行二十四篇。「南会津秋の峠越え」から「鳥甲山と佐武流山」まで。川崎が執着した北関東から上越、尾瀬、南会津にかけての山域への精力的な活動を重層的に綴ったもの。第三のグループは、一九五〇年後半以降、著者五十歳以降の山歩きについて述べたもので、「叶山、二子山」から「湘南の旅」までの十一篇。同輩あるいは若年の岳友、息子や娘、さらには交友を積んだ山の人々との交流なども入ってくる。

ともあれ、登山を軸に、充実した人生を感じさせる本である。

『雪山・藪山』 一九六九（昭和四十四）年、茗溪堂刊。A5変形判・三百三十ページ。上田哲農の扉カットに続いて、巻頭に生沢朗の「穂高岳」を原色版で飾り、本文中に上田の挿画「登頂」と著者撮影のモノクロ写真十六点を別刷で配する。厚表紙、函入り。また、著者に由縁の深い日高信六郎、草野貞之、海野治良、上田哲農、望月達夫の五氏が著者について記したB6判八ページの付録がついている。本文は、昭和初期から四十年におよぶ山岳紀行、随想など四十八篇からなる。南会津、尾瀬、藤原周辺など著者好みの雪山・藪山に関するものが大半で、北アルプスなど知名度の高い山域のものは数篇しかない。別に、九テーマ四十九句の俳句を一ページずつ八カ所に挿入。一九八〇年、中公文庫に収められた。中公文庫版は本文から五篇を削除し、俳句は四テーマ四十句に取捨整理または入れ替え、写真は七点を残す。「解説」は岳友の望月達夫が執筆。二〇〇〇年、山と溪谷社yama - kei classicsシリーズに収められた。現在はいずれも絶版。

植村直己
『青春を山に賭けて』

植村直己は、自らの夢を追い、「未知なものへの探求」と「人間の可能性への挑戦」のために、まさに地球的規模で活動を繰りひろげた。植村の、あまりにも短すぎた生涯には、気宇壮大な〝冒険〟がぎっしりつまっている。本書には、その前半を形成する諸活動が活写されるだけでなく、率直な心情吐露も随所にみられる。破天荒だった植村の青春が語り尽くされていて、読む者を魅了する。

植村に〝冒険〟の生涯をおくらせた基盤は、明治大学山岳部で形成された。イタズラっ子高校生は、上京して一年間働いたのち、大学に進む。明治大学農学部農産製造学科を選んだのは、家業の農家を継ぐためではない。六人姉弟の末っ子は、〈志望者が少なくて、入学が比較的簡単だったから〉だと気楽にいう。登山経験はもとより、〈日本アルプスがどこにあって、そこにはどんな峰がそびえているのかなんてまったく無頓着〉のまま、山岳部の〈部室のドアをノックした〉。「山岳部なら緑のみられない都会の雑踏からのがれられ、自然の中で、山にも登れる〉。〈テントで一緒に生活することによって、おなじカマのメシを食えば、友だちを得ることもできるだろう〉という、淡く漠然とした希望を抱いて。

一九六〇（昭和三十五）年四月下旬～五月上旬、新人部員・植村は山岳部の新人歓迎山行で白馬岳に

連れてゆかれる。〈かかとに穴のあいた、しょぼくれた厚い毛の靴下と、底のすりへった登山靴〉をはじめ、シャツもズボンもザックもピッケルも、すべて上級生からの借り物だった。〈三、四十キロのザックを背負わされ、上級生のかけ声とともに登山が開始され〉てほどなく、植村の後悔が始まる。「新人哀歌」そのままの合宿は、〈へたをすると殺されてしまうんではないかとさえ思った〉一週間だった。二十人ばかりいた新人は一年後、五人になってしまったが、植村はやめなかった。それどころか、耳に残る保証人のことば――〈合宿の厳しさで途中退部するなんて人間のクズだ〉を守り通すべく、〈小さいときから百姓仕事で鍛えている〉体に自らトレーニングを課し、卒業までの四年間に延べ五百日以上を山で過ごす。後年（一九六八年）、アンデス山中を三十キロの荷を背に独り歩き、ジープに便乗したとき、新人時代六十キロを背負った体力強化合宿を想い出し、〈自分に厳しくなくては単独山行などできない〉と反省するくだりがある。

山岳部の活動のなかで〈アルプスの魅力にひきつけられ〉、〈自分の山行にも自信が出て〉くると、植村は黒四ダム～阿曽原峠～北仙人尾根ノ頭～池ノ平～劔沢～ハシゴ谷乗越～真砂岳～弥陀ヶ原に単独行を試みる。〈テントなし、スコップひとつでの雪洞生活五日の行程だった〉。単独行登山家・植村直己の芽が、いよいよふき始める。

大学卒業の一九六四（昭和三十九）年五月、植村はスケールの大きい青春の彷徨に旅だつ。東京オリンピックの年だった。アメリカへ渡り、農園で働いて資金を作り、夢のヨーロッパ・アルプスをめざす。シャモニから単独でモン・ブランに挑戦するが、クレバスに転落。九死に一生を得て再起を期し、スイス国境に近いモルジンヌのスキー場で仕事に就く。ここでのジャン・バルネ――スコーバレー冬季オリンピックで滑降のゴールドメダリスト――との出会いが、植村の壮大な夢のいくつかを実現させる支えになる。

ドラマチックな、それでいてユーモラスで人間味に満ちた植村の地球彷徨を、本書の叙述にしたがって列挙すると――一九六五年、明治大学山岳部初のヒマラヤ遠征にフランスから飛び入り参加し、ゴジュンバ・カンⅡ峰（七六四六メートル）登頂者に選ばれて成功。六六年、ヨーロッパのモン・ブラン（当時、四八〇七メートル）、マッターホルン（四四七八メートル）に単独登頂。同年、アフリカのキリマンジャロ（五八九五メートル）に単独登頂。六八年、南アメリカ・アンデスのアコンカグア（六九六〇メートル）に単独登頂。同年、アマゾン河源流付近から河口まで六千キロをひとりイカダで下る。六九年、日本山岳会エベレスト（八八四八メートル）登山隊の第一次、第二次偵察隊に参加後、七〇年、松浦輝夫とともに日本人最初の登頂者となる。同年、北アメリカのマッキンリー（デナリ・六一九四メートル）に初の単独登頂者となり、同時に世界最初の五大陸最高峰完登者に。七一年、山学同志会のグランド・ジョラス（四二〇八メートル）北壁冬期登攀に参加して成功。

めくるめくばかりの〝冒険〟は、ゴジュンバ・カン、エヴェレスト、グランド・ジョラスを除き、すべて植村単独の行動である。植村をして、かくも単独行に執着させた原因は、ゴジュンバ・カン登頂にある。明大隊初の遠征に、国内の準備活動にまったく関与しないまま飛び入り参加し、頂上に達してしまった〝うしろめたさ〟がそれである。植村はいう。〈どんな小さな登山でも、自分で計画し、準備し、ひとりで行動する。これこそ本当に満足のいく登山ではないか〉と。またマッターホルン登頂の際も、〈道からはずれた手の届かない岩棚の上に〉咲くエーデルワイスを見つけ、〈人の目につくような登山より、このエーデルワイスのように誰にも気づかれず、自然の冒険を自分のものとして登山をする。これこそ単独で登っている自分があこがれていたものではないか〉とも。しかし、エヴェレスト登頂にあたっては、〈私はこのアタックを自分のものとして考えているが、これはあくまで個人のものではなく、隊全体、日本山岳会全体のものである〉と揺れる。ところが、マッキンリーのカヒルトナ氷河に飛行機で運ばれたあと、〈氷の中のひとりぼっち。しかし寂しくはなかった。もともと孤独が好きなのか……。

植村直己（うえむら　なおみ）一九四一（昭和十六）年～八四（昭和五十九）年。兵庫県城崎郡国府村（日高町を経て現・豊岡市）生まれ。県立豊岡高校から明治大学に進み、山岳部で活躍。一九六四（昭和三十九）年、アメリカへ渡り、ヨーロッパ・アルプスをめざしたのを手始めに、地球彷徨を続ける。モン・ブラン、キリマンジャロ、アコンカグア、エヴェレスト、マッキンリーと世界五大陸の最高峰を完登（七六年にエルブルースにも登頂）したほか、アマゾン河六千キロのイカダ下り、グランド・ジョラス北壁冬期登攀に成功。一九七一（昭和四十六）年にはエベレスト国際隊、八一年には隊長として冬期エベレスト登山隊を率いるが不成功。七〇年代は北極圏の犬ゾリ旅行を敢行して、南極大陸単独横断に備える。八四年二月、マッキンリーに冬期単独初登頂したが、帰路、消息を絶つ。日本山岳会会員、国民栄誉賞受賞。著書に『エベレストを越えて』『極北に駆ける』などがある。享年四十二。

慣らされたのか……。むしろやっとひとりになったのだという安堵感さえあった〉と戻ってしまう。
植村直己には、やはり単独行がふさわしい。南極大陸の単独横断をめざして北極圏を犬ゾリで走り続けた植村は、一九八四（昭和五十九）年二月、氷雪のマッキンリーに出かけ、見果てぬ青春の夢を抱いたまま帰ってこない。〝生きて還る〟をモットーに、おおらかに見えて、じつは周到な計画、創意工夫に満ちた細心の準備、慎重な行動に徹した植村だったのに。

『青春を山に賭けて』 一九七一（昭和四十六）年、毎日新聞社刊。B6変型判・三百六ページ。著者の明治大学山岳部入部から、グランド・ジョラス北壁冬期登攀成功までの〝冒険〟を語る青春放浪記。著者最初の著作で、七七（昭和五十二）年、文春文庫に収められる。

安川茂雄『日本アルプス山人伝』

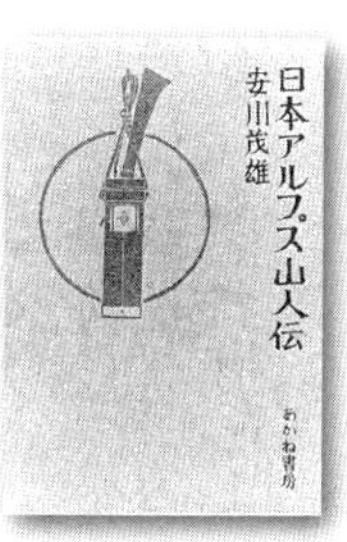

一九六九（昭和四十四）年六月、奇しくも二冊の日本登山史が刊行された。安川茂雄『近代日本登山史』（あかね書房刊）と山崎安治『日本登山史』（白水社刊）である。ともに多年の蓄積を基礎とし、資料の博捜に裏づけられた労作だが、それぞれの歴史観はきわだって対照的であり、叙述スタイルはまったく異なる。

原始宗教における山岳信仰、山の先住民族の遺跡から説きおこす山崎は、中世、近世から近代へと時代の流れを追う。当然、近代以降に多くのページをさくが、日本山岳会を結成し、メインカレントを形成した学士・学生ら、エリートたちの登山活動と日本アルプスにウェイトをおいた叙述に終始する。一方、近代以降を主な対象とした安川は、日本アルプスやエリートだけではなく、谷川岳の岩場など、社会人によって拓かれた山域や活動へも目を配る。作家らしいエピソードの挿入や臨場感を抱かせる叙述も豊富で、いわゆる〝歴史書〟のスタイルにはあまり固執しない。

安川は、この大著をまとめる作業のなかで、〝登山史の裏方〟――山人の存在と役割とに強く惹かれる。山崎が名を記すのみだった彼ら山人について、安川は、「登山の普及と案内者」などの項を設けて論じてはいる。しかし、山人を登山史上に正当に位置づける本格的な作業は必ずしも充分ではなかった。その後ろめたさを払うかのように、安川は、登山史刊行直後の二年間を充当して、『近代日本登山史』の〝側面記〟ともいえる、この『日本アルプス山人伝』を完成する。それは、登山史執筆と並行して、一九六七(昭和四十二)年八月から一年間、「山と渓谷」誌連載の論稿が基礎となっている。

山人に惹かれた安川の想いは、はしがきに代わる「序章」に詳述されている。〈正式に山人をガイドに傭って山歩きをした経験は一度とてない〉安川だが、〈高山渓谷への探検登山はわがくに登山史においても白眉の一時期で、この舞台の裏手にあって活躍した一群の人びとこそ忘れてはならないだろう〉との認識をもつ。

それは、島本恵也の『山岳文学序説』(一九五三年、塔影詩社刊、非売品。一九八六年、みすず書房刊)に触発され、小島烏水『山の風流使者』(一九四九年、岡書院刊)中の「早期の山案内としての猟師銘々伝」に惹かれて生じた興味と関心だった。

安川は、〈往昔の登山者とガイドの関係〉を〈純粋に生活的であり人間的であった〉と想像する。〈山好きの独善性〉〈少数者的な一種の疎外者の立場〉〈知的な都会人でありながら自然の野性を愛する一途な烈しさ〉から、〈十九世紀ロマンティシズムにおける異国趣味にも似た山への信奉〉を抱く登山者。このような登山者だからこそ、「猟師であり釣師であるガイドとかたい紐帯をつくりえた」。そして、〈ガイドが存在してこそ、山における登山者は被護され一層充実し、それなくして彼らの山は存在しえなかったはず〉だし、〈同行したガイドの素朴な一言によって、これまでの山とは全く別格の山が登山者に見られたし味わえた〉。

〈下界に住む登山者と対照的〉な〈山岳界の住人〉である山人は、父祖伝来の猟師、釣師、杣夫などとして山の生活を営む。また、柳田國男に拠って〈天狗―山神―山鬼―仙人―山人〉という図式を立てた西岡一彦のような捉え方もある。そのような山人に対して登山者は、〈山という自然と取組んだ時間に

安川茂雄（やすかわ　しげお）本名・長越成雄。一九二五（大正十四）年〜七七（昭和五十二年）年。東京生まれ、浅草育ち。芝浦工専建築科、早稲田大学文学部仏文学科を卒業。中学生時代から東京近郊の山に親しみ、やがて岩登りに専念。太平洋戦争中〜敗戦直後、明神岳西壁、谷川岳南面幕岩フェース、一ノ倉沢滝沢スラブなどに初登攀を記録。一九四六（昭和二十一）年、日本山嶺倶楽部を創立、五八（昭和三十三）年の第二次RCC結成に参画、六六（昭和四十一）年、同ヒンズー・クシュ登山隊隊長、七〇（昭和四十五）年、同パミール登山隊隊員。早大卒業の翌年（一九五二年）、文芸同人誌「現象」を創刊し、専攻したバルザックの翻訳、論文を発表する。一方、三笠書房に勤め編集長となる。六〇（昭和三十五）年以降、退社した三笠書房はじめ朋文堂、二見書房、あかね書房、東京創元社の顧問格として山岳図書や雑誌の企画・編集を推進。「現代登山全集」「日本山岳名著全集」「現代アルピニズム講座」「世界山岳名著全集」「大島亮吉全集」などがその代表的業績。また雑誌「山小屋」「ケルン」「スキーアルピニズム」などの中心的な編集同人として活躍。七四（昭和四十九）年、四季書館を設立して社長となる。つねに旺盛な執筆活動を続け、著書は研究書『谷川岳研究』『近代日本登山史』、山岳小説『霧の山』など多数。享年五十一。

おける生命にたいする清明感から生じた〉〈信頼、友情、畏敬といった情念〉を抱き、人間的な関係を結んだと、安川は論ずる。

だが、〈そのような山の時間〉〈そのようなよき時代〉は〈日本から失われ〉、〈再びそのような山も人も現われることはないだろう〉という安川は、〈ガイドとは登山史の裏方のような存在〉であると改めて思う。そして、〈多く彼らはかげの人〉であり、記録や報告の記述の不正確さから、〈彼らの山行における寄与について正当に評価しがたい場合がきわめて多い〉事実を指摘する。

右のような基本的な立場を明らかにして安川は、往時の名ガイドたちやその仲間・係累の活動と生涯を、登山史上の事実と登場人物に即して論ずる。佐伯姓が多い立山・芦峅寺《あしくらじ》のガイドたち。ウェストンと行をともにした、日本における山岳「ガイドの始祖」上條嘉門次。劔岳に三角点を設ける作業で登路を発見し、冠松次郎らの黒部探査を導いた宇治長次郎。今は湖底に沈む平に小屋をかまえて〝黒部の主〟と呼ばれる伝説的な山人・遠山品右衛門。百瀬慎太郎の唱導で大町登山案内組合を結成した人々などが次々に登場する。赤石山脈や飛驒の山人にもふれ、山人の変貌を示し、山人のかかわる登攀記録も紹介する。

安川は、このユニークだが貴重な著作を〈すでに高山渓谷の失われつくした日本の山地に、もはや山人などの存在する余地はないであろう。だが、〉〈山人が存在しうる大自然こそ私たちの愛してやまない真の山であり、渓谷であり、高原ではないのか〉と結ぶ。

そして「あとがき」では、〈『近代日本登山史』『日本アルプス山人伝』をさらに咀嚼反芻して充実した近代日本登山史をまとめてみたい〉と願望を記しつつ、ついに果たせぬまま、多忙な生涯をあわただしく終えてしまった。

『日本アルプス山人伝』 一九七一（昭和四十六）年五月、あかね書房刊。四六判・三百五十二ページ、厚表紙、函入り。著者が二年前に刊行した『近代日本登山史』の側面記ともいえる内容で、序章の「登山史の裏方たち」に続く「立山登拝から剣登山へ」「ガイドの始祖嘉門次と槍・穂高」「剣、黒部をめぐる名ガイド群像」「〝黒部の主〟遠山品衛門と山人たち」「〝大町登山案内組合〟と山岳会」「赤石山脈と飛騨の山人たち」「新しい時代の山人たち」の七章から成る。本文でとりあげる山人のうち主だった人々の写真十二葉（肖像画一点を含む）を四ページの口絵とし、本文に関連する論文五篇を付録とする。装丁・題字は佐藤久一朗。一九八一（昭和五十六）年、二見書房が再発行。判型をB６判にして口絵を八ページに増したほか、装丁を一新、貼り函と見返しに由木礼の版画、本扉に中村清太郎の水彩画を用いる。いずれも絶版。

平野長靖『尾瀬に死す』

尾瀬沼畔・長蔵小屋の三代目、平野長靖は、一九七一（昭和四十六）年十二月一日夜、終日に及ぶ豪雪との苦闘の末に倒れ、三十六年の短い生涯を閉じた。この長靖の遺稿集に付された題名は、彼の逝った場所が尾瀬であった事実に由来するだけではない。長靖が、観光開発の名で進行する尾瀬の自然破壊に抗する闘いに文字どおり生命を賭け、燃え尽きた彼の生そのものを簡潔に表現している。

一九三五（昭和十）年、三十六年前の奇しくも同じ日、生後百日目だった長靖（沼田町の母の実家で誕生）は、母・靖子に背負われて雪の三平峠を越え、初めて長蔵小屋に入った。――〈その日は三平峠の岩清水あたりから、雪が激しく降り始め、峠の見晴しに着いた時は、すでに二十五センチくらいの積雪となりました。戸倉の萩原さんにラッセルをしてもらい、猛烈に降り続く雪の中を赤児をかばうようにしながら、ミルクを飲ませつつ、峠を沼の方に向って歩きました。沼岸の砂浜に着いた時は雪が膝より上にかかって萩原さんも大変なようでした。藁沓《わらぐつ》で進む雪の道は困難を極め、萩原さん、父親、私と、ただ黙々と一足一足ゆっくりゆっくり、前進につとめました〉（「生いたちの記」平野靖子）。

苦悩のすえに三代目を継いで九年目、長靖は、北海道新聞社勤務中に知りあった紀子と結婚し、二男一女の父親になっていた。長蔵小屋の経営に当たる一方、「尾瀬の自然を守る会」を発足させ、大清水から三平峠に至る自動車道阻止のために、休む暇もなく東奔西走。文筆によるキャンペーンにも精を出し、時の環境庁長官・大石武一に直訴もした。

十二月一日、この日、小屋の越冬準備を終えた長靖は、朝、二人の従業員とともに出発。三平峠を越えて、妻子が待つロッジあすなろ（片品村戸倉に前年完成）に泊まり、翌二日には、東京で開催される「尾瀬の自然を守る会」の会合に出席する予定だった。すでに何百回も往復して熟知していた三平峠越えだったが、胸まで埋まってなお降り続く豪雪に難渋を極め、夏なら一時間とはかからぬ峠上に達したのは、夕方五時近く。終日、体力の限界を超す苦闘を重ねて岩清水を過ぎ、一ノ瀬休憩所を目前にして長靖は倒れた。途中からの同行者たちが先行し、休憩所から電話でロッジに急を告げたのは夜十時すぎ。ブルドーザーとジープが救援に駆けつけたときは、すでに遅かった。

自然は一方で、人間が手厚く保護しなければ滅びてしまう弱さと繊細さとをもっている。しかしまた他方で、人間を拒否して寄せつけぬ荒々しさと厳しさをももつ。その荒々しい厳しさに、長靖をして敢えて駆りたてたものは何だったのか。豪雪の峠を生命を賭して越える——峠の麓には愛する妻子が待っている。安らいだ心豊かさを共有しあえる家族への熱い思い。休む暇のない日々のなかで、ともにある時間の少なさに対する抑えがたい後ろめたさ。それればかりではあるまい。自ら発足させた「尾瀬の自然を守る会」の活動に対する誠実な責任感。読み書き考える知識人として、思考中心の生活に陥りがちな傾向を克服すべく、過酷なまでに自らに行動を課す自己規律。

この遺稿集は、長靖のそのような人格形成の過程で生じた、さまざまな体験や出逢いや苦悩や喜びを鮮明に浮かびあがらせる。いや、むしろ、人格形成の過程そのものといってもよい。だから、紀行、山岳随想、地域研究などを主にした、いわゆる山岳書とはおおいに趣を異にする。長靖の祖父・長蔵は〈高山植物の咲く湖のそばに立つ燧《ひうち》ヶ岳という山の神を祭り、この静かで美しい地を人々に紹介しようとした〉。〈小学校も満足に出られぬ山村の貧農の子でありながら、漢学と日本の古典を深く愛し、神道に仕える頑固一徹な人でしたが、若くして村から排斥され、栃木県の今市に移って、そこから幾つもの峠を越えて何十キロも離れた尾瀬への道を開拓しました〉。

〈父（長英）は中学には行けず、高等小学校を終えると、やがて独学で小学校教師の資格を得ました。しかし、祖父は父の希望を許さず、父も学校を終えるとすぐに、祖父と共にむしろをかぶって眠り、重い荷を負い、道を切り拓く生活に入りました。やがて湖畔には、小さな小屋が立ち（一九一五・大正四年、尾瀬沼東岸の現在地。それまでに、長蔵は明治二十三年に参籠所を、明治四十三年に小屋を、沼尻に建てている）、ポツリポツリと旅の人が泊り、昭和が近づくと、画家や一高の学生も訪れるようになりました〉。〈祖父が漢学者風の気骨の士であったのに対し、僕の父は万葉を愛し、アララギ派の歌人や藤村も読み、トルストイやドストエフスキーまで読もうとした、祖父から見れば軟弱な青年でした。山小屋の毎日の中で、父は人間を慕い、恋にあこがれ、祖父の死の日まではどうしても山に生きつづけることに決心がつかなかったと言います。しかし、祖父の死は父の心を転換させ、父は三十を目の前にして、生涯をこの地に埋もれる決意をかため、まもなく、利根川の上流の町から、高女を出た母（靖子）

を迎えました〉――長靖が京大時代に綴った「長蔵小屋の父と子」の一節である。〈自分が育まれたこの美しい山の沼を愛し〉〈ここを切り拓き、ここを守るために生涯を捧げた祖父と父に、深い愛着と尊敬の念を持つ〉と長靖は言う。〈僕は長男です。父はもう五十も半ばを越え、最近髪の薄くなったのが目立ちます。僕は大学を終えたら当然父と共に、やがては父の後をうけて、この尾瀬の山小屋を続けて行くものとされてい〉ることを自覚しながらも、〈ここに生きる唯一の目的を感じることは出来ないでい〉る自分。〈子が父と同じものを生甲斐として行かねばならない、ということは決してないでしょう〉、〈僕には別の価値もありうるのです〉から。結局、長靖は、京都から尾瀬を通り越して遠く札幌に移り、四年を過ごす。

労働組合やサークルの活動に打ち込みながらも、「尾瀬に帰るべきか」と自らに問い続けねばならぬ

平野長靖（ひらの　ちょうせい）　一九三五（昭和十）年～七一（昭和四十六）年。群馬県、尾瀬沼東岸・長蔵小屋の二代目、平野長英の長男。利根郡片品中学から県立沼田高校に進み、三年次に生徒会副会長。五四年、京都大学に入学、文学部国史学科に進む。自治会活動で活躍する一方、クラス誌などに寄稿する。五九年月、北海道新聞社入社、編集局で校閲部、整理部に配属される。労働組合活動、うたごえサークルに積極的に参加し、機関紙編集を担う。六三年五月から長蔵小屋にもどり、三代目経営者となる。七〇年末、戸倉にロッジあすなろを建てる。尾瀬の自然破壊に抗する運動を精力的に展開。大清水～三平峠の自動車道路工事を、環境庁長官に直訴するなどして中止に追い込む。七一年十二月一日、三平峠で豪雪のため遭難死。享年三十六。

長靖の苦悩は尽きない。〈家を飛びだしたのが、必ずしも逃避のためばかりではなかったことを、もう一度確かめる〉ことに〈失敗したなら、当然ぼくは尾瀬に帰り、敗北するまで可能なかぎりの努力をするでしょう〉。〈尾瀬から逃げ出すのが逃避であったように、逃避として尾瀬に入っていくということもありうる」……。そして、弟・睦夫の死（一九六一・昭和三十六年）を契機に、長靖は尾瀬入りに傾いてゆく。「引き裂かれた春」の心境、〈確かにぼくは完敗した。けれども完敗は無条件降伏ではない。敗北の苦さを、重さを、全身で受けとめながら、新しい生活を、次の転換を準備しよう〉で、〈負けないぞ、負けるもんか、おれはもう一度おれの信念を守る生活に立ち返る。もう一度きっと労働者になる。三平峠よ、もう一度お前に別れを告げてやる。そうつぶやきながら、残雪の峠を越えてきた〉長靖。〈自分の時間、自分の空間をはっきり確保すること〉を志しながら、強いられた自然破壊の状況に誠実に対処し、三平峠で、自らの生に別れを告げてしまった。

『尾瀬に死す』一九七二（昭和四十七）年六月、新潮社刊。B6判・三百七十四ページ。沼田高校、京都大学以来の友人、上坪隆・川瀬孝・後藤允・大門修一郎・高柳良治・原沢弘の六人が編集に当たった長靖の遺稿集。装丁・司修、各部扉のカットは著者自作および父・長英の作。厚表紙布貼でカットを箔押ししてあしらう。カバー装。見返しに「尾瀬概念図」、別刷二ページにモノクロ写真三点を収めて巻頭口絵とする。冒頭に編集者による「死を悼む—序にかえて」、巻末に母・靖子による「生い立ちの記」を付す。本文は五部構成で「Ⅰ・四季の尾瀬」四篇、『Ⅱ・沼田高校時代」詩を中心に二十二篇、「Ⅲ・京都大学時代」八篇、「Ⅳ・北海道新聞時代」十六篇、『Ⅴ・尾瀬時代」十三篇と、著者が〝尾瀬だより〟として発行したミニコミ『いわつばめ通信』への寄稿十四篇を収めている。

近藤 等『アルプスの空の下で』

近藤等はまず、ヨーロッパ、とりわけ仏語圏のアルピニストによる山岳書の邦訳によって知られる。近藤の訳業を年次順にたどると、概略は次のようになる。

一九五二（昭和二十七）年　ガジェ『山のスポーツ』／五三年　エルゾーグ『処女峰アンナプルナ』／五四年　マラチック『テンジンによるエヴェレスト登頂』／五五年　コスト『アルピニストの心』、レビュファ『星と嵐』、ハーラー『チベットの七年』／五六年　ロッシュ『ザイルのトップ』、レビュファ『モンブランからヒマラヤへ』、デジオ『Ｋ２登頂』など六冊／五七年　ラシュナル、エルゾーグ『若き日の山行』／五八年　ロシュ『山に還る』、コガン、レイナンジュ『白嶺』など四冊／五九年フォード『赤いチベット』など三冊。他に「世界山岳全集」所収の二篇／六〇年　レビュファ『雪と岩』、他に前記全集所収の二篇／六一年　前記全集所収の一篇／六二年　レビュファ『天と地の間に』／六六年　ボナッテイ『わが山々』／六七年　レビュファ『美しきマッターホルン』、フランコ、テレイ『ジャヌーへのたたかい』／六八年　ソニエ『メイジュの北壁』／六九年　ピエール『わが青春の山々』／七二年　レビュファ『氷・雪・岩』、デメゾン『素手の山』／七三年　レビュファ『太陽を迎

えに』／七四年　デメゾン『グランド・ジョラスの342時間』、レビュファ『モン・ブラン山群 特選100コース』／七六年　レビュファ『星にのばされたザイル』／七八年　セニュール『希望のアルピニズム』／八二年　デメゾン『大岩壁のプロフェショナル』／九五年　レビュファ『山こそ我が世界』／九八年　チェセン『孤独の山』／二〇〇三年　ボナッティ『わが生涯の山々』（共訳）

こうみてくると、きわめて精力的な近藤の訳業の多くが、昭和三十年代前半に集中していることがわかる。それは、近藤自身の意図によるばかりではない。日本山岳界が、当時、先進的ヨーロッパ・アルピニストの登山活動の思想と具体的内容とを、モデルとして強く求めていた状況にもよっていよう。日中および太平洋戦争のために日本の岳人たちは長く辛い活動を強いられ、昭和二十年代（一九五〇年前後）、彼らは戦後の登山活動を真剣に模索する。そのなかから、谷川岳一ノ倉沢、穂高岳前穂北尾根、北岳バットレス中央稜など積雪期未踏の岩壁に挑戦を試みるクライマーの活動が際立ってくる。彼らは、一九五八年、第二次RCCを結成する。そして、埋込みボルトの開発や季刊誌「岩と雪」創刊も、このころである。

いっぽう、ヒマラヤの八千メートル峰・マナスルをめざす日本山岳会の活動も一九五二年に始動、五六年には登頂を達成した。これらの動向に決定的なインパクトを与えたのが、自身も第二次RCC同人である近藤らによるヨーロッパ・アルピニストの著書の邦訳であった。

これらの著書の多くは、難度が高く標高差の大きいヨーロッパ・アルプスの岩壁登攀と、ヒマラヤ高峰の登頂をめざす活動を主題としていた。とりわけガストン・レビュファの『星と嵐』（原書は一九五四年刊）は、日本の若いクライマーに強い感銘を与えた。

レビュファはマルセイユ生まれ、親交を結ぶに至る近藤の一歳下で、岩壁登攀に優れスキーに熟達した、世襲でない山岳ガイド。一九三〇年代に初登攀されたアルプス最高級難度の岩壁を四〇年代に次々と再登し、五〇年、アンナプルナに初登頂したフランス隊で活躍する。『星と嵐』は、アルプス六北壁の登攀記録集で、最も困難な六級の岩壁に挑む山男の苦闘と歓喜とが、芸術性豊かな詩的文章で綴られている。この著作は、高度な技術を駆使した激しい登攀活動を、文学に結晶させえた傑作として高い評価を保っている。その詩情と格調とをみごとに日本語に移しかえた近藤の、訳者としての力量もまた非凡である。

近藤等（こんどう　ひとし）一九二一（大正十）年～二〇一五（平成二十七）年。京都生まれ。幼少期の四年間をパリで過ごし、東京の暁星中学校（旧制）から早稲田大学文学部仏文学科に進む。早大山岳部で極地法の拡充をめざす活動を積み、一九四〇（昭和十五）年十二月～四一年一月の第二次冠帽峰遠征に参加。太平洋戦争で学徒出陣。戦後は母校で商学部教授・山岳部長などを歴任。一九五三（昭和二十八）年ころからエルゾーグ、レビュファらの著書を相次いで邦訳。六二～六三（昭和三十七～三十八）年と六八（昭和四十三）年以降、シャモニを拠点にモン・ブラン山群をはじめアルプスの岩壁を登攀。七一年、シャモニ名誉市民に推され、七二年、フランス政府からレジオン・ドヌール勲章を受賞。日本山岳会会員。著書に『シャモニの休日』『アルプス・山と人と文学』『アルプスの蒼い空に』など、訳書多数。享年九十四。

アルプスを書いた著作を数多く邦訳して世に送り続けながら、近藤自身が初めてアルプスに接する機会を得たのは一九六二（昭和三十七）年である。近藤が邦訳した著作によってアルプスを識り、その岩壁に憧れてアルプス入りする日本人クライマーがもはや珍しくはなくなり、近藤もすでに四十路に達していた。パリ大学への留学の途次、近藤はまずシャモニに立ち寄ってモン・ブラン山群に触れ、レビュファと会う。だが、近藤が本格的にアルプスを味わいえたのは六八（昭和四十三）年からである。それは近藤にとって、レビュファらとザイルを組んでアルプスを攀じる至福の日々であった。本書は、この六八年と七〇年、七一年の三カ年に近藤が思う存分にアルプスを楽しみ、〝人生はすばらしい〟と手放しで謳いあげた紀行的登攀記録である。

冒頭の「シャモニ針峰群には表情がある」で、近藤は、一九六八年四月のシャモニで白銀のモン・ブラン連峰を仰ぎながら、六二年二月のモン・ブラン初体験——〈氷のレース飾りをつけてまばゆく光輝く針峰群の頂稜にほれぼれと見とれた〉——を回想する。〈その日以来、あこがれは現実となり、わたしの心は、シャモニの山々のとりこになった〉。そして〈シャモニの山は、私が子どものころ寺の掛図にあった地獄図の針の山とそっくりだった。けっして登ってみたい食欲のそそられる山ではなかった〉との新田次郎の一文に触れ自説を披歴する。人間を温かく迎え甘えさせる日本の山岳景観に対し、アルプスは〈人間を寄せつけまいときびしく拒む冷厳な自然〉で、その〈ふところにはいりこもうとするには、それ相応の心がまえ〉と〈技術が伴わなければならない。だからこそ、アルピニストにとっては登りがいのある、手ごたえのある山なのだ。……シャモニ針峰群の登攀ルートを見いださなかった新田さんに、針峰群は語りかけてこなかったのではなかろうか〉と。また〈山は、これを見上げる人の心の、その時々の気持ちのもちようで、ずいぶん表情を変えるものだ〉とも言い、レビュファの〈山は目を見開いて見るよりも、まず心のとびらを開いて接するべきもの〉を引き、表題のことばを用いて結ぶ。続く、三年間二十三篇の登攀記録は、どれもレビュファらフランスを代表する優秀なガイドたちと親しく交わり、ザイルパートナーとなって登ったアルプスの山の美しさを謳い、そこを登り、そこに自分がいる悦びに満ちあふれている。

『アルプスの空の下で』 一九七二（昭和四十七）年七月、白水社刊。A5判・二百四十ページ。厚表紙、クロス装、函入り。カラーの著者近影を口絵とし、レビュファの山荘やアルプス各地の登攀スナップや山岳風景などの写真（カラー十六点・モノクロ四十五点）を本文中に挿入する。本文は三部構成で、著者の登攀活動を年毎にまとめ、一九六八年の八篇、七〇年夏の六篇、七一年夏の八篇、合計二十三篇の紀行的登攀記録と随想一篇とから成る。また巻末に「登攀ルート図集」として十八点を付す。なお、本書は八〇年六月、中公文庫に収められたが現在は絶版。

奥山 章

『ザイルを結ぶとき』

それは、奥山少年をとらえた、ほんの小さな疑念だった――〈ある日、網で小魚を追っていた少年は、ふと川について考える。この川はどこから流れてくるのだろうか――〉。少年はその疑念にこだわり、それを解くべく行動を起こす――〈川上に向って歩き始めた。だが、いくら行っても流れはさらに遠い森のむこうに続いている。やがて日が沈み、彼は歩き疲れて帰ってきた〉。だれもが経験する挫折である。その挫折の悔しさが薄れてしまう前に、少年は地図を知り、それを用いて川筋をたどり、水源を調べる知恵を学ぶ。やがて少年は地図の虜《とりこ》になってしまう。こうして挫折をのりこえつつあった少年は、高尾山遠足の機会に恵まれる。それによって、〈これまでは単なる風景にすぎなかった山が、彼の心のなかで、次第に「山」としての存在を強く主張し始めていた〉。〈少年の家が急激に貧しくなったので、彼は小学校を卒業するとすぐに働かなければならなくなった。丸ノ内の会社で日給七十五銭の給仕をしながら、夜間の工業学校へ通った。月収約二十円のうち、半分を母親に渡し、学費を支払うと四、五円の金が手許に残る。それで彼は登山用具を買い始めた〉。自分で買ったリュックサック、水筒、飯《はん》盒《ごう》、磁石、地図ケース、四本爪の草カンジキ……、履物は軍事教練用に買った古い軍隊靴と巻ゲートル。

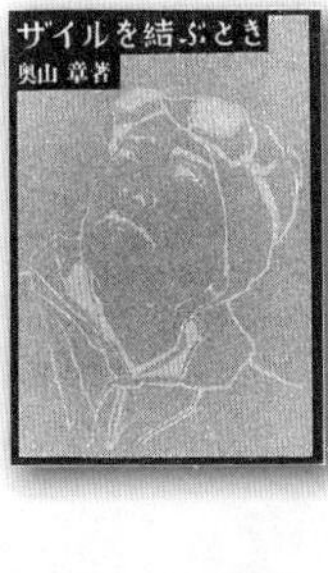

〈道具がひととおり揃うと、少年は古本屋からガイドブックを買ってきた。それは朋文堂発行の『東京附近山の旅』で〉、〈少年は、日曜ごとに夜学の友達をさそっては、東京付近の山々を歩きまわった〉。〈ガイドブックに従って地図に赤線を引き、山旅の計画をたてる〉ことに格別の楽しさを感じるようになった少年は、〈ある日曜日、奥多摩の谷筋の登山コースを一人で登って〉いて、源流近くでコースを誤り、支流のガレ沢へ踏み込んでしまう。〈一歩登れば、半歩ずり落ちるアリ地獄のようなガレ登りに悪戦苦闘し、最後にヤブ漕ぎをやって、へとへとになってカヤトの稜線に這い上り、頂上にたどりついた〉。〈予定のコースはまだ半分残っていたが、少年はそれを中止して下山にかかった。なぜか計画を放棄したことに少しも心残りはなかった。むしろこれまでにない満ち足りたものが、彼の心のなかにみなぎっていた。恐ろしいガレ沢を切り抜け、極限まで頑張ってたどりついた山頂で、少年は生まれてはじめて生命というものを実感した〉。〈人為的につけられた山道を歩く安易さ〉に心を惹きつけられなくなった少年は、東丹沢、そして西丹沢の沢登りに励むようになる。

〈通信という職業に特別な興味があったわけではないが、オペレーターになって船にでも乗れば、アルプスやコーカサスなど、外国の山に登る機会が得られるかもしれない――という、虫のよい期待から選んだ〉無線電信講習所の学生になり、卒業して大本営参謀本部航空部に通信手として勤務するようになった奥山少年の登山活動は、八ヶ岳、南アルプス、三ツ峠での岩登り、そして谷川岳の岩壁へと拡大してゆく。――以上は、書名と同じタイトルを付して本書の巻頭に配された自伝的な文章に拠っている。〈一ノ倉には私の青春がねむっている。そんな感傷を私は捨てることができなかった。わけても、烏帽子岩周辺の岩壁はかつて私の若い情熱を一途に傾けた場所であり、戦火のなかの荒れはてた青春時代を、ひたすら攀じるという行為のなかでのみ燃焼させ、非情な岩との闘かいの世界にせいいっぱいの生きがいを求めようとした〉(「谷川岳一ノ倉沢烏帽子奥壁・凹状岩壁」)。そんな戦中戦後を生きて、奥山章は日本山岳界に確かな存在となる。その原点ともいうべき少年時代について自ら記したこの一文は、未完だが、この遺稿集で初めて活字になった。

奥山は、ふと抱いた少年らしい好奇心を積極的な行為で追求し続けた。自分のおかれた情況に対応して経験を広げ、それらを自分のものとする方法によってひと筋の道を歩んだ。そして、その確かな足どりを運びつつ、人間として成長していった。

登山を〈山岳に登ること自体を目的とするスポーツ〉だとする登山観に立つ奥山は、その立場を鮮明にし、次々に前衛的な問題を提起する論陣を張る(主要な論稿は本書「V」に収録)いっぽう、自らそれを実践した。経済の高度成長が始まった昭和三十年代から四十年代にかけて、奥山はまさに八面六臂の活動を展開する。奥山らの提唱から第二次RCC結成に当たって具体的な主要課題となった積雪期登攀に関しては、一九五八(昭和三十三)年、北岳バットレス中央稜や谷川岳一ノ倉沢烏帽子沢奥壁に初登攀を自ら達成し、同人組織の設立に参画した。そして、ルート・グレーディングや登山技術教程の研究、埋込みボルトなど用具や素材の開発やテストにも積極的に取り組む。

また一時期、運動具店を開いたが、二十歳初めに抱いていたシナリオ作家への夢を、山岳映画製作で実現すべくオクヤマ・フィルムを興す。少年時代、通信を学ぶ理由としたコーカサス、アルプス、ヒマラヤへの夢も、一九六六年、第二次RCCカフカズ遠征隊参加（「報告・ソ連のアルピニズム」）、六七年、今井通子ら女性パーティによるマッターホルン北壁登攀撮影（「マッターホルン北壁」）、六九年、ヒマラヤ・スキー登山隊隊長および撮影（「デオ・ティバ日誌」）などによって、次々と実現していった。早くから「ヒマラヤ鉄の時代」を提唱して、〈六〇〇〇メートル峰における六級の岩登り〉を意図したりもした。

スケールの大きい夢を語る奥山に、周囲は「奥山ラッパ」なる敬称（?）を進呈した。だが、奥山は夢の追求をあきらめず、その実現に向かってひた走った。それは、少年時代にふと抱いた疑念に発した

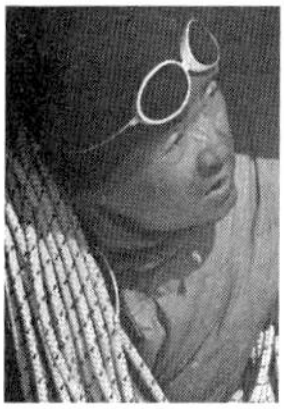

奥山章（おくやま　あきら）一九二六（大正十五）年〜七二（昭和四十七）年。東京市小石川区（現、文京区）に生まれ、神田で育つ。夜学に通いつつ給仕として働いたのち、官立無線電信講習所に学び、大本営参謀本部に通信手として勤務。日曜ごとに東京近郊の山を歩き、やがて沢登りに熱中、さらに八ヶ岳、南アルプスへと活動山域を広げ、四三（昭和十八）年ころから、谷川岳一ノ倉沢の岩壁登攀に青春の情熱を燃やす。五八（昭和三十三）年一月、北岳バットレス中央稜を冬季初登攀、同年三月、谷川岳一ノ倉沢烏帽子奥壁を積雪期初登攀するいっぽう、第二次RCC設立に参画、戦後日本アルピニズムを牽引する有力な一員となる。積雪期登攀とともに「ヒマラヤ鉄の時代」を提唱、またオクヤマ・フィルムを興して山岳映画製作を開始。六六（昭和四十一）年、第二次RCCカフカズ遠征隊に参加後、翌六七年、今井通子らのマッターホルン北壁登攀、六九年、ヒマラヤのデオ・ティバのスキー滑降などを撮影。日本アルパインガイド協会を発足させた七一年ころからガンに侵され、七二年七月自ら命を絶つ。享年四十六。

ひと筋の道である。ひたむきな人間、夢多き奥山の人柄は、海外から美枝子夫人にあてた書簡に如実に示されている（「山からの書簡」）。過密なスケジュールの合間や過酷な登攀・撮影活動中のテントから親愛の情にあふれた便りを認めている。登攀や撮影の状況報告、国内の連絡依頼はもちろん、風物・食べ物に関する体験報告から金の無心、忘れ物の送付依頼、おみやげの予告まで、細々とペンを走らせた。

映画製作のよきパートナーでもあった美枝子夫人が、〈墓をたてるかわりに一冊の遺稿集を〉と願って実現したこの遺稿集は、登山家・奥山と人間・奥山とをみごとに集成している。

『ザイルを結ぶとき』　一九七三（昭和四十八）年七月、山と溪谷社刊。B６判・三百九十六ページ。厚表紙、カバー装。この奥山章・遺稿集は、美枝子夫人の希望によって刊行され、松山荘二、山川淳、湯浅道男らが編集に当たり、装丁は佐藤久一朗。巻頭に「奥山章・山のアルバム」としてモノクロ写真十六点を収めた口絵を配し、巻末に、美枝子夫人による「奥山章の死―夫の〝いびき〟をめぐる回想」、山川・湯浅の編になる「奥山章・略年譜」、さらに「著述目録」「映画制作目録」、松山荘二による「跋」など合計四十六ページを付す。本文は六部構成で、Ⅰは生いたちの記「ザイルを結ぶとき」など三篇、Ⅱ・Ⅲは登攀に関する記録など計七篇、Ⅳは海外遠征の報告三篇、Ⅴは山岳評論など九篇、Ⅵは夫人あて書簡四十五通。本書の書名は、未刊に終わった奥山の登攀記のために奥山自身が考えたもので、これをタイトルにした未完の〝生いたちの記〟は、同書のプロローグに予定されていた。一九七三年、yama - kei classicsとして再版。二〇一四年、ヤマケイ文庫に収められた。

田部井淳子
『エベレスト・ママさん――山登り半生記』

田部井淳子は小高い山に屈まれた福島県三春町に生まれ育った。十歳になった小学校四年の夏休み、担任に連れられ那須へ出かける。大丸温泉に泊まり、自炊して、茶臼岳と旭岳に登った。登山初体験の那須の山は〈今まで見た山とはまったく違っていた。形も色もなにもかも違う。自分の肌で感じたこの印象が胸の中に焼きついてはなれなかった〉――少女は下界の存在を実感し〃未知への興味〃を抱いて成長する。この登山初体験から二十五年、田部井淳子は妻となり母となり、そして日本有数の女性クライマーとなっていた。彼女は、一九七五（昭和五十）年五月、エベレスト日本女子登山隊の副隊長として八八四八メートルの世界最高峰に挑み、みごとに登頂を達成する。世界で三十七人目、日本人では六人目のこのエヴェレスト・サミッターは、国連の国際婦人年を飾る〃女性最初〃の栄冠を獲得し、ネパール最高勲章を授けられた。本書は、彼女自身が綴った、それまでの〃登山半生記〃である。

日本女性のヒマラヤ遠征は一九六〇年、細川沙多子が率いるジャパン・レディース・アルペンクラブ隊によるインド・ヒマラヤはデオ・ティバ（六〇〇一メートル）登頂が最初だ。六一年には、佐藤（中村）テル率いる女性五人パーティがニュージーランドに遠征。六四年には、向晶子が東京外語大学隊に参加してボリビア・アンデスのチャチャコマニ南峰（六〇三〇メートル）に登頂、六六年には、坂倉登喜子のエーデルワイス・クラブ隊がペルー・アンデスのカウヤラフ中央峰（五六三六メートル）に登頂、六七年には、関田美智子ら三人がボリビア・アンデスのワイナポトシ（六〇九四メートル）に登頂する。いっぽう、この六七年には、今井（高橋）通子・若山（岡本）美子ペアがマッターホルン北壁の日本人女性初登攀を果たし、今井はさらに六九年、ＪＥＣＣのメンバーとしてアイガー（三九七〇メートル）北壁の直登ルートを攀じた。六八年、宮崎（久野）英子ら四人がインドとの合同女性隊でヒマラヤ挑戦を再開、佐藤京子ら三人は初めて七千メートル峰イストル・オ・ナール（前峰）に登頂する。

このようにして、日本女性登山家の活動は大きく世界各地の山域に拡がり、その内容も充実・多様化して、ヒマラヤ七千メートル峰、八千メートル峰登頂もその視野に入ってきた。結婚後も龍鳳登高会にあって活躍する田部井淳子が、いよいよヒマラヤに向かって始動するのは、ちょうどこの時期である。

一九六九年三月、田部井は若山に誘われ、日本山岳会の宮崎・関田と会う。会合の意図するところは、女だけでネパール・ヒマラヤへ行こう、ひとつの山岳会で女だけでは人数不足だ、広く呼びかけて集まろう、であった。〝海の向こうにある山〟への夢が田部井を捉えた。夫の賛成を得て、田部井はのめりこんでいく。山女たちは会合を重ね、前記四人を中心に計画を進め、八千メートル峰へのステップとして、七〇年春、アンナプルナⅢ峰（七五五五メートル）に南面ルートから初登をめざす計画が固まった。これを実現する組織として女子登攀クラブを設立、隊長・宮崎、副隊長・田部井、隊員六人、ドクター・大野京子の九人からなる「アンナプルナ日本女子登山隊」が、紆余曲折の末にようやく誕生した。

アンナプルナ「女のたたかい」は、山とのたたかいだけではなかった。それは、荷上げ、ルート工作、キャンプ設営、アタックにまつわる隊員間の確執とのたたかいでもあった。これらを含む登山経過は『アンナプルナ——女の戦い七五七七m』（一九七三年、東京新聞出版局刊）にくわしいが、それは田部井の克明な記録に拠っている。一九七〇年五月十九日、田部井、平川宏子、サーダー、シェルパのパサンの四人は〝しらけきったアタック〟に出て登頂を果たした。カトマンズに着いて受け取った夫からの手紙には〈家は出来た。借金も出来た。八月には引越す。次は八〇〇〇メートル峰をねらえ〉とあった。そして、田部井登頂の一週間前、五月十一日と十二日、日本山岳会隊は日本人初のエヴェレスト登頂に成功し、紅一点の隊員・渡部節子がサウス・コル（七九〇六メートル）に到達していた。

田部井淳子（たべい　じゅんこ）　一九三九（昭和十四）年、福島県三春町生まれ。印刷業を営む石橋家、二男五女の末子。昭和女子大学文学部英米文学科卒業後、日本物理学会に勤務。高校・大学時代から登山に親しみ、六二（昭和三十七）年に社会人登山団体・白嶺会入会。六四年、龍鳳登高会に移り本格的に岩壁・氷雪登攀技術を磨く。六七（昭和四十二）年、本田技研に勤務し同社山岳部員として活躍する田部井政伸と結婚。六九年、女性だけのパーティでヒマラヤをめざす女子登攀クラブ結成に参画。七〇年、アンナプルナ日本女子登山隊副隊長として初めてヒマラヤに遠征。五月同Ⅲ峰登頂（第二登）。女児出産後の七五年、同クラブのエヴェレスト遠征に再度副隊長として参加、五月十六日、世界最初の同峰女性サミッターとなる。八一年、中国領ヒマラヤのシシャパンマに行動用酸素なしで登頂。以後、ほとんど毎年海外に隊長として遠征。著書に『アンナプルナ——女の戦い七五七七m』（共著）、『私たちのエベレスト』など。二〇一六年十月二十日歿。

右のアンナプルナ遠征記の作成中に、宮崎と田部井はすでにエヴェレスト遠征の下相談を進めていた。〈八〇〇〇メートル峰をねらえ〉と書いた夫はむろん賛成してくれたが、ひとつだけ条件をつけた――〈一人で留守番するのは嫌だからなんとか子供を産め〉。「一九七四年春登頂」の申請は、ネパール政府に一年先送りされたが登山許可を得た。七二年八月、田部井の長女は生後五カ月になっていた――「これでエベレストに行くことが出来る〉「とうとう手にしたぞ!!〉。田部井は〃エヴェレストへの道〃を歩み始める。〈お金じゃない、物じゃない、要は行こうとする意思だ〉〈資金より人だ〉と信じて。

〃一四〇〇日の準備期間〃ののち、隊長・久野、副隊長・田部井、隊員十二人、ドクター阪口晶子ら十五人のエベレスト日本女子登山隊は、一九七四年十二月に日本を出発した。田部井らはC2で雪崩にあい、「撤退」か「前進」かの岐路に立たされる。が、〈これくらいのことでおりてたまるものか〉とふん張る。アタック隊の田部井とサーダーは、C6を設営して五月十六日、頂上をめざした。

『エベレスト・ママさん――山登り半生記』 一九七八（昭和五十三）年十二月、山と溪谷社刊。B6判・二百八十六ページ。軽装版・カバー装（安達義寛によるカラー写真使用）。本書は雑誌「山と溪谷」一九七六年二月～十二月号に掲載の「エベレストママさん山を語る」に加筆して、①山との出あい、②「白い山」と「めぐりあい」、③「結婚」そして「友の死」、④ヒマラヤ「夢」と「現実」、⑤アンナプルナ「女のたたかい」、⑥女だけの八八四八メートル、⑦「撤退」か「前進」か、⑧「タベイサン」頂上だよ、⑨そして「これから」のこと、の九章に構成した。本文中に十六ページの「山のアルバム」（モノクロ写真四十八点）を挿入、田中澄江が「序」を寄せる。二〇一二年、『タベイサン、頂上だよ』と改題してヤマケイ文庫に収められた。

三田幸夫『わが登高行』

「登高行」とは、槙有恒らによる慶応義塾山岳会設立（一九一五・大正四年）後、四年めに当たる一九（大正八）年七月に創刊された同山岳会部報の題号であり、三田幸夫は、ちょうどこの時期、慶応山岳会に入会している（同山岳会は、一九年秋、体育会所属の山岳部となる）。この大正中期から第二次世界大戦後まで、日本山岳会第一線登山家として活動し続けた三田が、〈僕の山における足跡を集成したもので、いわば山の自伝といえるかもしれない〉（「序にかえて」）本書の書名として母校山岳部部報の題号を当てたのは、編集者（島田巽・近藤信行）のすすめによるが、三田は〈僕をはぐくんでくれた慶応義塾大学山岳部にゆかりのあるものとして、ありがたく冠することにした〉という。

三田のこの〝山の自伝〟は、そのまま日本登山史の主要部分と重なる。「第一部・青春の山々」「第二部・アルバータ遠征」は、わが国登山史上に〝岩と雪の時代〟を拓き、成功裡に初の海外遠征を達成した先達の歴史的証言である。「第三部・インド時代とその回想」「第四部・マナスル遠征とその後」は、ヒマラヤへの夢と憧れを抱いてインドに勤務を選び、単独で研究と踏査を重ねつつ故国山岳界に遠征実現を慫慂《しょうよう》し続けたのち、自ら遠征隊を率いてマナスルに挑戦した貴重な記録である。

三田が槙らに導かれて本格的登山活動に入った大正中期、日本アルプスをはじめ国内の高峰は、日本山岳会設立（一九〇五年・明治三十八年）メンバーを中心とする明治の登山家によって、そのことごとくがすでに初登頂の洗礼を受け終え、主稜は縦走され尽くしていた。登山の大衆化が進むいっぽう、慶応など大学・高校（旧制）に設立相次いだ山岳部の若き登山家たちは、いわゆる〝探検の時代〟を受け継ぎ発展させる次代を拓くべく模索を重ねる。そして彼らの眼は、期せずして〈ほとんど未知の状態に残されていた〉〈積雪期における日本アルプスの峰々〉（「『登高行』と慶応大学山岳部」）に向けられ始める。冬山修練のひとつとしてスキー合宿が盛んに行なわれた。おりから、ヨーロッパ・アルプスに挑戦中の槙が、二一（大正十）年九月、アイガー東山稜を初登攀して山岳界に一大センセーションをまき起こす。同年末に帰国した槙は、翌年から、母校山岳部を積雪期の立山・剱、槍へと導き、夏には涸沢に各大学山岳部の精鋭を集めて穂高の岩場で岩登り技術を伝授する。藤木九三らのＲＣＣ結成（一九二四・大正十三年）などもあって、日本登山界は〝岩と雪の時代〟へと転回をとげ、登山の思想も方法も道具も技術も近代化してゆく。

中学時代から箱根の山々に親しみ（「僕の少年時代」）、甲州路（「底倉記」中の三）や「駿河路」へ徒歩旅行を試みた三田は、慶応では〈常念山脈から槍の方〉へ連れて行かれた（「会と仲間」）のを皮切りに、北アルプス、上信越、奥日光などの夏山に足繁く通うようになる（「草鞋の旅の頃」「越後銀山平より会津の山旅」）。これらはすべて、まだ〝草鞋脚絆時代〟の旅で、明治期登山のスタイルだった。いっぽう、三田は関、五色、蔵王などでスキー技術を学ぶが、これも明治期のレルヒ流で、リリエンフェルト式締具の重いスキーに一本杖、シュテムボーゲンのみといった内容だった（「あのころの仲間たち」）。

しかし、槇の帰国後は、登山内容が一変する。二二（大正十一）年四月、三田はスキーを駆って雪の立山、剱岳に積雪期初登頂を達成し（「春雪の立山と剣」）、八月には涸沢の岩小舎で合宿し岩登りに励む（「涸沢の岩小舎を中心としての穂高連峰」）。そして二三（大正十二）年一月、立山・松尾峠で猛吹雪のため遭難、九死に一生を得て（「松尾坂の不思議な幻影を思い返して」）再起、二五（大正十四）年七月には、槇らとカナディアン・ロッキーに日本最初の海外遠征隊としておもむき、アルバータに初登頂を果たす（「マウント・アルバータ遠征記」）。こうして、日本の〝岩と雪の時代〟を担った三田の登山活動は、五三（昭和二十八）年三〜六月、前年の今西錦司隊による偵察を受け継いだ第一次マナスル

三田幸夫（みた　ゆきお）一九〇〇（明治三十三年）〜一九九一（平成三）年。横浜市生まれ。老松小学校、神奈川中学（旧制、横浜一中を経て現・横浜翠嵐高校）から慶応義塾大学予科に進み、二四（大正十三）年、同大学経済学部卒業。在学中、同大学山岳部部員として活躍。二二年四月、立山・剱岳に積雪期初登頂。同年八月、穂高岳涸沢岩小屋で合宿。二三年一月、槇有恒、板倉勝宣と立山松尾峠で遭難するが一命をとりとめる。二五年七月、カナディアン・ロッキーのアルバータに初登頂。帰国後、千田商会に入社、シンガポール勤務を経て二六〜三二（昭和七）年、カルカッタ勤務。三一年冬、単身でインド・パンジャブ州クル地方を踏査。日本山岳界にヒマラヤ遠征を呼びかける。五三（昭和二十八）年三〜六月、第一次マナスル登山隊隊長。六八（昭和四十三）年から日本山岳会会長。同会名誉会員。著書に『山なみはるかに』『遠い山遥かな山』。享年九十。

遠征隊の隊長として、憧れのヒマラヤへと発展する。

三田は、この〃山の自伝〃中の「第五部・山の仲間たち」以外のそちこちでも、おびただしい教の人物について書いている。鹿子木員信、槙有恒ら精神的あるいは技術的な指導者、大島亮吉、早川種三、佐藤久一朗ら慶応義塾山岳部の同僚だけではない。北大の板倉勝宣、東大の伊集院虎一、京大の松方三郎ら各大学の「お山のガキ大将たち」。越中・芦峅寺《あしくらじ》の志鷹光次郎、飛騨・栃尾の松井憲三ら山案内人たち。そして、エヴェレスト登頂のテンジン、カンチェンジュンガに挑戦したバウアー、アルバータ遠征で得た友人カーターなど、内外の登山家、科学者、作家、実業家、政治家、軍人……。三田は自分の山とかかわって親交を結んだひとりひとりの人物像を、親愛の情をこめて綴る――〈猿股一つの裸、ねじり鉢巻でも歩く〉大島の訃報を、三田はインドで受け取った。あの文体からは想像しえぬ〈飾り気のない磊落な外貌〉、それでいて〈山と人生に関する哲学的な諸問題〉を真剣に論じ、〈鋭い緻密な観察眼の所有者〉で〈慎重さと決断〉力を具えた大島の事故死は〈大きな衝撃だった〉。板倉は、〈中学生のような絣のような着物に袴をだらしなくはいて、小さなハンティングをちょこんと頭にのせ〉て慶応山岳部のルームに突然現われ、〈その日から、最も親しい、また畏敬をもって迎えた仲間の一人となった〉が、三田と行を共にした立山・松尾峠で短い生涯を燃え尽きた。

三田は、〃岩と雪の時代〃を第一線で担った一人であり、その活動に即した論稿は、ほかの登山家のそれと重複する。たとえば、一九二二年八月の涸沢合宿については、大島の「涸沢の岩小屋のある夜のこと」がある。大島が〃山での死〃を主題としているのに対し、三田の「涸沢の岩小舎を中心としての穂高連峰」は、情緒的な記述と報告ないし案内といった面が強い。三田は焼岳の爆発に遭遇している。また、松尾峠の遭難については、槇の「板倉勝宣君の死」が詳細かつ冷静な報告と反省の記であるのに対し、三田の「松尾坂の不思議な幻影を思い返して」は、生と死を分けた〈煉瓦の建物〉などの幻影との闘いを描いて鬼気迫る内容だ。さらに、アルバータもマナスルも、槇の著作がある。

この〝山の自伝〟には、紀行・報告・記録・回想・追悼・随想（第六部）などさまざまなスタイルの論稿が収められている。抑制の効いた三田の文体は、決して無味乾燥に陥らず、詩情にあふれ、ユーモアもあって、連想が自在である。巻末の「第七部・底倉記」では、箱根・底倉の旅館（姉の嫁ぎ先）にまつわる想い出を軸に、七十有余年に及ぶ生涯の時と所を越えて自在に、かつ重層的に山を想い人を語る。三田の山岳文学が登りつめた、魅力ある作品である。

『わが登高行』　茗溪堂刊。上巻・一九七九（昭和五十四）年六月、A5判・四百七十四ページ。下巻・一九八〇（昭和五十五）年十月、A5判・五百十六ページ。厚表紙、布装、函入り。装丁・表紙カットは佐藤久一朗。上下両巻の扉、上巻の見返しに著者によるスケッチ三点を使用。上下両巻巻頭に著者のモノクロ肖像写真を、本文中にモノクロ写真（上巻・十八点、下巻・二十三点）を使用した別刷を各十四ページずつ六カ所に挿入する。編集者は島田巽・近藤信行。本文の構成は、上巻――著者の「序にかえて」、「第一部・青春の山」十二篇、「第二部・アルバータ遠征」五篇、「第三部・インド時代とその回想」十五篇。下巻――「第四部・マナスル遠征とその後」十一篇、「第五部・山の仲間たち」二十篇、「第六部・随想」二十四篇、「第七部・底倉記」、「編集者後記」。上下両巻とも巻末に「初出一覧」。

長谷川恒男
『北壁に舞う』

谷川岳でガイド中の長谷川恒男を見かけた朝日新聞記者・武田文男は、その登攀ぶりをこう書いている――〈岩場で軽やかにダンスを踊っているような、やわらかな身のこなし。まったく危なげがなかった〉と。その〈マレにみる岩登りの名手も、予側の難しい雪崩には、かなわなかった〉――一九九一（平成三）年十月十日、パキスタン・フンザ地方のウルタルⅡ峰（七三八八メートル）を登山中、長谷川と星野清隆は、C1とC2との中間点（標高五三五〇メートル）で雪崩の直撃を受け、約千三百メートル墜落して死亡した。ウルタルⅡ峰は、ヒマラヤ七千メートル級山岳のうち残り少なくなった未踏峰の雄で、長谷川の率いるウータン・クラブ隊が、その初登頂をめざして冬季に二年連続して挑戦中の遭難であった。

長谷川は世界で最初に、ヨーロッパ・アルプス三大北壁（一九七七年二月マッターホルン、七八年三月アイガー、七九年三月グランド・ジョラス）に冬季単独登攀を果たしたクライマーである。その長谷川が自ら顧みて、三大北壁の〈岩場を登ったことが、広い意味での世界の山への入り口ではなかったたかと思う〉（遺稿「三大北壁への道」より、『生き抜くことは冒険だよ』所収）と書いている。さらにさか

のぼれば、単独登攀者・長谷川における〝登竜門〟は、エヴェレスト遠征の翌年、一九七四年三月の谷川岳一ノ倉沢滝沢第二スラブ冬季単独初登攀であり、これに続く七五年一月の穂高連峰連続登攀（屏風岩〜北尾根四峰正面壁〜前穂東壁〜奥穂〜北穂〜滝谷〜槍ヶ岳〜北鎌尾根、所要二十一日）によって、ヨーロッパ・アルプスの岩壁が射程に入ってくる。そして、八〇〜八一年のアンデス・アコンカグア北面および南壁の冬季単独登攀へ。

では、なぜ単独登攀なのか。その理由は、本書の「7・歯車」の章に展開されている。二十五歳だった七三年、長谷川はＲＣＣⅡの日本エヴェレスト南西壁登山隊に選ばれて参加したが、肝炎のためＢＣ入りが遅れた。長谷川は〈ドクターにどなりとばされても、隊員たちに哀れみのまなざしを受けても、とにかく上へ行きたかった〉。登山隊は、隊長・水野祥太郎の決断で、難渋する南西壁登攀を放棄、東南稜からの秋季初登頂に集中する。

この態勢で長谷川は、アタック隊（加藤保男と石黒久）の登頂を助けるサポート隊員として八三〇〇メートル地点まで登ることができた。長谷川が、登頂前夜には加藤の手相を見てやり、登頂後の頂上直下ビバークから奇跡的に生還したふたりを迎え、ＢＣと交信の労をとりつつ下山を誘導した行動を、加藤は『雪煙をめざして』に詳述している。しかし長谷川は虚しかった――〈四十八人がかりで山とケンカして、頂上へ行ったのは二人しかいないよ。なぜだい？〉（「三大北壁への道」）と。自分は〈エベレストに関しては歯車だった」、だが「歯車はいつか歯車でなくなることを夢見ている〉。こうして長谷川は、単独登攀に自らの可能性を賭ける道を進む。エヴェレスト体験が長谷川の転機となった。

他を頼らず自らの一挙手一投足が確実になる、危険や不安を自らに集中でき他に及ばない、登攀時間を短縮できる、自分で自らの弱さを叱咤し意識を高められる……。長谷川は〝単独〟の積極面を探しだし、それを拡大・強化して〝単独〟の思想にたどり着く。さらに谷川や穂高での過酷な活動によって、瞬発力・持久力・精神力を鍛える。またガイドの仕事を通して、他人と自分の生命に対する責任の重さを強く自覚する。そして、登山は、やさしさと厳しさの両面を具える自然と、よりよい関係を求める方法であり、アルピニストとは、登山によって自己表現できる人間のことで、向上心・求道心をもって、より過酷で厳しい舞台を選ぶ。だから、〈自分はいつも極限のなかで生きたい〉。このような登山観を抱いて、長谷川はアルプスの岩壁に臨み、マッターホルンでは、自然と対話でき、吸いこまれ溶けこんでいくようなやさしさを感じる。その体験からアイガーの〝魔性〟を意識せず、多くのクライマーらに囲まれた〝葛藤〟にも動じなかった（「三大北壁への道」による）。

さて、いよいよ本書のグランド・ジョラス——。

〈フランス、イタリアの国境にそびえる大岩壁。その主峰ウォーカー・ピーク（四二〇八メートル）に至るウォーカー・ルートを登るために、私はやってきたのだ。が、もう少し厳密に言えば山に登らしてくださいとお願いしにきたのである〉。山の天候の周期や特徴をつかむ観察を続けながら、スキーの練習と装備の買い足し。そして荷上げ。レショ小屋から見る山の〈気品と華麗さ、そして威厳に満ちたこの山は、（略）まさに紳士の山であった。この落ちつきは自分の心の反映だと思わずにいられなかった〉。〝落ちつき〟から〝とぎすまされた精神〟へ気力が充実するのを意識し、長谷川は〈よし、絶対に登れる〉と確信する。二月二十五日登攀開始から三月四日登頂まで、長谷川は垂直の〝ひとり旅〟を続ける。が、けっして〝孤独〟ではなかった――〈孤独というのは絶対に状況だけじゃわからない。人の行動を心でとらえてくれる人がいれば、どんなに難しい壁だって、その人が心の中で一緒になって闘ってくれるのだと思う。そういう意味では私は孤独を感じたことはない〉。

レショ小屋～レビュファ・クラック～振り子トラバース～灰色のツルム～三角雪田～褐色のツルム～ウォーカー・ピーク。〈ジョラスと対話してくる〉といって日本を出発した長谷川は、単独登攀を果たした。〈山と波長が合〉ったのだ。

単独登攀を重ねるごとに長谷川は、技術的にはもちろん、積神的にも思想的にも著しい成長を遂げて

長谷川恒男（はせがわ　つねお）　一九四七（昭和二十二）年～九一（平成三）年。神奈川県愛川町生まれ。横浜市に転居。中学校卒業後、日本コロンビア株式会社に入社し山岳部入部、六六年から谷川岳一ノ倉沢に入る。同年、霧峰山岳会入会。六八年、県立神奈川工業高校機械科（定時制）卒業。七〇（昭和四十五）年、同人「星と嵐」を結成、明星山の岩壁に新ルートを開拓。七一年、日本アルパインガイド協会公認ガイドとなる。七三年、ＲＣＣⅡの日本エヴェレスト南西壁登山隊に参加。七七年にウータン・クラブ創設。次いでアルプス三大北壁を冬季単独登攀。八一年アコンカグア南壁冬季単独初登攀。八二年からジュニア・アルピニスト・スクールを開くいっぽう、ヒマラヤを登り続ける。九一（平成三）年十月、パキスタン・ウルタルⅡ峰で雪崩に遭い死亡。著書に『岩壁よおはよう』『北壁からのメッセージ』など。享年四十三。

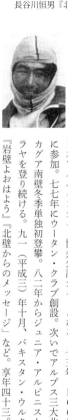

いく。このことは、本書が単なる登攀記に終わらず、精神面の洞察や思索の過程の記述が少なくない点からも十分に読み取ることができる。これは、迫力に満ちた登攀の記録写真や精細な「資料篇」と併せて、本書の特色といえるだろう。本書は、同名の映画（監督・松山善三）とともに、岩壁の舞踊家・長谷川恒男のピークを示す、過酷でありながら華麗な演技と思索の記録である。

『北壁に舞う――生きぬくことが冒険だよ』　一九七九（昭和五十四）年五月、集英社刊。A5判・百二十六ページ。厚表紙、カラー写真使用のカバー装。ブック・デザインは鶴本正三ら。グランド・ジョラス北壁登攀記で、本文は、「1・レショ小屋」「2・レビュファ・クラック」「3・振り子トラバース」「4・灰色のツルム」「5・孤独」「6・三角雪田」「7・歯車」「8・褐色のツルム」「9・ウォーカー・ピーク」の九章構成で、各章扉裏にモノクロ写真を配する。著者の登攀を撮影したカラー写真二十八点を、三カ所に計十六ページの別刷で本文中に入れ、また巻末に二ページ相当の引出し（裏に登攀ルート図と天気図）とする。さらに「資料篇」（食糧表、文献リストなど）六ページ、見返しにアルプス略図。本書は、一九八五年、写真を再構成して集英社文庫に収められた（現在絶版）。

小西政継『北壁の七人』

「ヒマラヤ登山は極地法で」の〝常識〟が破られ、いわゆる〝アルパイン・スタイル〟が用いられ始めて、すでに久しい。極地法とは、大規模な山岳への登頂を安全かつ確実に達成するために、基地（ベース）から次々に前進キャンプを進めていき、各キャンプ間を往復して物資の荷上げと高度順応を繰り返し、最後にアタック隊を出して目標に到達する登山方法である。この方法は、初め南極や北極の探検に用いられ、polar method あるいは polar system と呼ばれる。登山に初めてこの方法を採り入れたのは、一九二二年、イギリスのエヴェレスト遠征隊である。以来、各国の遠征隊がこれに倣い、ヒマラヤ登山では、この方法が主流となった。日本では、京都帝国大学山岳部が三一年十二月〜三二年一月の冬富士登山で採用したのが最初で、これが各大学山岳部などに広まり、積雪期登山や朝鮮・白頭山遠征などに活用され、ヒマラヤ遠征に際しても広く用いられてきた。

しかし、この極地法は少なからぬ難点——荷上げすべき物資の量が多く、そのために膨大な労力と時間とを必要とし、したがって経費がかさむ——を抱えている。この難点は、〝ヒマラヤ鉄の時代〟が進み、単なる登頂だけでなく、〝より困難な〟ルートを求めれば求めるほど、また新たな問題を生じ、拡大させる。ルートが困難になればなるほど、ポーターのためのルート工作や荷上げが隊員の負担を大きくするだろう。そして、過酷な自然のなかで、これらの負担に耐え抜いて余力を残す一部の隊員しか、登頂の機会に恵まれない状態が生じる。本来、遠征隊員は登頂を目的としているのであって、ルート工作や荷上げのみの要員ではないはずだ。規模の大きい遠征隊ほどそのギャップははなはだしく、隊の協力体制を維持するのが困難な事態にたち至った例も少なくない。

こうした極地法の難点を克服する登山方法として、いわゆる〝アルパイン・スタイル〟が登場してきた。この方法は、ヒマラヤのような大規模で標高の高い山岳をも、ヨーロッパ・アルプスを登るごとく少人数・短期間で登頂しようとするものである。

一九七五年、メスナーとハーベラーは、八〇八〇メートルのガッシャブルムI峰にこの方法で登頂を果たし、ヒマラヤ八千メートル峰にもアルパイン・スタイルによる登頂が可能であることを実証した。ふたりは、BCとABCを設けただけで、BCから南西壁を経由して三日間で頂上に至り、BCに帰着した。途中では、固定ロープもキャンプも用いていない。このふたりは、七八年には無酸素でエヴェレスト登頂を果たし、さらにメスナーは同年、ナンガ・パルバットに、八〇年にはエヴェレストに無酸素・単独登頂を達成するなどして、ヒマラヤでアルパイン・スタイルの登山活動を推進する。

それにしても、これは、人並みはずれた体力と精神力、卓越した登山技術を具えた超一流登山家にして、はじめて可能な方法である。各国の尖鋭的登山家がこれに続いたが、人間能力の極限に命を賭ける活動のなかで、少なからぬ人々がついに帰らなかった。

本書は、小西政継と彼に率いられた山学同志会六人の隊員による、ヒマラヤにおけるアルパイン・スタイルの登山活動報告である。山学同志会は、一九五五年、斎藤一男、坂口伊助らによって東京に設立された。この社会人山岳団体は、当初、未開山域の開拓に力を注ぎ、次いで五八年初め、積雪期ヴァリエーション・ルートの登攀をテーマとし、谷川岳一ノ倉沢の開拓に組織的に取り組んだ。

小西がこの山学同志会に入会したのは、この時期である。小西は、この活動のなかで登攀技術を磨き、会の活動とともに穂高滝谷、奥又白、屏風岩、北岳バットレスへと活動領域を拡げていく。一九六七年以降、山学同志会がヨーロッパ・アルプスの三大北壁厳冬期登攀に先鞭をつける活動を展開すると、小

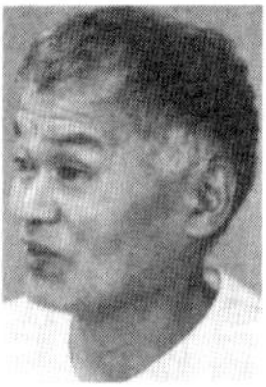

小西政継（こにし　まさつぐ）一九三八（昭和十三）年～一九九六（平成八）年。東京生まれ。五七（昭和三十二）年に山学同志会入会。谷川岳一ノ倉沢の積雪期ヴァリエーション・ルート開拓に挑む同会で活躍、衝立岩北稜初登攀などを記録。また穂高滝谷、屏風岩、不帰岳東面、北岳バットレスなどに次々と新ルートを拓く。次いでヨーロッパ・アルプス三大北壁厳冬期登攀に、日本人クライマーとして先鞭をつける山学同志会の活動に参加、マッターホルン第三登（六七年二月）、グランド・ジョラス第三登（七〇年十二月～七一年一月）を達成。いっぽう、ヒマラヤでも日本山岳会エヴェレスト隊隊員に選ばれ、六九年（昭和四十四）年秋と七〇年春、南西壁を登攀し、八〇五〇メートルまで達する。七六（昭和五十一）年、山学同志会隊を率いてジャヌー北壁初登攀を無酸素で果たす。八〇年には、隊長としてカンチェンジュンガ北壁の無酸素登頂を成功に導く。八二年、チョゴリ（K２）登山隊登攀隊長。RCCⅡ同人。著書に『マッターホルン北壁』『グランドジョラス北壁』『ジャヌー北壁』など。九六年十月、マナスル登頂後、消息を絶つ。享年五十七。

西は、その中核メンバーとして活動するとともに、ヒマラヤでも活動の場を得て日本のトップクライマーの地歩を固める。

日本山岳会隊に選ばれてエヴェレスト南西壁登攀に挑戦した小西は、一九七六年五月、山学同志会隊を率いてジャヌー（七七一〇メートル）北壁に挑み、初登攀を達成する。十六人の隊員を擁した遠征隊は、小西ら隊員十三人、シェルパ三人が四日間四次におよぶ頂上アタックをすべて成功させた、登山史上に輝く快挙であった。そして八〇年、今度はカンチェンジュンガ（八五九八メートル／現在は八五八六メートル）北壁から全隊員（七人）が、無酸素で登頂をめざすきわめて野心的な遠征である。

カンチェンジュンガは、ネパールとシッキム国境にそびえ立つ世界第三位の高峰で、山名は、チベット語で「五つの大きな雪の宝蔵」を意味する。第二次世界大戦以前は、一九三〇年前後にドイツ隊が三たび失敗、初登頂は五五年五月、エヴァンズ率いるイギリス隊による。七三年に京大隊が西峰（ヤルン・カン）に、七八年にポーランド隊とスペイン隊が南峰と中央峰にそれぞれ初登頂を果たしている。

小西隊は、アルパイン・スタイルがもついくつかの要素のうち、少人数（七人）・無酸素を達成すべく、〝高所順応〟を最重要課題のひとつと位置づけて臨む。三月十九日、カンチェンジュンガ氷河上のパンペマにBCを設営。四月一日にC1設置、最初の難関・アイスビルディングを突破して、四月七日にC2、最大の難関・ロックバンドを登って四月十七日にC3、第二雪田を越え第三雪田に四月三十日、C4をそれぞれ設営する。

小西隊長は指揮を登攀リーダー・深田に委ね、自身は遠征隊を一歩離れて見守る。登頂時の隊員編成を決め、最終の高所順応行動も順調に消化して五月十四日、いよいよ第一次隊（深田・川村・坂下・鈴木とシェルパ）が七九〇〇メートルのC４から頂上アタック――トランシーバーの交信、各隊員の報告書抜粋、録音テープを交じえた多元的な登頂状況の記述は、読む者を興奮させる。晴れから雪に急変した天候のなかで、全員が〝聖なる頂上〟に達し、小西は下降を心配するが、無事C４帰着。

五月十七日、小西ら第二次隊のアタック。が、小西は突然〈右わき腹に例の鈍痛を感じ〉、鎮痛剤を飲むが、激しい頭痛と吐き気を催す。西稜コルまで百五十メートルの地点で小西は、〈登頂をあっさり放棄した〉。

残る大宮・坂野とシェルパ二人の第二次隊も、快晴の頂上に達して無事C４に帰着。

かくして、ヒマラヤ八六〇〇メートル峰に、七隊員中六人が日本人初の無酸素登頂を果たしたビッグ・クライムは終った。

『北壁の七人――カンチェンジュンガ無酸素登頂』　一九八一年（昭和五十六）年四月、山と溪谷社刊。山溪ノンフィクション・ブックス。Ｂ６判・三百三十二ページ。軽装で、川村晴一撮影の写真を用いた多色刷カバー付き。本文中に、九点の記録写真と全七隊員の顔写真（ともにカラー）を八ページに収めて挿入し、前後に「カンチェンジュンガ山群概念図」「同北壁」登攀ルート図を付す。本文は、「１・新たな冒険を求めて」「２・選び抜かれた男たち」「３・がんばれカンチ」「４・川を渡り峠を越えて」「５・厳冬の高所順応」「６・未踏の北壁」「７・苦闘の無酸素、八五九八」の七章構成。ブックデザインは井上敏雄。二〇一二年、中公文庫に収められる（現在は Kindle 電子版のみ）。

あとがき　〝読書ノート〟回想

読んでも読んでも、それこそ書棚の前に座り込み、徹夜で読んでも〝未読本〟は減らない――私に、山岳書のこんな乱読をさせ、壁のように立ちはだかったのは、山と溪谷社の資料室です。

一九五〇年代後半、当時、山と溪谷社は千代田区平河町の中政連ビル二階に居を占めていました。私は同区九段北にある出版社に勤めていて、勤務を終えると、残業の多い友人を訪ねる名目でよく出向きました。ともに二十歳台後半。山ヤ同士にして同業の気安さからでしょう、社内に顔馴染みが増えて雑談を交わしたり、編集作業や校正を手伝ったり、来訪する執筆者の登山家や山岳写真家と懇意になったり。そして、徹夜残業の人がいたら資料室に居候させてもらったり、が何年も続いたのでした。首から名札をぶら下げ、部屋の出入りのたびにドアの数字を叩く現在からは、とても想像できないほど鷹揚な時代でした。今は亡い懐しい人びとの顔も浮かびます。川崎隆章、岡部一彦、岩間正夫、為國保……。

当時は土曜日も出勤しましたから、週末の登山は両夜行でハイピッチの〝神風登山〟が普通でしたし、たまの連休には夜通し歩く〝カモシカ山行〟も盛んでした。それでも私は、編集部の諸君らとよく出かけましたし、有給休暇をとって取材に同行、山小屋の人などと親しい交流を重ねるようにもなりました。

おぼろ気ながら登山史の勉強を意識しはじめたのは、一九六〇年代末です。それは、山岳書や雑誌、報告や記録を読んで生じた多様な疑念や矛盾を解いて、自分を納得させたいとの願望に発するものです。だからこそ、徹底して〝書〟を読みこむこと、当事者または由縁の〝人〟に話を聞くこと。これらを基礎の作業にしなければ、同じ過ちを重ねてしまう、手抜きを許さないと自戒してきました。そんな七〇年代から八〇年代に入り、これに〝物〟の吟味を加えて『山道具が語る日本登山史』（一九九一年）、〝写真〟を駆使して『目で見る日本登山史』（二〇〇五年）に届いたのだと思っています。

＊

本書のベースになったのは、「山と溪谷」誌に百回連載した「山岳名著の風景」です。右に述べた通り、若い時期から山岳書は乱読してきました。実は、これらに関して、ごくごく簡単ですが、読書メモが残っていました。この連載は、二十数年ぶりのメモを手許に置いて、同じ本を再読、三読、熟読しながら文章化する作業でもありました。連載は一九八七年一月号スタートで、八年四カ月に及びましたが、私は五十歳台後半です。出版社勤務から高校で教職に就いていました。当然、その時期の読解に拠って執筆しています。

本書をまとめるに当たって、誤植・誤記は訂し、所定のページ内に収めるための調整を施したほか、欠落している重要事項を加えました。

一読、すぐ気付かれるでしょうが、この〝読書ノート〟は著者やその論述、活動などを登山史に関連づける文言が際だっています。本の読み方は各人各様で、これは私の関心のあり様の表われです。

さて、誤解を招かぬよう明確にしておきたいことがあります。それは、本書が〝山岳名著ベスト六十〞や〝山岳名著六十選〞ではなく、私の〝読書ノート〞だという点です。ですから、「名著の誉れが高い何某の著書が入っていない」と言われても困ります。「その著書の評価は措いて、私の〝読書ノート〞が不出来でした」と答えるしかありません。

「山岳書刊行年表」の収録を考えましたが、総ページとの関係から断念しました。前著『明解日本登山史』（ヤマケイ新書）に掲載のものをご参照ください。

＊

〝著者略歴〞と〝書誌〞は雑誌連載の時から設けてありました。雑誌連載中の〝書誌〞に関しては、久喜市立図書館司書（当時）の大井睦氏のご尽力に与りました。今から三十年前、ＩＴ機器やシステムが現在と比べると格段に劣る時期にもかかわらず、精細な調査をしてくださいました。記して謝意を表します。

本書をまとめるに際しては、前著に引続き山と溪谷社山岳図書出版部の米山芳樹氏から多大なる支援をいただきました。本文の調整や〝書誌〞中、書籍の現状など、私の及ばぬところは助かりました。深甚なる謝意を表する次第です。

二〇一六年十月

布川欣一

布川欣一（ぬのかわ　きんいち）

1932年生まれ。登山史研究家。永年、「山と溪谷」をはじめとする山岳雑誌などに登山史関連記事を寄稿。近年では『目で見る日本登山史』、別冊「太陽」「週刊ふるさと百名山」などに普遍的な史観を持った日本登山史を執筆する。大町山岳博物館、富山県〈立山博物館〉などの講師、専門委員としても活躍。著書に『山道具が語る日本登山史』（1991年・山と溪谷社）、『明解日本登山史』（2015年・ヤマケイ新書）がある。

山岳名著読書ノート

YS032

2016年11月25日　初版第1刷発行

著　者　　布川欣一
発行人　　川崎深雪
発行所　　株式会社　山と溪谷社
〒101-0051
東京都千代田区神田神保町1丁目105番地
http://www.yamakei.co.jp/
■商品に関するお問合せ先
山と溪谷社カスタマーセンター
電話　03-6837-5018
■書店・取次様からのお問合せ先
山と溪谷社受注センター
電話　03-6744-1919／ファクス　03-6744-1927

印刷・製本　図書印刷株式会社

定価はカバーに表示してあります

Printed in Japan　ISBN978-4-635-51039-4